アルビノを生きる 新装版

川名紀美

河出書房新社

アルビノを生きる　新装版　目次

第三章　この道を歩こう　187

第四章

国境を越えて

装幀　森　裕昌
写真　川名紀美

アルビノを生きる　新装版

はじめに

初めて石井更幸《のぶゆき》さんに会ったのは二〇〇八年四月二十六日のことだ。

医療や福祉の分野で働く人たちが、現状を変えるために所属や立場を超えて集まり、語り合う。そんな集いが、毎年一回、東京で開かれる。

八回目を迎えた集いに三人の若者が招かれていた。肌が白く、髪も白や金色に輝いていた。それぞれ短いスピーチをした。その一人、千葉県から来たという石井さんの言葉が胸を刺した。

「子どものころ、なぜ、白いの？　と聞かれても答えられないのがつらかった。自分が何者なのか、わからないことがつらかった」

周りの人とはちがう自分と向き合いながら、自分は何者かと問う日々は、幼い子どもにとってどれほど苦しかったことだろう。

石井さんが、根源的な問いへの答えを得たのは二十六歳になってからだ。

勇気を奮って訪ねた大学病院で、「白皮症《はくひしょう》」と診断された。一万人から二万人に一人の割合で現れるという遺伝性の疾患である。人間だけでなく、動物などにも広く見られる症状で、アルビノと呼ばれている。

メラニン色素が足りないために、髪や体毛は白や褐色、金色になる。目の色も青や茶色、灰色だ。視覚障害を伴うことが多く、紫外線にも弱い。

診断が下ったその日から、石井さんは髪を黒く染めるのをやめた。ありのままの姿で生きることに決めたのだ。

自身の写真を載せて、インターネットのホームページでアルビノに関する情報や日々の暮らし、旅の楽しみなどを発信した。アルビノの仲間をつなぐ試みも始めていた。新聞記者をしていた私は改めて石井さんを訪ねて話を聞いた。

その年の六月、朝日新聞朝刊の「ひと」という小さなコラムに石井さんの活動が紹介されると、「連絡先を教えてほしい」という問い合わせが相次いだ。苦しんでいる人がほかにもいた。

記憶をたどると、私も街で石井さんのような人を見かけたことがあった。けれども特に関心を寄せることもなく時が過ぎた。多くが弱視であることさえ知らなかった。

石井さんからじっくり話を聞いて、彼らが学びの場で、あるいは就職や結婚で、ぶつかる壁を知った。

アルビノの赤ちゃんは、毎年、一定の割合で生まれてくる。それなのに、私は彼らについて知らないことが多すぎた。

書店や図書館を回ったが、手がかりになりそうなものはみつからない。インターネットの医療専門サイトで検索すると、ずらりと出てきたのはアルビノの動物に関する研究論文だ。

人間の現実に少しでも近づきたい。

各地にアルビノの人を訪ね、直接、話を聞くことにした。幾度も訪ねた。何人かは私に会うたび熱を出して寝込んだり、家にこもったりした。話すことで、否応なくつらい過去を引き寄せる。わが身を削るように、自分の歩んだ道のりを語ってくれた。誰にも自分のような思いをしてほしくないとの願いからだ。

知恵と工夫で行く手を遮る壁を壊して歩んでいる人がいる。人を巻き込み、人とつながりながら壁を作らせまいとする人もいる。そんな体験を聞くのは楽しかった。

そのような人たちがいたから、この本を書くことができた。

私を三人のアルビノの青年に出会わせてくれたのは敬愛する先輩、国際医療福祉大学大学院教授の大熊由紀子さんだ。毎年開かれる集いは、由紀子さんが長年の取材で知り合った人たちを結びつけようと、朝日新聞を退職するにあたって始めたものだ。

そして、この地味なテーマの原稿に目を留め、本として送り出してくれた編集者、武田浩和さん。出版を決める最終会議を前に、「絶対、通しますから」と連絡をもらったときは、どれほどうれしかったことか。

このように実名を出して取材に応じてくれた当事者やご家族をはじめ、多くの方々のお力があってこの本は世に出ることになった。ただただ感謝をささげたい。

いまを懸命に生きるアルビノの人たち。

少数派として生を受ける子どもたち。

彼らが自分らしい人生をまっとうできるように、変わらなくてはならないのは私たち多数派の方だ。

川名　紀美

第一章

白い旅人

用具の工夫でパソコンもお手のもの。
石井更幸さんは、これで全国の仲間とつながっている。

一、生まれなかった弟

小川に流した牛乳

参道を這《は》うように、風が足元から吹き上げてくる。

二〇一〇年も暮れようとする日曜日。石井更幸は思わずコートの襟もとをかき合わせた。少し遅れて歩く母、たみを気遣って振り返る。

二、三か月に一度、母と連れだって千葉・房総の山中に建つこの寺にやってくる。六年ほど前から途切れることなくつづいている習慣だ。

親子が住む袖ケ浦市から鴨川街道へ。久留里《くるり》、亀山を抜けて車で一時間あまり走ると、標高三八〇メートルの地点に仁王門や大堂（本堂）、妙見堂《みょうけんどう》などが点在する寺に着く。海岸からさほど遠くないのに深い山へと分け入るようなたたずまいの清澄寺《せいちょうじ》が、更幸は好きだった。

近隣の人々は親しみをこめて「きよずみでら」と呼んでいる。正式には千光山清澄寺。日蓮宗の大本山である。

参道ですれちがうお参りの人が、ちらちらと更幸に視線を向けて、あわてて目をそらす。たみは気づかないふりをして足を速めた。

いつものように三千円支払って卒塔婆を求めた。更幸の亡き弟の供養をするためだ。

自分が後《あと》に生まれていれば、弟はこの世に生を受けられたはずなのに。

寺に来て卒塔婆に手を合わせるたびに、更幸は胸が締め付けられる。生まれることができなかった弟を思いながら、毎回、同じ祈りの言葉を繰り返す。

「兄ちゃんが先に生まれたばっかりに世に出してあげられなくてごめんね。もう誰にもこんな思いはさせないから。そのために生きてがんばるから力を貸してください」

たみも隣で長い間、頭を垂れる。

「生んであげられなくてごめんよ。お兄ちゃんを助けてね」

更幸が水子という言葉を初めて耳にしたのは小学三年生のころだった。

たみに連れられ、東京の巣鴨にある「とげぬき地蔵」に参ったときのことだ。れっきとした曹洞《そうとう》宗《しゅう》の寺である高岩寺《こうがんじ》は、「とげぬき地蔵」として人々に親しまれてきた。病気平癒に霊験があるとされ、年配の男女で年中にぎわっている。

境内には、いろいろな露店が出ていた。ミニチュアのお地蔵さんが並んだ店をみつけた更幸は、「かわいい」と声を上げながら走り寄った。更幸は子どもながらに各地の地蔵を撮った写真集をねだって買ってもらうほどお地蔵さんが大好きだった。更幸の小さな掌にのった地蔵を見て、たみは少しうろたえた。

「水子地蔵だねえ。かわいいねえ」

更幸の背を押して、さりげなく店の前から離れながら、小さく言った。

「おまえにも弟がいたんだけどね……」

水子の意味も、弟のことも、更幸にはよくわからなかった。けれども、このときは深く問うことはなかった。物珍しい品を商う店や、大勢の人々にすっかり心を奪われていたからだ。

水子とはどういうものか。理解できるようになったのは高校生になってからだった。

以前から母が足しげく清澄寺へお参りすることを不思議に思っていた。更幸は、もともと神社や寺が嫌いではない。十代の少年に似合わず、一人で千葉県内の神社仏閣を訪ねる小さな旅を重ねていた。あるとき思いたって、たみについて行った。

季節がいつだったのか、もう思い出せない。山の、しんとした清らかな空気に包まれながら並んで歩いているとき、母たみが静かに切り出した。

「おまえの下にもう一人弟ができたんだけどね、生まれる前に天国に行ってしまった。私がそうした。一緒に供養をしてやって」

なぜ、生まれることができなかったのか。更幸は理由を知りたかった。しかし、いくら聞いても、答えてはもらえなかった。

一九七三年八月十四日、更幸は石井義次《よしじ》と、たみの三男として生を受けた。

更幸がまだろくに乳離れもできない翌年の早春、たみは、体の異変に気がついた。身ごもったらしかった。

全身を襲ったのは喜びよりも恐怖だった。義父の血相を変えた顔、怒鳴り声がよみがえってきた。更幸が生まれたとき、どれほど責められ、つらい思いをしたことか。

夫の義次にだけ妊娠したことを打ち明けた。義次はむずかしい顔をして黙り込むばかりだった。妊娠の事実はすぐに義父の知るところとなった。案の定、怒鳴りつけられた。

「堕ろせ」

もしも、また更幸のような子が生まれたら。自分も子どもたちもこの家にはいられない。たみは心を決めた。

同居している義父と義母が温泉旅行に出かけた日、少し離れた町の産婦人科医院でおなかの子に詫びながら中絶手術を受けた。

何事もなかったかのように、翌日から働いた。旅行からもどった義父と義母は何も聞かず、言わなかった。

わずか三か月で逝った男の子は、しばらくして健孔《たけよし》と命名された。生まれることができなかった孫を不憫《ふびん》がって、たみの実母が付けたのだ。

たみの妊娠のことは、ほどなく忘れ去られた。たみだけが、時折こっそり小川に牛乳を流し、幼いわが子を悼んだ。山懐にひっそりと建つ清澄寺へ足を運ぶようになったのは、この出来事があってからだ。


二〇一〇年七月十三日の午後、石井更幸はスタンドカラーの黒いスーツで生徒たちの前に現れた。肩まである白い髪と、肌の白さが目を引く。

千葉県木更津市立波岡中学校の体育館には一年生から三年生まで、全校生徒三百人以上が座って更幸を見ていた。

「みなさん、こんにちは。私のような人、髪が白くて肌が白く、目も緑だったり青だったり。そんな人にこれまで会ったことのある人は？」

更幸はそう呼びかけた。おずおずと三人の手が挙がる。

「私は日本人ですが、ごらんのように、みなさんと見かけがちがいます。私が生まれたとき、誰一人、お祝いに来てくれる人はいませんでした」

会場は、咳一つ聞こえない。

「兄二人はたくさん写真を撮ってもらっているのに、私は保育園に行く前、四歳より小さいときの写真がほとんどありません。最近になって、ようやくみつかった一歳のころの写真は、髪を黒く染め、眉毛も黒く塗っていました。まだ赤ん坊なのに、と、ほんとうにショックでした」

自分がアルビノ（白皮症）といわれる遺伝性の疾患で、メラニン色素を作れないという特性を持っているために皮膚や髪が白く、外見が一般の人とちがうこと。目にも色素がなく弱視で見えにくいこと。紫外線に弱く、光がとてもまぶしく感じられることなどを語り始めた。

「なんで白いの？」と聞かれて答えられないのが何よりつらかった小学生時代。

中学生のころは黒板がよく見えず、勉強についていけなくてふざけてばかりいた。

高校で盲学校に進学すると、急に障害者として扱われて戸惑ったこと。

それでも就職して独り立ちを果たし、旅を楽しみ、なにより家族や仲間に支えられて生きてきたことを、そのときどきのエピソードを交えながら語り終えた。

一時間ほどの講演が終わると、自分から願い出て教室を一つひとつ、巡る時間をとってもらった。広い会場では、なかなか生徒からの質問が出ない。目の悪い更幸は、生徒たち一人ひとりの姿を見ることがむずかしい。もっと気楽に言葉を交わし、心を通わせながら、アルビノという疾患への理解を深めてもらいたい。それにもし、いじめなどで苦しんでいる生徒がいれば、かつてさんざんいじめられた自分にできることがあるかもしれない。そう思って教室を訪れる。

なかには「触らせて」と、無遠慮に更幸の白い髪に手を伸ばしてくる生徒もいる。

そんなとき、更幸は嫌な顔をするどころか、少しうれしそうに、「好きなだけどうぞ」と頭を差し出す。その昔、同じクラスの悪童たちが「うつる」と言って、自分の体に決して触れようとしなかったことを思い出しながら。

更幸が、生まれて初めて見知らぬ人たちの前で話をしたのは忘れもしない二〇〇三年の秋だった。母親の知り合いの教師から頼まれて、近隣の中学校の一年二組の生徒の前でアルビノとして生きてきたこれまでの人生について語った。自分のことを人前で話す、信じられないような体験だった。二〇〇五年には、その中学校の一年生全員を前に話すことになった。

翌年もまた、その中学校に招かれて話をした。

それを伝え聞いた別の中学校からも講演の話が舞い込んだ。いじめや親との関係、自らの進路など、悩みを持つ中学生は少なくない。苦しみ悩みながら生きている大人から何かを学んでほしい。そう願う教師たちが、次々に講演を依頼してきた。

依頼があればありがたく応じることにしているが、講演をした日は、ふだんおしゃべりな更幸の口数がめっきり少なくなる。

自宅に帰り着いたあとも、ぐったりと座り込んだまま動こうとしない。

「自分のことを話すのは、ほんとうに勇気がいります。これまでの経験を話していると、いじめられていたころのことを思い出すんですよ。あのころのつらさがこの年になってもはっきりとよみがえってきて苦しくなるんです」

傷は消えることがない。年月がたってとっくにふさがったように見える傷口から、思い出し、話すことによってふたたび血がにじむ。

講演からもどると、決まって寝込んでしまう、と更幸は疲れた顔で言った。

これまでの三十八年を、いったいどのように過ごしてきたのだろうか。

父親、石井義次と母親たみの出会いにさかのぼろうと思う。

二、白い子

足入れ婚で生まれた命

太平洋戦争も終わりに近づいた一九四四（昭和十九）年四月三十日、たみは千葉県の片田舎で六人きょうだいの末っ子として生まれた。二人の姉がいたが、幼いころに相次いで亡くなった。

一九六〇年春、地元の中学を卒業すると同時に愛知県にある紡績会社に集団就職をした。それまでは身長が一六〇センチ以上ないと紡績会社に応募することはできなかった。背が低いと糸を紡ぐ機械に手が届かず、効率よく作業ができないからだ。一五四センチのたみには、本来なら高嶺の花の職場だった。

しかし、たみたちが卒業する年から身長制限がなくなった。戦後の活況のさなかにあった繊維業界は人手がいくらあっても足りず、大手の繊維会社は中学を卒業したばかりの若い働き手を「金の卵」として全国各地からかき集めていた。

小柄なたみは、織られた布を洗い、脱水して起毛《きもう》する作業場に配属された。夏場でも毛足の長いモヘアやカシミアを扱う。制服の黒いズボンが夕方には真っ白になった。

朝八時から夕方五時まで工場で働いて、そのあとは定時制高校に通う。四年かけて卒業するのだ。

学費は会社が援助してくれた。

　それればかりではない。休み時間や休日を利用して洋裁や和裁、お茶、お花といったお稽古事を一通り習う機会が与えられた。重労働ではあったが花嫁修業もできると、繊維関係の会社は中卒女子の人気の職場だった。

　十五歳で親元を離れ、寮生活をしながら、たみは懸命に働いた。勤続五年を迎えた工員たちは、褒美としてそれぞれ故郷から両親を呼び寄せ、費用は会社持ちで伊勢神宮へ参拝する一泊の旅が用意された。誇らしい気持ちで両親と並んで砂利道を踏みしめたことを、いまもはっきりと覚えている。

「考えてみれば、あれが私のただ一つの親孝行でした」

　たみは淋しげに笑う。

　彼女が故郷へ呼び戻されたのは、伊勢への旅からほどなくのことだ。兄弟たちが次々と独立して家を出た。老いを感じて心細くなった両親が、末っ子のたみを手元におきたいと願ったのだ。

　故郷の町の洋服屋でアルバイトをしながら両親とともに暮らす。刺激のない、眠ったような時間が流れた。

　二十三歳になったとき、見合い話が持ち込まれた。相手は袖ケ浦市の二十五歳の青年、石井義次である。

　地元に古くからある和菓子屋の二階で、それぞれの両親とともに二人は初めて顔を合わせた。

　義次は、交義《ともよし》とあきの長男として、現在も住みつづけている袖ケ浦市の上蔵波《かみくらなみ》地区に生まれた。

　交義の妻が二人の子どもを残して早くに亡くなったため、あきが後添えとしてやってきた。そして生まれたのが義次と弟の利男である。

義次は子どものころから野球でずば抜けた才能を発揮した。地元ではサウスポーとして少年野球で活躍する彼の名を知らぬ者はいなかった。

「小学生の俺が投げる球を、中学の野球部の選手が打てなかったんだからな」

義次がちょっと得意げに言う。

中学へ進み野球部へ入ると、一年生のときからレギュラーになった。はっきりとプロの世界を意識するようになったのは、そのころからだ。

高校生になると、中日ドラゴンズからスカウトがやってきた。しかし、夢はかなわなかった。練習のしすぎでピッチャーの命ともいえる肩を痛めたのだ。

プロ入りが不可能だとわかるとあっさりと高校を中退して家業を継いだ。実家は海苔とアサリの養殖のほかに、一町歩の田畑を持つ豊かな半農半漁の家だった。

義次は主に海での養殖を受け持っていた。その仕事が暇な時期には近くの工場へ働きに行ったり、フォークリフトの運転手をしたりして現金を稼いできた。

初めての見合いで義次は、たみが気に入った。

「かわいかった。まあ、一目ぼれだな」

一方の、たみは語る。

「印象もなにも……。恥ずかしくてろくに顔も見られなかったんだから。でも、二十三、四にもなれば結婚するのは当然と思っていたからね。だれでもよかったというとなんだけど、まあだれでもよかったの」

この縁談に、たみの実母だけは最後まで乗り気ではなかったという。海と畑の労働に加えて、姑のあきが四十三歳と若い。嫁としては苦労しそうだというのが理由だった。

それでも石井家が望んだことで縁談は進み、七月には結納にこぎつけた。

儀式が終わったためでたい席で、たみは姑から寝巻をとってくるようにと小声で告げられた。その言葉の意味がわからず、ぽかんとしていると、結納の日からしばらくの間、夫の家で寝泊まりするよう言い渡された。

言われるままにあわてて実家へ寝巻を取りに戻った。

その夜のこと。まだ正式な花嫁ではないからと、若い二人に用意されたのは義次がふだん使っているせんべいぶとんだった。せめてシーツだけでも新しいものがほしかったが、とても口にはできなかった。

「足入れ婚だったのです。性的な知識はないし、結婚した男女がなにをするのかも知らなかった。みじめな一夜でした」

たみは思い出して、目を伏せた。


足入れ婚は、戦前までは全国の農村で広く見られた風習だ。

農家にとって、嫁は貴重な労働力でもある。その家の家風に合うか、よく働くか、子どもを生める体かどうか。それらを見定めるために結婚前に短期間、夫となる人の家に移って生活をともにする。それでよしとなれば、初めて正式な結婚となり、親類や近所の人たちに披露する。

女性の人権を無視したこの慣例はときに悲劇を生んだが、貧しい農家が生き延びるための知恵でもあった。

戦後は姿を消したと思われていた足入れ婚が、昭和四十年代に入っても千葉県の一部で残っていたのだ。

石井家のある上蔵波という地域は、いまも何百年か昔にタイムスリップしたような、古風なたたずまいを見せている。

山の斜面を縫うように細い道がうねり、その両側に生垣に囲まれた家々が建っている。家は、たいてい屋根が二層になった入母屋造りで、広々とした敷地には家族が食べる分の野菜を育てる畑や花畑がある。

上蔵波の人たちは、四百年ほど前に先祖たちが京からこの地に集団でやってきて住みついた、と自分たちの出自を伝え聞いている。その証しのように、集落には京都に多く見られる苗字を持つ家が少なくない。

集落を形作っているのはおよそ百戸。どの家にも屋号がある。石井家は「仁左衛門」だ。集落の人々は姓を言う代わりに互いに屋号で呼び合う。石井家は「仁左衛門」がなまって「にぜぇむ」と呼ばれている。たとえば更幸なら「にぜぇむんとこのノブ」だ。

人々はことのほか信仰心あつく、出羽三山《でわさんざん》へ集って詣でる講など、お参りの講がいくつもある。集落がはりつく斜面の上の方に立つと、「蔵波」という地名に合点がいく。取り壊されずに残った家々の蔵が、波がうねるようにぽつぽつと建っているのを見渡すことができる。

「結婚するなら蔵波男」と言われるように、あたりでは豊かな地域として知られている。

短い期間の足入れで、たみは子どもを授かった。その年の十月に結婚式を挙げ、正式に石井家の一員になった。

そのころ一家は六人家族だった。八畳の座敷に義次の両親と独身の弟、利男の三人が寝起きし、別の一部屋には義父、交義の先妻の娘が離婚して戻ってきていた。

義次・たみの若夫婦には義父母の部屋とふすま一枚で隔てられた六畳間があてがわれた。たみは海で夫の養殖の仕事を手伝った。夫が海苔を採り、それを妻が浜辺で乾燥させる。慣れない作業は、身重の体にこたえた。

掃除や洗濯、食事の支度などの家事は、当然、「嫁」の役割だった。

ごはんやみそ汁をよそって食卓に並べると、食欲旺盛な家族の器はあっというまに空になる。お代わりの給仕に追われ、自分はおちおち食べていられない。ようやくたみが食べようとするころには、おかずがすっかりなくなっているのが常だった。

「農家はどこでもそうだったようにつつましい暮らしぶりで、おかずがはじめから足りないんです。たとえば魚なんか人数分ない。早い者勝ちなんです。いつもおなかがすいていました」

妊娠七か月の検診のとき、医師から「明らかに栄養不足だ」と注意をされた。

このままでは丈夫な子が生めないと、持ってきていた自分の貯金で牛乳を配達してもらうことにした。

舅《しゅうと》にみつかり、「牛乳なんぞ病人が飲むものだ。ぜいたくだ」と叱り飛ばされた。石井家では、家長である交義の言うことが絶対で、逆らうことは許されなかった。

実家の母親が心配し、リンゴを一箱送ってよこしたりした。

五月五日が初めての出産の予定日だった。準備のために実家に戻ったのは、その数日前である。

病院で、男の子が元気な産声をあげた。跡取り息子は健一と名付けられた。

健一は母乳をよく飲み、すくすくと育った。石井の家に帰る日、母親が「嫁ぎ先にもどったらお乳が出なくなるかもしれないからね」と粉ミルクの缶を持たせてくれた。

「実家で暮らしていたころよりやつれた私の様子から、気苦労を察してくれていたのでしょう」

たみは思い出して涙ぐんだ。

長男を抱いて婚家にもどると姑、あきは初孫に目を細め、こう宣言した。

「私が子守をするから、あんたは畑をやりなさい」

四十歳を超えたあきには、落花生づくりは重労働だったのだろう。ほかに田んぼもあって米も作っていた。

たみは早朝から畑へ出た。乳がはって痛かったが赤ん坊に含ませることはできなかった。母乳は、ほどなく出なくなった。

「世間に対してみっともねえ」

三年後、二番目の子を妊娠した。つわりがひどく、中腰での畑仕事はつらかった。農作業の合間には海に出て、夫の傍らでアサリ採りを手伝った。

今度も元気な男の子が誕生した。次男の仁隆《よしたか》だ。

さらに二年後、三度目の妊娠をした。

つわりは前回のことがうそのように軽かった。直前まで働き、出産の兆しがみえると長男、次男のときと同じ病院に入院した。

生まれたのは四〇〇〇グラムもある大きな男の子。しかし、なぜか髪が真っ白だった。

「あらあ、おじいさんが生まれたの？　思わず言いました」

見舞いに来た夫の義次は子どもを一目見るなり顔をこわばらせて触れようともせず帰っていった。それっきり病院へは姿を見せなかった。

義次は戸惑った。三男を取り上げてくれた医師から前もって、「普通じゃないよ」と声をかけられていた。たみの隣で眠っていたのは髪が白く、皮膚も透けるように白い、見たこともないような赤ん坊だった。

「びっくりだったなあ。これがほんとに俺らの子か、どこでどうなったんだ、と。この先大丈夫か、ちゃんと育つのか、どうしたらいいか、頭の中はぐちゃぐちゃで」

義次はわが子の様子を両親に報告した。交義は病院に飛んで行き、帰ってくるなり吐き捨てるように言った。

「世間に対してみっともねえ」

なぜ、白い子どもが生まれたのか。病院からは何の説明もない。医師にもわからなかったのだ。

長男、次男のときとちがって祝いに訪れる親類の者は誰一人いなかった。

三男の更幸を連れて退院してきた日、たみは舅の交義から怒鳴りつけられた。

「子どもは二人でやめておけばいいものを。三人もつくるからだ。てめえが悪いんだ」

たみの実家の母は「うちの血統にはこういう子はいない」と言い、もとより義次も「俺は色黒だ。うちじゃねえ」と言い張った。

あきは「生まれちゃったものはしょうがない」と、長男や次男と同様にめんどうをみ、「うちにばっかりしまっておけない」と、外にも連れ出した。

交義は二言目には「みっともない」と口にした。たみに命じてまだ赤ん坊の更幸の白い髪を黒く染めさせた。白い眉を自らマジックインキで黒く塗った。まつ毛はマスカラで黒くする念の入れようだった。

何一つ変わらず続いていくように思われた上蔵波も、一九七〇年代に入ると否応なく変化の渦に巻き込まれた。経済成長の波は首都・東京と隣り合わせの千葉県に大きな変化をもたらした。

海苔やアサリを育む豊かな海は埋め立てられて、沿岸部には工場が建ち並んだ。漁業や養殖に従事していた人たちは、いくばくかの現金と引き換えに、漁業権を手放した。石井家ではたちまち海苔の養殖が廃業に追い込まれた。

畑や田んぼも売り払われた。東京からやってきた大手建設会社が大規模な開発に乗り出し、ゴルフ場や住宅地に姿を変えた。袖ケ浦あたりでも東京への通勤圏とみなされ、静かな半農半漁の町は都心へ通うサラリーマンたちのベッドタウンと化した。

石井家に残された九反ほどの田んぼと畑だけでは、家族みんなで食べていくことはできなくなった。義父の交義と義次・たみ夫婦の三人が地元の化学肥料製造会社で働くことになった。

夫の毎月の給料は、家長である交義にそっくり差し出した。たみの給料も、自分の取り分より多い三万円を義父に渡す。それでも会社勤めは楽しかった。

「なにより家から離れられますから。更幸が生まれて一段と怖い存在になった舅と一日中、顔を合わせていなくていいんですから極楽でした」

工場で身を粉にして働き、戻ってくれば家事育児。しかし、久々に自由にできる自分のお金を持った喜びは何物にも代えがたかった。

たみは、まだ歩けない更幸をおぶって千葉大学医学部附属病院の小児科を受診した。なぜ更幸だけが髪や肌が白いのか。その原因と、できれば治療の方法を知りたかった。

結局、診断は下されなかった。大学病院の医師にもさっぱりわからなかったのだ。

「太陽に当てれば少しは黒くなるだろう」

父親の義次はようやく歩き始めた更幸を兄二人とともに近くのプールに連れて行った。更幸はきゃっきゃっとはしゃいで水遊びに熱中した。

その夜、高い熱が出て両腕が真っ赤に腫れ上がった。痛みで更幸は火が付いたように泣く。皮膚の表面がみるみる水疱《すいほう》で埋め尽くされた。水疱は次々につぶれて、何か月も包帯をとることができなかった。

翌年、一家は懲りずに海水浴に繰り出した。更幸の腕はプールで泳いだときよりひどく腫れ上がり、二倍くらいの太さになった。この二度の大火傷で、両親は三男が太陽に極端に弱いことをようやく悟ったのだ。

目が、どうやらよく見えないらしいと気づいたのも同じころである。

ある日、たみは用があって幼い更幸の手を引き木更津まで出かけていった。

帰り道、駅で電車を待っていて、思わず声をあげそうになった。更幸と同じような白い髪、白い肌の女性がホームにぽつんとたたずんでいた。

勇気を振り絞って声をかけた。

「あのう、すみません。この子も髪が白く、肌も白いんです」

いきなり話しかけられて、女性は少し驚いたようだった。しかし、すぐに柔らかな表情にもどって口を開いた。

「お子さん、外に出たらきっとまぶしいと思います。サングラスした方がいいですよ。洋服は、夏でも長袖でね。目も悪いですよ。身体障害者の手帳をもらえますから役所へ行ってみてください。私も持っています。手帳があると年金が出るんですよ」

身体障害者。思いもかけない言葉だった。更幸は障害者なのか。手帳をもらうと障害者と決めつけられて、治療の望みが断たれるような気がした。しかし、わが子の将来を思うと暮らしの助けになる年金が入るようにしておいてやる方がいい。

たみは町役場に行って障害者手帳を得る手続きをした。

クレヨンの「肌色」

成長するにつれて、更幸は持ち前のやさしさを発揮した。

共働きの両親に代わって日中を一緒に過ごすあきを「かあちゃん」と呼んで慕い、あとを追い、まとわりついた。

「三人の孫のなかでもとくにやさしい子でね。それはいまも変わりませんね」

あきは、しみじみと言う。

そのころ、たみは化学肥料製造会社を退職し、調理師の資格をとって町の学校給食センターに調理員として就職したばかりだった。

三名の枠に対して三十人もの応募があった。たみは好成績で採用された。

女性ばかりの慣れない職場で気苦労が多かった。ついつい子どもたちのことは姑まかせになった。やんちゃ盛りの三人の男の子を育てたのは祖母のあきである。生まれたときこそ驚いたものの、いつしか更幸にも分け隔てなく接するようになった。

地元の婦人会の活動などで忙しくしていたが、おやつは全部、手作りした。お正月には餅を三〇キロばかりつく。のし餅にしたあと、切り落とした端を親指ほどの大きさに揃え、陰干しして乾燥させる。それをからりと揚げて醤油を少したらす。自家製揚げおかきが三人とも大好物だった。

甘い蜜をからめた大学芋も兄弟のお気に入りだった。

「三つのお皿に分けて、それぞれ名前を書いておく。でも、更幸は兄たちにかすめとられていましたよ」

と、あきは昔を懐かしんだ。

近所の人が通りかかると、更幸はだれかれとなく「寄ってきな」「お茶飲んでいきな」と人懐っこく声をかけた。そんなふうだから近所の人たちにもかわいがられた。人とはちがう外見を蔑んだり冷やかな目で見たりする者はいなかった。

あたりの子どもたちとも外を駆け回ってよく遊んだ。野球もしたし、自転車にも乗った。

近くの二年保育の保育園を卒園したあと、小学校に入学した。二人の兄や近所の子どもたちと同じ、袖ケ浦町立長浦小学校だ。

小学校は、保育園とはまるでちがっていた。保育園のころも、友だちによく追いかけられた。そのときに投げかけられたからかいの言葉は「決していいものではなかった」と記憶している。けれども、いじめられていたという感覚はあまり残っていない。

小学校は、蔵波台、さつき台などの大規模宅地開発があったおかげで生徒が急増し、一年生は一クラス五十人、九クラスにふくれあがっていた。

教室はすし詰めで、体が大きかった更幸はいちばん後ろの隅の席があてがわれた。

生徒数が二千人に届くようなマンモス校だったが、更幸のような外見を持つ子どもはほかにいなかった。

髪を漆黒に染め、眉を黒く描き、まつ毛もマスカラで黒く塗って集団に溶け込もうとしたが、不自然に黒い髪が、かえって肌の白さを際立たせる結果になった。

入学直後から質問攻めの日々が始まった。

「なんで白いの?」

「どうして目が青いの?」

「外人なの?」

「牛乳、飲みすぎたの?」

「もしかして、宇宙人?」

それらの問いに答えたいのに答えられないのがもどかしかった。なぜ白いのか、なぜ人とちがうのか、自分にもわからない。

二十四色のクレヨンの一本に「肌色」とラベルがついていた。ちがうんだよな、ぼくには。心のなかで何度もつぶやいた。

子どもというものは容赦がない。悪気がなくとも来る日も来る日も同じことを聞いてくる。そのたびに押し黙るほかなかった。

小学二年生のとき、一度だけ我慢が限界を超えたことがあった。

その日もまた同じ質問を繰り返された。子どもたちが更幸の周りをぐるりと囲んで「なんで白いの」と口々にしつこく聞いてくる。

「もう頭の中がわーっとなっちゃって。気がついたら夢中で椅子や机を投げていました」

クラスでついたあだ名がシロシロマン。

「気持ち悪い」

「うつるからそばに来るな」

すれちがいざま、大仰に体をよけながら吐き捨てる級友もいた。

「なぜ自分はみんなとちがうんだろう。自分で自分のことがわからない。それがいちばん、つらかった」

どんどん自信がなくなった。どうして自分だけが白いのか。

更幸は物心ついて以来、親に尋ねたことがない。なぜか聞いてはいけない気がしていたからだ。

たった一度、たみと二人でお風呂に入っているとき、その問いが口をついて出たことがあった。

たみはしばらく無言だった。やがてぽつりと言った。

「ごめんね」

目に涙がいっぱいたまっていた。

自分が生まれたことで、母親につらい思いをさせている。更幸は胸がえぐられるようだった。このことは二度と口にすまいと小学三年生の少年は固く心に決めた。

髪を常に黒く保つため、根元から五ミリほど白くなってくると急いで染めなければならなかった。

月に一度の割で巡ってくる毛染めは、更幸には拷問のような時間だった。白い髪を「世間にみっともない」と嫌う祖父に命じられて、母親のたみが市販の毛染め剤で染めるのだ。

薬剤の品質がいまほどよくなかったせいか、夏になると頭から黒ずんだ汗が伝い流れて首筋をただれさせた。がまんできずにかきむしると血の混じった膿がじくじくとにじみ出た。そうなると痛みで夜も眠れなかった。

しかし、人とちがうことはいけないことだからと自分に言い聞かせて耐えた。

小学校も高学年になると、毛染めの役割は母親のたみからプロの理髪店にとってかわった。毎月一回日曜日、朝いちばんに店に入って、終わるのは夕方だ。せっかくの休みに友だちと遊べないのがつらかった。

いじめは言葉だけでは済まなかった。集団で登下校するときはいいが、一人になると決まってなにかが起きた。

帰り道、どこからか石ころが飛んでくる。五、六人が示し合わせて更幸めがけて一斉に投げるのだ。目が悪くて顔が見えないから、誰が投げているのかわからない。

建設現場に山積みされていたコンクリートのかけらが猛スピードで飛んできたことがあった。かけらは思わず頭をかばった手をしたたかに打ち、骨が見えるほど肉をえぐりとった。その傷が、いまもくっきりと残っている。

歩いていて、いきなり足を引っかけられることもあった。

無防備な恰好で勢いよく転ぶ。それがおもしろくて足を出す。更幸が転んだのを見届けると無言で逃げていく。

学校でこのような目にあっていることを、更幸はだれにも言わなかった。たびたび怪我をして帰ってきたが、家族は気にも留めなかった。

双眼鏡が授業の相棒だった

そのころ、石井家は、身を寄せていた親類の者をふくめて九人の大所帯になっていた。大人たちはみな忙しく、更幸一人にかまってはいられなかった。

「血を流して帰ると、じいちゃんが怪我したところに湯殿山《ゆどのさん》の湯あかだという黄色い粉をかけてくれるんです。カレーのようなにおいがしました。しばらくすると血が粉と一緒に固まるんです。普通なら縫うような怪我でも病院へは連れて行ってもらえなかった」

いじめについて担任に訴えたりもしなかった。話したところで、なにかしてもらえるとは思えなかった。

「先生はそういうことに気づかないもんですからね。勉強もできなかったし、言おうという気はなかったです」

授業には、ほとんどついていけなかった。更幸の席からは、黒板の文字がまったく見えなかった。目が悪いことは入学前に学校側に伝えてあったし、健康診断などの結果でもわかっていたはずだが、教育上の配慮と呼べるようなものは何一つなかった。

テストで十点以上とったことはない。答案用紙に一か所でも書いてあれば五点あげる、と教師に言われた。学業に関してはそういう世界だった。

授業の内容がわからないまま座っているのは苦痛でしかない。置いてきぼりにされているという思いだけが強くなっていった。

学校にはもっとあれこれ言えばよかった、と、たみはいまになって悔やむ。

「教育委員会からは入学前に、普通学校で大丈夫ですか、と言われました。もし何かあったときはこちらで責任とりますから、って、無理に頼んで地元の学校へ入れてもらいました。通えるだけでもありがたかった。それ以上のことは言えませんでした」

体育の授業は一年中、長袖長ズボンの体操服でみんなと同じように受けた。体を動かすのは好きだった。

一度、大失敗をした。その日は湿度が高く、とりわけ蒸し暑かった。曇っていたので大丈夫だろうと、更幸は上着を脱いで半袖姿になった。

その夜、腕がぱんぱんに腫れ上がり、水疱がつぶれて四か月ほど包帯を巻いたまま学校へ行くはめになった。痛くてたまらなかった。

小さいころに二度大火傷をしたことは親から聞かされていた。けれども記憶にないせいか、つい油断してしまった。この出来事で長時間、太陽を浴びるのがいかに危険なことかを思い知らされた。

紫外線だけでなく光も苦手だ。晴れた日は、外にいるとほとんど視力のない左目が痛くなる。まぶしくて目を開けていられない。子どものころの写真を見ると、どれもまぶしそうに眼を細めている。

かろうじて薄目を開けられる右目を頼りに動き回り、自転車にも乗った。ほかの子どもと少しも変わらなかった。あのころ更幸の目が悪いことに気づいていた人は、家族を除けばどれほどいただろうか。

世間というものの冷たさを知ることになったのもこのころだ。

電車やバスなど、乗り物が大好きな更幸に新幹線を見せてやりたいと、たみは小学生の息子と初めて東京へ遠出した。

更幸は0《ゼロ》系の「ひかり」や「こだま」の写真を何枚もカメラに収めて有頂天だった。東京から新横浜まで、実際に列車に乗せてもらったときは夢見心地だった。

あまりの喜びように、たみは、ときおり更幸を東京へ連れ出した。山手線、地下鉄、私鉄など、首都を縦横に走るさまざまな電車に乗るのが目的だった。

東京タワーを見に行こうとして地下鉄の駅で乗り換えに迷ったことがあった。居合わせた駅員に尋ねると、駅員は更幸を見て露骨に嫌な顔をした。

「おまえ、気持ち悪いんだよ」

見知らぬ大人にこんなふうに言われたのは初めてだった。更幸は驚き、「なにも悪いことをしていないのに」と傷ついた。

たみは、この一件があってからも、くじけることなく更幸を東京に連れて行って電車や地下鉄に乗せた。更幸を生んだ病院で、院長夫人から言われた言葉が常に頭の片隅にあった。

「お母さん、こういう子だから、なるべく外へ連れ出して、いろいろな経験をさせてあげてね」

その通りだと、たみも思った。

更幸の小学生時代がつらいことばかりだったわけではない。

生涯の友となる同級生、五十嵐努と出会ったのは小学三年生のときだ。たまたますぐ前の席に座っていた五十嵐に声をかけ、「友だちになろう」と無理矢理、日曜日に遊ぶ約束をとりつけた。

しかし、学校の前の公園で、待っても待っても五十嵐は来なかった。すっぽかされたとわかって頭に血が上り、彼の家まで文句を言いに押しかけたが会えなかった。

翌日、学校で、再び遊ぶ約束をした。今度来なかったら許さないと凄まれて、五十嵐はしぶしぶ弟を連れてやってきた。

「一人で行くのがいやだったんです。こっちは別に友だちになりたいわけじゃない。更幸は教室ではうるさくしゃべっているか、がさがさ動いているか。でも、強引に誘われて遊んでいるうちに、人柄のよさがわかってきたんですよ」

五十嵐努はおかしそうに笑う。

互いの家も行き来した。五十嵐の両親が、息子の友だちとしてごく自然に迎えてくれるのが更幸にはうれしかった。

三か月もすると、五十嵐は一人で約束の場所に現れるようになった。

小学四年生に進級すると同時に、学校を変わることになった。生徒数二千のマンモス校だった長浦小学校が二つに分かれ、新しく開校した町立蔵波小学校へ一部の級友たちとともに移ったのだ。

しかし、この大きな環境の変化も更幸をめぐる状況を好転させてはくれなかった。

からかいも、不意に足を突き出して転ばせるいたずらも、なくなることはなかった。

更幸は、教室でますますにぎやかに振る舞い、冗談や、だじゃれを飛ばしては笑いをとった。そうしていれば、いじめられずに済むことを体験的に身に付けた。

「ひょうきん者を演じ、おちゃらけることでいじめをかわしていました。きょう一日、何やってしのごうか。毎日、毎日、そればかり考えて。いま思うとしんどい学校生活でした」

ときに悪ふざけの度がすぎて、教師に目を付けられた。

六年生のときは担任の男性教師と相性が悪く、よく殴られた。いちばん嫌だった罰はトイレで給食を食べさせられることだ。級友たちがおしっこをしているすぐそばで床に正座をして昼食を食べたことが何度かあった。

その担任は更幸に「給食ブタ」とあだ名を付けて、名前で呼ぼうとはしなかった。

「給食や牛乳の残りを、よくお代わりしたからでしょう。四年生でランドセルが背負えなくなり、六年生のときはクラスでいちばん体が大きかったですからね」

小学校の卒業写真を見ると、なるほどほかの子どもたちより一回り大きい。身長は一七〇センチ近くあり、体重は八〇キロを超えていた。

卒業式に着る服がなく、たみの実父の礼服を借りた。更幸はみんなと同じような、ポケットにエンブレムが付いたブレザーを着たかった。が、どこを探しても彼の体に合う子ども服はみつからなかった。

学習面の苦労は一向に改善されなかった。

蔵波小学校でも視力への配慮はなく、席は大柄な体に合わせて後ろの方だった。

ある日、近くのホームセンターへ行ったとき、商品の陳列棚に大きな双眼鏡が飾ってあるのに気がついた。

手にとるとずしりと重い、本格的なものだった。のぞいてみると、更幸の目にも遠くが見えた。がっしりした革の固いケースに入っていて、首からぶらさげるようになっていた。

「きっと高価だったはずです。よく買ってくれましたよね」

この双眼鏡が、翌日から授業の相棒になった。

レンズの中に拡大される黒板の文字を、一字、一字、ノートに写す。黒板を見たり、机の上のノートを見たり。重い双眼鏡を左手で支えながら首を何百回となく上げ下げする。一日の授業が終わるころには首が回らないほど痛くなった。

双眼鏡の助けを得てからも、成績は相変わらずふるわなかった。黒板の文字はどうにか判読できるようになったが、先生が消す前にノートに書き写すのが精いっぱいで、意味を考え理解する時間がなかった。

毎日、学校へ行ってはいたが、そこは楽しい場所とは言い難かった。

しかし、学校を終えて戻ってくる家もまた、安らぎの場からはほど遠かった。二番目の兄、仁隆との間に家族のだれも知らない確執があったからだ。

三、そんなやつ、知らん

「逃げちゃったんです」

石井家の三兄弟は、おのおのがちょっと知られた存在である。

長男、健一は、かつては暴れん坊の不良として「イシケン」の名を隣町にもとどろかせていた。

小学六年までは少年野球に明け暮れていたが、そのころから体が大きく、けんかがめっぽう強かった。

しかし、中学二年で野球をやめるのと前後して、一匹狼の不良となって地元の少年たちから恐れられた。

捨ててあったバイクに無免許でまたがり、授業をさぼっては、あちこち駆け巡っていた。ときには警察のやっかいにもなった。

「万引きや恐喝はしなかった。つかまって恥ずかしいようなことは一度もしていない」

齢四十をすぎた本人は、涼しい顔でこう言ってのける。

しかし、「毎週のように学校に呼び出されて、えらい目にあった」と父、義次は当時を振り返って苦笑する。

あまり頻繁に呼び出されるので、学校に申し訳ないからと、ＰＴＡの役員を途中で辞さなければならなかったほどだ。

更幸が小学校に入学したとき、健一は六年生になっていた。兄と一緒にいる限り、更幸をからかったりいじめたりする者はいなかった。長男には、いるだけで大いに助けられた。

健一は、兄弟の中で一人だけ弱視で外見が異なる更幸に対して格別のやさしさを見せたわけではない。けれども、疎んじることもなかった。友人たちにはためらうことなく自分の弟だと紹介した。

「更幸が白いこと？　別に気にならなかったな。恥ずかしいなんて思ったことはない。まあ、自分のことで頭がいっぱいで、更幸のことを気にもとめていなかったというのがほんとうだけど」

そう言って大きな体をゆすって笑った。

次男の仁隆はちがった。更幸が語る。

「子どものころ、兄弟だと名乗るなと、きつく言われていました。道で会っても知らんぷりです」

仁隆に「おまえは来るな」と言われて小学四年と五年のときは地域の子ども会に参加できなかった。四年生になったらバチを握らせてもらえるはずの伝統の大太鼓の稽古ができず、悔しかった。楽しみにしていたキャンプにも行けなかった。

「あのころはなんでこんな目にあわないといけないのかと、ほんとうにつらかった」

大人になるまで二番目の兄から名前で呼ばれたことは一度もなかったように思う。声をかけられるときはいつも「白ブタ」だった。

町に一軒目のコンビニができたとき、物珍しさもあって子どもたちの間で連日、話題になった。更幸も行ってみたくてたまらなかったが、かなわなかった。その店でアルバイトをすることになった次兄から、「絶対来るな」と言い渡されてしまったのだ。

地元の公立中学校へ進学してからも、二人の間柄が変わることはなかった。

更幸は柔道部に入部したときのことをよく覚えている。

部の先輩が「おまえの弟が入部したぞ」と仁隆に声をかけたとき、仁隆は「そんなやつ知らん」とほかの部員がいる前で否定した。

「学校でいじめられ、家に帰ったら二番目の兄貴の顔色をうかがう毎日です。どこにも居場所がなかったんです」

祖父に疎んじられ、二番目の兄には弟と認めてもらえない。

「身内に受け入れてもらえないのはやっぱりきつかったですよ」

世間体を気にする祖父はともかく、なぜ次兄は自分につらく当たるのだろう。更幸は考えつづけた。

そして一つの結論にたどりつく。

「野球エリートの彼にとっては、障害のある自分の存在が汚点だったのではないでしょうか。こいつさえいなければ、というのがあったんだと思う」

仁隆は父親の血をひいて、小さいころから野球が図抜けてうまかった。

小学生のころは強打者としてならし、中学校へ進学すると、レフトの守備で外野手として仲間の信頼を得た。

仁隆が過ぎ去った日々を手繰り寄せながら話す。

「打つ方ではなかなか結果が出なかった。軟式ボールと相性が悪かったようです。転機は高校進学でした」

高校は野球の推薦枠で地元の商業高校へ入学した。公立高校だが野球の強豪校として知られ、グラウンドには夜間も練習できるナイター設備を備えていた。

硬式ボールでやるようになると、小学生のころのように、おもしろいほど打てた。百人近い部員がいる中で、一年生のときから選ばれて遠征試合に出場した。

父親も当然、力が入る。練習試合があるたびほとんど付き添った。プロを目指して挫折した自分に代わってプロへの扉を開いてほしい。次男の活躍を見ながらそんな期待が生まれたとしても、ごく自然なことだろう。

「野球以外は子どもに手つけねぇ。男の子はスポーツ仕込みだ。野球一本筋だったな」

義次は、ついこの間のことのように語る。次男と各地を転戦した二人三脚の日々は、年月を経ても輝きを失うことがない。

「いま思えば恵まれていたんでしょうが、当時は親父が来るのは嫌でしたね。先輩たちの目もあるし、結果を出さなきゃと、プレッシャーも大きかった。親父が来ない方が打てましたね」

仁隆はそう言って苦笑いした。

甲子園をめざして練習に明け暮れた。しかし、チームは千葉県大会でベスト8が最高の成績だった。

チームの実力とは別に、プロになる夢は思いがけないことで閉ざされた。高校最後の夏の大会が開かれるころには近視と乱視が進んで、ボールがよく見えなくなっていた。

「調子のいいときはピッチャーの投げる球の縫い目まで見えました」

縫い目の回転の仕方で直球かカーブか、見分けることができた。

「それが縫い目どころかノックのボールも見えなくなって」

仁隆はさほど無念でもなさそうに淡々と言う。

プロへの道を断念したのは視力の低下だけが理由ではない。

「ハートの問題もあったんです」

好きだったはずの野球を少しも楽しんでいない自分に気がついた。結果、結果と、常に成果を追い求めなければならないことに疲れたのだ。

甲子園へは行けなかったが顧問の教師は「大学へ行って野球をやれ」と勧めてくれた。実業団からの誘いもなかったわけではない。だが、どちらの道も選ばなかった。

「もう、これ以上苦しい思いはしたくなかった。逃げちゃったんですよ」

いまは工場勤めをしながら、休日に職場の仲間やかつての同級生たちと草野球をする。それを心から楽しいと感じている。

父親も乞われてメンバーに加わることがある。七十歳近いとはいえ、自慢の左腕から繰り出す球はまだまだ力強く、後輩たちをあわてさせる。

アルビノを描いた『白夜を旅する人々』

仁隆の話を聞いているうち、パンチパーマに剃りこみを入れて暴れ回る長男と、アルビノである三男に挟まれた次男の苦しみが透けて見えるような気がした。

幼いころから野球に非凡な才を見せ、父親はもとより多くの人から将来はプロの道に進むものと思われていた。

まじめで、学校の成績も常に真ん中より上にいた。ハードルの高い夢。三兄弟の中の「できのいい子」という看板。背負わされた荷が仁隆にはどれほど重かったことだろう。

重圧のはけ口が、自分でも気づかないうちに年下で従順な更幸へと向かっていったとしても不思議ではない。

目が悪く、目立つ外見を持つ弟を、更幸が言うように「汚点」と感じていたのだろうか。

少しの沈黙の後、自分自身の心の内を確かめるように仁隆はゆっくりと言った。

「小学生のときは恥ずかしいという気持ちが多少あったかもしれないな」

正直に打ち明けた仁隆は、意外なことに、更幸が傷としていまも胸にたたんでいる二人の間の出来事の一つひとつをまるで覚えていなかった。

更幸が柔道部に入部したときのいきさつは、仁隆の記憶の中では陰で友人に「弟をよろしくな」

と頼んだことになっていて、二人の言い分はすれ違った。

次男と三男は同じ屋根の下に暮らしながら、兄弟らしくじゃれ合って遊ぶこともなければ親密な会話を交わすこともなく、それぞれの時間を生きて大人になった。

そんな二人の関係に、母親のたみもほかの家族もまるで気づいていなかった。

「仁隆はまじめな子で、心配をかけられたことはありませんでした。更幸との間であったことを最近になって知って、ほんとうに驚きました」

「全部私がいけなかったんですよ」と、たみはあわてて言い添えた。

「仁隆のことはお義母《かあ》さんに任せっきりでした。私はノブにかかりっきりで……」

家族の中に重い病人や障害のある人がいれば、家族のだれもが否応なく影響を受けることになる。苦しみや喜びを本人と分かち合いながら生きることで絆が強くなる家族がある一方、現実を受け止めきれずに離婚や家族の崩壊に至る例も少なくない。

とくに忘れられがちなのが障害のある子どもや病気の子どもの兄弟姉妹が背負っている負担や気持ちの問題である。

親の関心が障害のある子に向かうのは仕方がない。世話を焼く時間も多くなる。母親のたみは更幸を生んだことで自分を責めつづけ、彼の将来を案じて二人三脚で生きてきた。

仁隆の授業参観には一度も行ったことがないという。祖母のあきが代わりをつとめたが、長男の健一と次男の仁隆は、どこかでさびしい思いをこらえていたのかもしれない。

それでも親が生きているうちはいいが、亡くなったあとはどうすればいいのだろう。

もしかして親に代わって兄である自分たちが弟のめんどうをみることになるのだろうか。

先回りして将来のことをあれこれ考え、子どもながらに不安にかられたこともあったはずだ。更幸の疾患がどのようなものなのか。病院できちんとした診断がもらえなかったせいで、家族みんなで理解を深めたり学んだりする機会を持つことができなかった。そのことも仁隆ら兄弟の不安をふくらませたにちがいない。

更幸の家族に話を聞くうち、いつしか重ね合わせていたのが三浦哲郎《てつお》の長編小説『白夜を旅する人々』だ。

二人のアルビノの娘が生まれたことが心やさしい家族に影を投げかけ、逆らえない流れに巻き込まれるように滅びに向かった兄弟姉妹たちの歩みをたどった自伝的作品だ。一九八五年に大佛《おさらぎ》次郎賞を受賞した三浦の代表作である。

昭和の初めごろ、東北のある町の裕福な呉服屋に、六番目の子どもが生まれようとする場面から物語は始まる。

赤ん坊の誕生を待つ喜びと不安が交錯する緊張のひととき。男の子か女の子か。そんなことはどちらでもいい。家族の胸にあるのは口にはできないただ一つの願いだけだった。

生まれたのは色の浅黒い元気な男の子。白い子でなかったことに誰もが安堵する。この末っ子が後に作家となる三浦の分身である。

一家の子どもは男が三人、女が三人で、三人の娘のうち長女と三女が透き通るように白く生まれてきた。目は空色がかった灰色で、弱視である。

長女と三女は髪を染粉で黒く染め、眉墨で白い眉を隠し、外へ出るときはまぶしさを避けるために薄墨色のメガネをかけた。

結婚や出産といった人並みの経験や幸せは、はなからないものとされ、親の差配で幼いころから琴を習い、将来は師匠として身を立てるべく修行にいそしんでいた。

この二人に挟まれた成績優秀な次女が、思いがけないことに十代で自ら死を選ぶ。三浦が六歳のときだ。家の跡を継ぐ予定だった長男が失踪したのはその直後のことであった。

三浦が七歳になると白く生まれついた長女が自死し、十九歳になったとき、次男までもが失踪してしまう。三浦が文学を志したのはこのころだという。

一九六〇年、『忍ぶ川』で芥川賞を受賞した三浦は渾身の力を込めて、自らの家族と向き合いながら『白夜を旅する人々』を書き上げた。アルビノという遺伝性の疾患が重要な役割を占める、北の一族の哀切な物語だ。

しかし三浦は、このやりきれない小説に、希望の続編を書こうとしていた。

二〇一〇年八月二十三日付の朝日新聞に掲載されたインタビューで、「姉のことを書きたい」と語っているのだ。

姉――。それは六人のきょうだいのうち三浦とともに生き延びた、白く生まれた三女、きみ子のことだ。

岩手県一戸《いちのへ》町で一人暮らし、その年の三月に八十九歳の生涯を閉じた。「八十五歳を過ぎるまで琴を教え、やめてからもお弟子さんに慕われていた」というきみ子は、ある夕方、だれにも看取られることなく静かに亡くなった。翌日に食べるつもりだったのだろう、米がとがれて炊飯器に掛けられていた。

「みごとな幕引きだった。姉の人生は決して寂しいものではありません。姉のことを書きたい。あの米を見て心から思いました」

インタビューで、三浦はそう語っている。

二〇〇一年、脳梗塞で倒れた三浦は後遺症で右手と右足が少し不自由になっていた。その右手でようやく鉛筆を握れるようになって、小説を書く気力がもどってきたという。

しかし、続編が世に出ることはなかった。インタビューが掲載されてほどなく、三浦自身が帰らぬ人となったからだ。

記事は、三浦が続編の仮の題名を「暁の鐘」と考えていたとも伝えている。

一家を覆った不幸の白夜が明ける。その時を告げる鐘という意味だそうだ。

石井更幸と次兄・仁隆の間にも和解のときが訪れる。しかし、それはまだ先のことだ。

四、もうすぐ死ぬんだ

試験に落ちちゃえばいい

小学校の高学年になった更幸は、死にとりつかれた。

「学校でいじめられ、足をかけられ、家に帰れば二番目の兄貴のひと言ひと言にびくびくしなければならない。こんな思いをするくらいなら死んじゃった方がどれだけラクか。そう思うようになりました」

毎日、学校のベランダに出て下をのぞきこんだ。怖くて足がすくんだ。思い切って飛べない自分が情けなく、悔しかった。

テレビで自殺のニュースが流れると、この人にはできたのに、なんで自分は死ぬことすらできないのだろうと、いくじのない自分を責めた。

もっと簡単に死ねる方法はないのかと、そればかりを考えた。

そうこうするうち、思いがけないことが耳に入った。級友たちがひそやかに交わしていたうわさ話によると、更幸のような病気の者は早死にしてしまうというのだ。どうやら大人たちからの聞きかじりのようだった。

更幸には思い当たることがあった。これまで自分と同じような人間に、誰一人、出会ったことがない。年上の人が一人もいないということは、なるほど、みんな死んでしまっていたからだと、子どもなりに腑に落ちた。長く生きられないと知って落ち込みはしたが、ほっとする気持ちもあった。

「どっちみち早く死ぬのなら、無理して自分から死ななくていい。そんなふうに思えるようになりました」

自殺こそ考えなくなったが、死は相変わらず身近にあった。

長浦中学校へ進学してからもそれは変わらなかった。人が生きる、あるいは死ぬというのはどういうことなのか。人はなぜ、生まれてくるのだろう。そんな思いを巡らせる時間が増えた。

勉強は、ますますわからなくなった。英語の試験では答案用紙に「わかりません。私、日本人です」などと日本語で書いて出して教師から叱られた。

試験のたびに白紙ではまずいので、「何番の答えだけ教えて」と友だちにこっそりメモを渡して教えてもらったりした。

通知表には美術の「4」を除いて、たいてい「1」か「2」が並ぶことになる。授業についていけないから無駄話をしたり騒いだりして、教師にも級友たちにも眉を顰《ひそ》められた。

一方、部活はさぼらなかった。入学と同時に入った柔道部では、稽古に励んだ。

目がよく見えないので、取り組みには不利だった。相手の胸ぐらをつかもうとしても手さぐりしなければならない。それでも強くなりたい一心で、放課後は練習へと急いだ。

他校との練習試合では更幸と取り組むのをいやがる生徒もいた。「ああ、気持ち悪かった」と声に出しながら、対戦相手が試合直後に体を拭いているのを認めて、傷ついた。しかし、柔道はやめなかった。

二年生になると柔道部にも新入生が入部してきた。後輩たちを指導する立場になったことが、更幸に変化をもたらした。

「教える側になってみると、授業でいかにみんなに迷惑をかけていたか、思い知らされました。自分がわからないからといって、おちゃらけて授業を妨害していたんですから」

このままの自分ではだめだと強く思った。どうしたらいいのだろう。思い切って担任に相談してみた。

黙って話を聞いていた担任は、笑顔になって軽い調子で言った。お前にできることをやってみろ。できることとって言ったって……。勉強はだめだし、どうしよう……。

考えた末に、人がしたがらないことをしようと決めた。授業中に迷惑をかけてきた、せめてもの罪滅ぼしだ。

掃除のときはトイレや、水垢でぬるぬると気持ち悪くぬめっている手洗い場などを黙ってぴかぴかに磨き上げた。重いゴミをゴミ捨て場まで運ぶ役目も買って出た。

柔道でも初段をとる、と宣言した。家に帰ってからは空手をやっていた長男の健一と一緒に夜遅くまで練習に精を出した。

おバカなひょうきんもので通っていた更幸は、こうして中二の夏休みを迎える前に大変身を遂げた。

勉強はだめでもしっかり体を鍛えて、卒業したらすぐに働こう。

更幸なりに将来を描いて中学三年生になったとき、突然、母親のたみが言い出した。

「せめて高校くらい行ったらどう?」

更幸は驚いた。中学を卒業したら働くと、家でも学校でもおおっぴらに話し、担任にも柔道部の顧問にもそう伝えていたからだ。

野球がうまく、成績のよかった二番目の兄、仁隆は高校へ進学したが、小学三年生で勉強と縁を切った上の兄、健一は、中学を出るとさっさと就職して、バリバリと人並み以上の働きを見せていた。

身近にそんな兄がいたから、中卒で働くことに何の不安も不満も感じなかった。勉強はきらいでできないのに、高校進学の話など、むしろ迷惑だった。

しかも、たみが持ち出した話は盲学校への進学という思いがけない進路だった。

「更幸の将来が気がかりで、知り合いの占い師に見てもらったんです。そしたら盲学校へ行く手もあるんじゃないかと勧められました」

長男の健一は体が大きく、ひと一倍健康だから、中卒でも十分にやっていけるだろう。

目の悪い更幸には、マッサージなどの技術を身に付けて、なんとか自立してもらいたい。たみは、そう願って盲学校への進学を切り出した。

この提案に更幸は反発した。

「働く気満々でしたから、進学を勧められても少しもうれしくない。変なもの探してきて余計なことをするな、って腹が立ちました」

盲学校についてもまるで知らなかった。盲学校ってなに？　と問うと、「目の見えない人が行く学校だよ」と教えられた。限られた視界とはいえまったく見えないわけではない更幸は、それでいよいよ行く気がなくなった。

それでも盲学校を受験するための説明会に無理矢理連れて行かれた。

行ってみると、普通科なのでマッサージなどは教えてもらえないことがわかった。あたりまえだが試験に合格しなければ入学できないことも知った。更幸は安心した。

母親の勧めに乗ったふりをして、試験に落ちちゃえばいいんだ、と思いついた。盲学校なんかに行くものか。ひそかに、そう心に決めた。

受験するとなると、一応、学校には伝えておかなくてはならない。担任に告げるとたちまちクラス中の知るところとなった。こともあろうに担任は、クラスの班長会議で「石井君の受験勉強をみんなで手伝ってあげないか」と呼びかけたのだ。

班長全員が賛成し、さっそく翌週から石井応援プロジェクトがスタートした。二学期も半ばを過ぎて十一月になっていた。

校長室の隣に和室が一つある。そこがプロジェクトの勉強部屋になった。社会や理科はどうにかついていけた。国語もなんとかなりそうだ。

どうしようもないのが数学だ。小学校時代からの積み重ねがまるでできていなかった。足し算、引き算のドリルを使って小学校の算数から復習が始まった。

教えるのは推薦入学で進学が決まっている同級生たちだ。一生懸命、教えてくれた。

更幸は初め、しぶしぶ勉強していた。受験は形だけで、落ちるつもりでいたのだから。

しかし、級友たちは入れ代わり立ち代わり、熱心に教えてくれた。そのうち自分の受験が控えている生徒も更幸のために放課後の貴重な時間を割いてくれるようになった。

年が明けると部活がなくなり、和室では連日、遅くまで勉強がつづいた。みんなと一緒に受ける授業では置いてきぼりを食ったが、一対一だとよく理解できた。つまずいたままになっていた分数の計算もできるようになった。担任もたまに様子を見に来てくれた。

級友たちと学ぶうちに、更幸の気持ちに変化が現れた。

「みんな自分の時間を犠牲にして教えてくれる。ここまでやってもらって落ちたら仲間に申し訳ない。これは本気でやろうと、いつのまにか思うようになりました」

そして、なんとか合格をつかみ取った。級友たちは心から喜んでくれた。

最下層に位置づけられた

更幸は、晴れて四街道《よつかいどう》市にある千葉県立千葉盲学校高等部普通科の生徒となった。

しかし、のっけから困難にぶつかった。

隣町へも一人で行ったことがないのに自宅のある袖ケ浦市から四街道市まで、片道一時間をかけて通学しなくてはならない。

まずは千葉駅へと向かい、そこで乗り換える。総武線と成田線が乗り入れ、電車には快速や普通、特急などの種別がある。いったいどれに乗ればいいのだろう。

ホームで駅員を探しては、自分の乗るべき電車を尋ねなければならなかった。顔がよく見えないので、同じ駅員に同じ問いかけをしてしまうことがある。「きのうも言ったろ！」と怒鳴られたことも一度や二度ではない。

そのうち自分が乗る電車を色で見分けられるようになった。しかし、毎日、気を張り詰めて駅に立っていると、胃がキリキリと痛み、通学が苦痛になった。

普通科の新入生は六人だった。更幸以外は幼稚部から内部進学してきた寮生たちだ。高校になって入った更幸は、どうしてもお客扱いで、一人浮いていた。

おまけに盲学校でも「どうして白いの？」などと好奇心をむき出しにした質問を浴びた。弱視を伴うアルビノの子どもたちは盲学校に進学する場合が少なくない。ところが更幸の進学先にはたまたまアルビノの生徒が一人もおらず、更幸はいやでも目立つ存在になった。校門をくぐっても教室に足が向かず、入学してまもなく保健室登校をするようになった。

数か月後、別の男子生徒が編入してくるまで、それはつづいた。その生徒はいったん普通高校へ進学したものの、目が不自由なことでいじめられて盲学校へ移ってきたのだ。

その子も通学組で、千葉駅で合流する。緊張の通学時間が、二人でいろいろ話せる楽しい時間に代わったことで、保健室登校は終わりを告げた。

母親の後ろ盾なしに遠くの盲学校へ通うようになって、更幸は世の中と自分とが分厚い壁で隔てられているのを体で感じとった。

駅の前でスクールバスを待っていると、小さな子どもの手を引いた母親の声が耳に届いた。

「あの人たち、かわいそうな人たちなのよ。あんなふうにならないように、ちゃんとしなくちゃだめよ」

すれ違いざま、舌打ちされたこともあった。

盲学校に入ったとたん、「障害者」に分類されて、ことあるごとに、ふつうの人とはちがうのだと意識させられる。

「一般の人とはちがう存在として扱われたことがショックでしたね。障害者という別の枠に入れられたようでした」

だが、盲学校は更幸に学ぶよろこびを教えてくれた。

盲学校へ入学したことで、視力を補う補助具の存在を知った。単眼鏡を初めて手にしたときはあまりの軽さに驚いた。片手で操作できるので、黒板の文字を写すのが劇的に速くなった。教室の席はいちばん前だった。

読書の楽しみを知ったのも盲学校へ通うようになってからである。絵が好きで、画集を見るために図書室へはよく行った。細かい文字は読めないので小説などの本には見向きもしなかった。あるとき司書が一巻のテープ図書を勧めてくれた。赤川次郎の推理小説がプロの声で読み上げられる。しかし推理小説はあまりおもしろいとは思わなかった。

高等部一年の夏、母親とその友人たちと一緒に信州の上高地へ遊びに行った。日本にこんな美しい場所があったのかと、以来、山のとりこになった。

学校の図書室へ飛んでいき、山に関する小説のテープを探しまわった。新田次郎の『栄光の岸壁』をみつけ、いさんで借りて帰った。

山で猛吹雪につかまって遭難、凍傷で両足の指を切断しながらなお山に挑み続け、冬のマッターホルン北壁の登頂に成功した登山家の物語だ。

心が震えるような感動を味わった。

小説のモデルは二〇一二年二月に八十歳で亡くなった画家で登山家の、芳野満彦《よしのみつひこ》である。そのころ東京のスポーツ用具を販売する会社に勤務しているらしいと知って、更幸は会ってみたいという思いを募らせた。

自宅から盲学校のある四街道市までは助けなしに行くことができるようになっていた。しかし、東京へは一度も一人で行ったことがない。とりあえず時刻表を買ってきた。細かい数字がびっしりと並んでいるだけで、見方はさっぱりわからなかった。

毎日ページを繰って一か月ほどすると、なんとなく要領が呑み込めた。行程と乗換時刻をきっちり調べ、ドキドキしながら出かけて行った。

めざす会社にたどりつき、会いたかった芳野満彦がすでに辞めたことを知らされた。

落胆は大きかったが、一人で東京へ行って帰ってこられたことはひそかな自信になった。

図書室にある新田次郎の作品を片っ端から借りては、テープから流れる声に耳を傾けた。『孤高の人』に描かれた登山家、加藤文太郎《ぶんたろう》は尊敬してやまないヒーローになった。加藤はパーティーを組まず、単独行で冬の槍ヶ岳登攀に成功し、北アルプスを縦走した。

高価な装備を使わず、地下足袋で登る。そのために年中、畳の上にタオルケット一枚で寝るなど、体を鍛えることを怠らなかった。

　更幸は加藤文太郎になりたくて、自分もタオルケットだけで眠る真似をした。ささやかな冒険は、風邪をひいて四十度の熱が出たために中断を余儀なくされた。

　新田次郎以外の作家の山岳小説もテープで聞きつくした更幸に、司書が「ルーペを使ったら本が読めるよ」と教えてくれた。

　アドバイスの通り、倍率十倍のルーペを買い求め、それをポケットにしのばせて生まれて初めて本を買うために書店に足を踏み入れた。

　棚から一冊抜き出して、開いたページにためしにルーペをかざしてみた。

「あ、見える」

　思わず声が出た。レンズ越しに文字がくっきりと浮かんでいた。

　最初に買った活字の本は新田次郎の『栄光の岸壁』だ。テープで繰り返し聞いた作品を、もう一度すべて自分の目で読み返したいと思ったのだ。更幸の本棚に、本がみるみる増えていった。

　適切な補助具があれば、目が少しくらい不自由でも知識をどんどん吸収できると知って、うれしかった。

　小中学校を通して楽しいと感じたことがなかった授業が、おもしろいと思えるようになった。もともと好きな日本史は、試験でもよく百点をとった。そうなると学校へ行くのが楽しみになった。初めての恋も訪れ、学校生活の喜びをさらにふくらませてくれた。

　ある日、通学の途中で時折見かける同じ盲学校の専攻科にいる女性から声をかけられた。五歳年上だった。

一緒に電車通学するようになって、急速に親しくなった。かわいいな、好きだな、と胸がときめいた。

学校の音楽祭でともに実行委員をつとめたことで、いっそう距離が縮まった。

二人きりで交際したいと思ったけれど、踏み込む勇気が出なかった。近いうちに死ぬと決まっている者に結婚の資格はないと考えたからだ。

女性が卒業すると、自然と疎遠になった。

生きているうちにやりたいことをしよう。

自ら終わらせた恋に背中を押されるように行動範囲を広げたのもこのころだ。東京へ一人で行けたことが自信になって、外出の機会が増えた。

千葉県の地図を買い、小さいころから乗り慣れた自転車で、まずは地元の町をあちらこちらへと走る。

休日には地図を頼りに隣町まで行ってみた。ときには迷いながら、少しずつ走る距離を延ばす。やがて一日一〇〇キロ程度は苦も無く走れるようになった。

そうなると、好きな電車にも一人で乗りたくなった。高等部三年の冬休み、ついに一人で旅に出た。憧れのブルートレイン「富士」に乗り込み、目指した先は宮崎県の高千穂峡だ。

列車の中で。気に入った場所で。セルフタイマーで何枚も自分の写真を撮った。

人の気配がすると、そそくさとその場を離れた。旅は好きだが、人と交わるのはきらいだった。

髪を黒く染めているせいで、肌の白さがいっそう際立っている。うっかり言葉を交わせば、「どうして白いの？」と聞かれそうな気がした。夜は旅館ではなく持参したテントで眠った。

高校時代の更幸のアルバムには旅先で撮ったたくさんの写真が貼ってある。どれも名所を背にした構図で、更幸一人が生真面目な表情で写っている。

これらは旅の記念というより更幸には生きている証しそのものだった。十代も後半になり、長くは生きられないという人々のうわさが現実味を帯びていた。

「もうすぐ死んでしまう。ならば、この世に自分という人間がいたという記録を残しておきたい。そう思って行った先々で写真を撮ったのです」

写真だけではない。高校生になって日記も付け始めた。生き急ぐようにあちこち旅をし、写真を撮った。

学校では進路をめぐって教師たちとの間に波風が立った。

通常、高等部普通科の生徒は三年生のときに試験を受けて医療の専攻科へと進む。そこで昔から目の不自由な人たちの定職となっている鍼灸《しんきゅう》・マッサージなどの技術を身に付けるのだ。学ぶおもしろさを教えてくれた盲学校は、「あれはダメ」「それは無理」と、あきらめを教えた場所でもあった。

更幸は、目の悪い者は鍼灸・マッサージ、と将来を決められることに反発した。

ふつうの就職を望んだことが教師たちを戸惑わせた。なにせ一般就職を望む生徒が数十年ぶりで現れたのだ。

高等部二年から、夏休みや冬休みを利用して県内の会社で実際に働いてみるという研修を受けることになった。更幸を見て、「おまえらみたいな者が働けるのか」と、面と向かって言葉を投げつけた経営者もいた。

しかし、スーパーマーケットや、ものづくりの小さな工場。どこへ行っても仕事ができて、研修先での受けは上々だった。

教師たちの心配をよそに、角砂糖を製造している従業員百人ほどの会社に就職が決まり、卒業式の翌日から働くことになった。

砂糖を機械に流し入れ、小さな立方体に固めていく。それを乾燥炉で乾燥させて、コチコチに固まったら出来上がりだ。

見習いの一か月が過ぎて、配置替えがあった。社長に案内された屋根裏にある作業現場はとんでもないところだった。

作業場はちょうど乾燥炉の真上あたりにあって、室温が夏は五〇度、冬でも三二、三度になる。湿度は九五%を切ることがない。

部屋の天井は低く、大柄な更幸は、ゆうに手が届く。そんな空間で段ボールの大きな箱を組み立てて、五本ある製造ラインに必要量を流すのだ。段ボールがこすれて、狭い部屋いっぱいにたちまち細かい粉が舞った。

熱風の壁に囲まれているような仕事場は、二十分も作業を続けていると意識がふっと遠くなる。自分一人しかいないのに大声でしゃべり続け、あるいは歌を歌って正気を保つようにした。

勤務は朝八時半から夕方五時までで、五十分の昼休みと午後三時に十分間の休憩があった。

休憩室は、更幸にはほかの働き手たちと別の部屋があてがわれた。

給料は額面で十万円、税金や社会保険料などをひかれると手取りは八万円ほどになり、勤務時間の短いパートの女性たちより少なかった。

入社してしばらくたってわかったことだが、働く者には三つの身分があった。職員、現業員、作業員の順で、更幸は最下層に位置づけられた作業員だった。

更幸が配属された作業場で一週間以上、勤まった者はいなかった。

パートの女性たちは更幸の顔を見るたびに「辞めないでね、石井君」と声をかけた。もし更幸が辞めたら次は自分があの過酷な現場に回されないとも限らない。パートたちはそれを心配していた。

暑くて狭い屋根裏部屋で、一人ぶつぶつ言いながら一年、二年と耐え抜いた。

そして三年目になったとき、温厚な更幸も、さすがに我慢できない出来事が起きた。若い新入社員が入ってきたのだ。

工場の一角に六畳ほどのプレハブの部屋が急ごしらえで設けられ、机といす、エアコンが備え付けられた。部屋の主となった新入社員は問題を起こして高校を中退した先代社長の孫である。

彼には特段の仕事とてなく、プレハブの部屋で休んでいることが多かった。時折、機械の様子をながめ、トラブルが発生すると責任者に知らせたりした。

広い休憩室ができたのをきっかけに、更幸もその部屋をみんなと一緒に使えるようになった。先代社長の孫とも親しくなった。

仕事らしい仕事もしない彼が月に二十万円の給料をもらっていると知って目をむいた。

救いだったのは社長の孫が、それをよしとしていなかったことだ。たまたま祖父が社長だったというだけで実力以上に遇される。それを恥じてもいた。

「このままここにいたら自分はだめになる」

更幸にそう告げて、一年ちょっとで会社を辞めていった。

みんなに認めてもらうために

彼の退職を引き金に、更幸も辞めることにした。いまの作業を続けていたら、いずれ体を壊すだろう。なにより十万円足らずの給料では生活していくこともままならない。

「会社の働かせ方は障害のある者に対する搾取だと、はっきりと悟ったのです」

父親に頼んで父の勤務先の下請けに入社させてもらう話がまとまった。

親の関係しているところに行きたくはなかったが、そんなことを言っていられなかった。

会社に辞めると伝えると、強く引き留められた。文句一つ言わず、安い給料で誰もがいやがる仕事をこなしてきた更幸の代わりはおいそれとはみつからない。

上司の慰留は、やがて、「ほかに雇ってくれるところがあるとでも思っているのか」などと脅しまがいの暴言になった。

それにも「おかげさまでみつかりまして」と、ニコニコと耐えた。

「ほんとうは机をバーンと投げて怒りをぶちまけたかった。でもその気持ちをぐっと抑えて、お世話になりました、ありがとうございました、とあくまで円満退社しました」

頭にあったのは盲学校の後輩たちのことだ。

もしお前が何か問題を起こしたら、盲学校の生徒は二度と採用しない。

入社にあたって社長からこうクギを刺されていた。どんなにひどい職場だと思っても、後輩たちの就職が閉ざされると思うと何も言えなかった。

三年と一か月。この間、一度の昇給も昇格もなし。退職金も、むろん出なかった。

退職してしばらくのちに、最後の一か月分の給料を受け取るために会社に顔を出した更幸を、色鮮やかな花束が待っていた。パートの女性たちがお金を出し合って、抱えきれないくらい大きな花束を用意してくれたのだ。

「ああ、別れを惜しんでくれてるんだなあって、本当にうれしかった。会社には最後まで認めてもらえなかったけど、働く仲間、おばさんたちは認めてくれていた。悔しい気持ちがずいぶんと和らぎました」

更幸が三年あまりを耐えたあの過酷な労働は、更幸が辞めてほどなく自動化されて機械まかせになったと人づてに聞いた。


転職先の会社は業務用の洗剤や潤滑油などを容器に充塡する化学会社で、七十人ほどが働いていた。

従業員には地元の顔見知りが多く、長男の健一がすでに働いていたこともあって、更幸の入社はおおむね歓迎された。

配属された部署は、さほど危険な作業もなく、すぐに仕事を覚えて戦力になった。兄が運転する車に便乗して通勤できるのはありがたかった。

休日は日曜日だけで残業も少なくなかったが、残業の多かった月は給料が二十万円くらいになった。初めてやりがいというものを感じることができた。

ところが入社して少したつと、どこからともなく陰口が聞こえてきた。体が大きくて頑健そうなのに、なぜ更幸が比較的安全な現場で軽い作業に就いているのか、周りの人たちには理解できなかったのだ。

たしかに目はよく見えないが、それを補う聴力や勘の鋭さに磨きがかかり、工場内をほかの人たちと変わりなく歩きまわることができる。同じ職場にいる少数の同僚を除いて、更幸が弱視であることは忘れられがちだった。いくら状態を説明しても、なかなかわかってもらえなかった。

「父親が親会社にいるからだろう」

そうささやかれるのが更幸にはいちばんこたえた。

所長に相談すると、「そうだな。みんなに認めてもらうには、なにか一つ資格をとったらどうだ」とアドバイスされた。

化学物質を扱っているにもかかわらず、当時、会社には危険物取扱者の資格を持つ従業員が三人しかいなかった。

よしそれなら、と、挑戦することに決め、仕事を終えて帰宅してから猛勉強が始まった。

化学も物理も、基礎がまるでできていない。小学校高学年の理科から復習にとりかかった。基礎がどうにかわかるようになると、消防署に行って危険物取扱に関するテキストを買ってきた。しかし、このうえなく難解だった。

思いついて東京の八重洲ブックセンターに足を運んでみた。東京の顔ともいえる丸の内周辺にはさまざまな会社が集中しているせいか、働きながら資格取得をめざす会社員のために何十冊という関連図書がそろえられていた。

一冊ずつ吟味し、読みやすく整理された参考書を何冊か手に入れた。

ただ読むだけでは一向に頭に入らない。子どものころから学習の習慣が身に付いていないので、勉強の仕方がよくわからなかった。しかたなく本を一冊まるごとノートに書き写すことにした。

工場から帰宅後、どんなに疲れていても本の見開き二ページ分をノートに書き写す。その内容を暗記するまではベッドに入らない。赤線で真っ赤になったノートが一冊、また一冊と積み上がっていった。

職場には同じ資格の取得をめざして勉強に励む二人の後輩たちがいた。昼休みには三人で工場内を巡り、実地検分を重ねながら一緒に勉強をした。

休日に更幸の家に集まって三人で勉強したこともある。互いに予想問題を出し合い、競い合った。受験まで約三か月。それまでの人生でこれほど集中して勉強に力をそそいだことがあっただろうか。

合否の通知が届く日、更幸は配達される郵便物を自宅のポストのそばで待った。手渡された封書をその場で開けてみると、そこには「合格」と記されていた。

「やった！」

大声で叫ぶと同時に体をくの字に曲げてその場にうずくまった。突然、強烈な腹痛に襲われたのだ。

病院に担ぎ込まれて胃カメラをのむと、胃の中は真っ黒。いくつもできていた潰瘍が崩れて出血し、血の海になっていた。

それだけではない。左目は緑内障にかかり、アレルギー性皮膚炎で体中に湿疹も出ていた。

「勉強のペース配分なんてわからないから一気にやっちゃって、体が悲鳴を上げたんですね」

職場の仲間は更幸が一度の受験で合格したことに驚き、祝福してくれた。

会社から三人が受験すると知って、後輩二人には「がんばれよ」と声をかけるのに、更幸には「受験するだけでも立派だよ」。合格を予想した者は誰もいなかった。

あたたかい祝福の言葉を浴びながら、更幸の気持ちは複雑だった。合格は確実だと思われていた後輩が、一人だけ落ちたのだ。

「三人で頑張ってきたのだから、一緒に合格したかった。自分の合格はうれしかったけど手放しで喜べず、つらくもありました」

危険物取扱者。国が認めた資格を取って以来、悪口を言う者はいなくなった。

「体を壊してまで頑張ったのは、やっぱり職場で認めてほしいと思う気持ちが強かったからなんです」

合格の代償は半年間の病院通いであった。内科と眼科と皮膚科。働きながら、同じ時期に三か所の病院へ通った日々は、いま思い出しても綱渡りの連続だった。

五、自分に返る

南極旅行で得た自信

更幸は、まだ独身であるにもかかわらず、袖ケ浦市内にすでに一戸建てのマイホームを持っている。建てたのはなんと、二十一歳のときである。

二十歳を祝う成人式の祝賀会からもどってくると、母親のたみが、こともなげに言った。

「そろそろ自分の家を建てたらどう？」

思いがけない提案に、更幸は面食らった。

と同時に、いよいよ自分の死期が迫っているのだろうと思い、気持ちが落ち込んだ。

子どものころから神社や寺をはじめ、さまざまな建築物を見て歩くのが大好きだった。住宅にも関心がないはずがない。

しかし、自分の家を持とうと考えたことは一度もない。早死にするはずの身にはマイホームなど無縁のものだ。

「二十歳になったばかりの息子に家を建てろなんて、突拍子もないことを言う。母親は、私がもう長くないことを知っていて、息子の夢をかなえようとしているのだ。そう信じて疑いませんでした」

完成したその家に、きっと自分は長くは住めない。けれども母親と一緒に束の間の夢を見るのも悪くない。

調べてみると、預金がいつのまにか九百万円を超えていた。実家に同居し、そこから職場に通う暮らしでは、お金をほとんど使わずに済む。毎月の給料や、月々八万円ほど支給される障害年金が、そっくり貯蓄に回っていた。

祖父が市内のはずれに持っていた二百三坪の土地を、月に一万円で貸してくれることになった。それればかりか祖父は、「成人の祝いに」と、ポンと二百万円を出してくれた。幼いころから押さえ付けられてばかりだっただけに、うれしさはひとしおだった。

家は自分が死んだあとも生きつづける。二十一世紀にふさわしく、地球環境にやさしい家にしたい。屋根に太陽光発電のパネルを備えたソーラーハウスを建てたいと望んだが、地元の工務店の見積もりでは五千万円を超える。さすがにあきらめざるを得なかった。

外の空気と中の空気を効率よく循環させて、そのときに出る熱でお湯をわかす。夏は涼しく、冬暖かく。次善の策として選んだのは、そんなエコ住宅だ。

いちばん心をくだいたのは大勢の人が集えるようにリビングルームをできるだけ広くとることだった。自分が亡くなったあとは、みんなでここに集まって思い出話などをしてほしい。ゆったりと過ごしてもらえるように天井は二階までの吹き抜けにしよう。

壁にはこれまでに買い集めた四十点あまりの絵を飾る。そのためのスポットライトもつけるのだ。自分のための空間としては、二階に小さな書斎と寝室だけを確保した。書斎の本棚の本は、訪れた人が自由に読めばいい。

構想が次から次へとわいて出た。設計士に渡した箇条書きの要望は百数十項目に及んで、彼をあきれさせた。

一九九五年五月。建坪三十七坪、レンガ色のエコ住宅が畑の真ん中にぽつんと建った。更幸二十一歳のときである。

建築費は二千八百五十万円。約一千万円あった自己資金を頭金に充てて、残りは三十年のローンで払うことにした。毎月の給料から五万八千円、ボーナスで二十八万円を返済する。万一、死んでも残ったローンは生命保険で支払われるので安心だった。

「自分が住むということを想定していない。亡くなったあとのことだけを考えて建てたうちなんです」

その家で、更幸はすでに十五年以上も暮らしているのだけれど。

マイホームを建てたことで、旅への憧れがいっそう掻き立てられた。

自転車で房総半島一周を果たすなど、高校生のころから旅の楽しさを味わってきた。

しかし、残り時間が少ないとなれば、せめて一度くらいは外国へも行ってみたかった。

初めての海外旅行の候補地を、更幸は南極と決めていた。日本映画「南極物語」が公開されたのは一九八三年夏だった。第一次越冬隊と交代すべく南極に赴いた第二次越冬隊が、悪天候のために上陸できずに撤退する。その際、第一次越冬隊が連れていった樺太犬十五頭が無人の昭和基地に置き去りにされるのだ。

一年後に第三次南極地域観測隊が上陸すると、そのうちの二頭、兄弟犬のタロとジロが生き延びていた。そんな実話をもとに制作された作品で、空前のヒットとなった。

小学生だった更幸は映画を見て感動し、いつか南極に行ってみたいと憧れを抱きつづけてきた。国立極地研究所から資料を取り寄せ、飽きずに繰り返し読んだ。

しかし、それだけではない。自分は白い皮膚を持って生まれ、たくさんの悲しみを知った。この病気のせいで間もなく死んでゆく。

一面白い世界とはどんな世界なのか。白い自分だからこそ、どうしてもその場所に立ちたかった。

家を建てた年の秋、南極旅行が解禁されて十周年になるのを記念するツアーの募集があった。

一九九五年十二月二十三日に日本を出発して南極へ上陸する。その後、新年を極寒の洋上に浮かぶ船上で迎えて帰国する十七日間のツアーである。

費用は八十八万円と安くはなかったが更幸は迷わず申し込んだ。手元に残った預金百六十万円のすべてをはたいて、紋付《もんつき》やタキシードまで誂《あつら》えた。

家族も職場の同僚も、更幸の南極旅行を本気にする者はいなかった。

出発当日になってあわてる家族をしり目に成田空港から飛び立った。

北米ロサンゼルスから南米コロンビアのボゴタへ。更にアルゼンチンのブエノスアイレスを経由して南米最南端の町、ウシュアイアから改装されたばかりのマルコポーロ号でビーグル水道へと乗り出した。

マルコポーロ号は吹き荒れる風と荒波に翻弄されながらドレーク海峡をゆっくりと進む。眼前に船と同じくらいの高さのテーブル氷山が現れたかと思うと、クジラやアザラシが水しぶきを立てて海面から頭をのぞかせた。

初めて足を下ろしたのは大陸からちょっと突き出た南極半島だ。

ただ静かで白い世界が広がっているのだろうと想像していたら、足元の地面は意外にも砂利がごろごろしていた。カメラの望遠レンズをのぞくと数十メートル先にようやく南極らしい一面単色の世界が広がっていた。

とうとう来たんだ。まさか、ほんとうに来られるとは思っていなかった。

この感覚を感動と呼ぶのだろうか。腹の底から衝動がこみあげてきて、勝手に涙が頰を伝った。

オゾンホールは想像以上にすさまじく、頰がちりちりと痛くなって、紫外線に焼かれていくのが実感できた。一回の上陸で観光客が大陸にとどまっていられる時間は三十分に限られている。更幸は夢中でカメラのシャッターを切った。

いったん船にもどって海上を進み、別の地点に上陸した。そこではまた、最果ての大地がちがった表情を見せている。わき出ている小さな温泉にも足を浸して南極を心ゆくまで味わった。生きていてよかったと、誰にともなく感謝の気持ちがわいた。新しい年が明けるのを、外国の人たちとともに洋上で祝福しあった。

帰国してからもしばらくは興奮冷めやらぬ日々が続いた。家でも職場でも、求められるままに冒険の顛末を語り、撮ってきたヒゲペンギンなどの写真を見せた。海外旅行の経験者は珍しくなかったが、さすがに南極へ行った者はいなかった。

目が不自由でもどこへだって行ける。南極旅行で得た自信は大きかった。

南極への旅以来、少し貯金がたまると海外へ飛んだ。二年後にはオーロラを見るためにカナダを訪れ、その翌年にはやっぱりオーロラを見るため零下六〇度という北極圏の町バローに滞在した。

極地への旅が重なると、高校時代に旅した日本の穏やかな気候風土が懐かしく思い起こされた。休みを利用しては夜行バスで全国各地を訪れた。一か所でも多く足を運び、風景を胸に刻んでおきたかった。

東へ、西へ。

なにかに追いかけられるように旅に出ては、行った先々で三脚を立ててセルフタイマーで自分の写真を撮った。

OCA1aチロシナーゼ陰性型白皮症

自分はなぜみんなとちがって肌が白く、髪が白いのか。

旅を繰り返すうち、自分が何者かも知らないまま死ぬのはいやだという気持ちが強くなった。勇気を奮って袖ケ浦市近辺ではいちばん大きな病院である君津中央病院の皮膚科を受診した。

「私の病気、皮膚が白くて髪が白い、この病気はなんですか？　名前が知りたいんです」

すがりつくように問いかける更幸に、目の前の女医は困惑の表情を浮かべたまま黙り込んだ。やがて本棚から一冊の医学書を抜き出すと、ページを繰って指をさした。

「たぶん、これですね」

指の先には「白皮症」とあった。

たぶん、では困る。こんなふうに生まれてこれまで苦しんできた。母親も自分を責めて苦しんでいる。たぶんではなく、はっきり知りたい。

更幸の剣幕に気圧され、女医はうなだれた。

「私にはよくわかりません。皮膚科の医師としてすごく恥ずかしい。ごめんなさい」

「こういう資料があるなら専門医がいるはずです。教えてください。どんなに遠くても行きます。南極へも行きました」

更幸は必死で食い下がった。女医から専門医を探してみるとの約束を取り付け、ようやく診察室を後にした。

女医から白皮症について論文を書いたことがある二人の医師を紹介されたのは一か月後のことだ。名古屋大学医学部の富田靖と聖マリアンナ医科大学の溝口昌子である。

一九九八年十月、更幸は神奈川県川崎市の聖マリアンナ医科大学病院に溝口昌子を訪ねた。

精緻な電子顕微鏡を備えた病院で、初めて遺伝子レベルの検査が行われることになった。検査は一か月に一度。受診するたびに少しずつ自分のことが明らかになっていく。溝口はその都度、結果をA3判の紙に拡大して伝えてくれた。検査の日が更幸には待ち遠しかった。

検査の過程で両親の遺伝子を解析する必要が出てきた。更幸と母たみは、「俺は色黒だ。関係ねえよ」と嫌がる父親を無理矢理説き伏せ、川崎の病院まで引っ張って行った。名古屋大学の富田医師とも連携し、更幸についての詳細なデータが集められた。

病院からは「珍しい遺伝子を含むタイプなので研究させてほしい」との申し入れがあった。自分について、少しでも多くのことがわかるならと、協力を惜しまなかった。

忘れもしない九九年六月一日。ついに更幸は自分の症状をつぶさに調べた診断結果を手に入れた。「OCA1aチロシナーゼ陰性型白皮症」。それが長年にわたって更幸を悩ませてきたものの正体だった。

メラニン色素がないために皮膚や体毛が白くなる。それは世界中でヒトだけでなくほかの動物にも広く見られる症状で、アルビノと呼ばれている。

キジやツバメ、ネズミ、シカ、ヘビなど、白く生まれたさまざまな生き物のことは古くから知られ、当時の書物などに記されてきた。いまも新聞やテレビのニュースなどで取り上げられることがある。

二〇一〇年一月九日付朝日新聞夕刊は、南米チリの首都サンティアゴの国立動物園で五つ子の白い虎が生まれ、愛くるしい姿を来園者に披露していると伝えていた。

アルビノを日本の医学用語でいうと「白皮症」となる。先天性色素欠乏症と言われることもあるようだ。かつて「白子《しらこ》症」と呼ばれたこともあるが、差別的だとして今は使わない。

白皮症は皮膚や髪の色を決めるメラニン色素を作れないか、わずかしか作ることができない常染色体劣性の遺伝性疾患である。

劣性だから遺伝する力は弱い。たまたま父親も母親も保因者《ほいん》であるという偶然が重なったときに、アルビノの子どもが生まれることがある。

臨床遺伝学の専門家で小児科医の石井拓磨によると、出現頻度は一万人から二万人に一人と推定されているが、正確なところはわからない。アルビノに生まれた人すべてが医学的な診断を受けているわけではないからだ。

一方、保因者となると日本人五十人から七十人に一人と推定されている。アルビノにつながる遺伝子は、古くから多くの人が持つありふれたものなのだ。

白皮症は色素の欠乏が全身に及ぶ場合と、目のみに現れる場合とに大別される。全身に及ぶ場合は、症状の強さによってさらにいくつかの型に分けられる。

共通する主な症状は、紫外線に弱く、日焼けしやすいことだ。常に日焼け止めクリームをつけたり、長袖の服を着たりして紫外線対策を心掛けなくてはならない。

二つ目は、有色人種であれば見た目が多くの人と異なることだ。色素が足りないために肌は白く、髪や体毛は白や褐色、金色になる。目の色も青や灰色、茶色、ときには血管の色を映して赤くなることもある。

三つ目は、個人差があるものの視覚障害がある人が多いことである。光をまぶしく感じ、眼球がひとりでに揺れる症状を伴うこともある。

更幸は、通常メラニン色素を作るときに作用する酵素チロシナーゼが、まったく働かないタイプの白皮症だとわかった。

白い肌や髪を黒くする治療法は、いまのところない。視力もメガネなどで矯正することはむずかしいとわかった。紫外線には生涯、気を配らなくてはならない。

それでも霧が晴れるように目の前が明るくなった。

肌と髪が白く、青い目は少々見えづらい。だが、それが自分という人間なのだ。ありのままの姿を否定して髪を染めて生きてきた。ぬいぐるみの中に、無理に魂を押し込めたような人生だった。

母親の濡れ衣が晴れたこともうれしかった。「石井家は色黒の家系。白い子が生まれたのはそっちのせいだ」と婚家から責められた。母親自身も自分を責めて苦しんだ。

診断の結果わかったことは、父親と母親のどちらにもアルビノの遺伝にかかわる因子があったから更幸が生まれたというゆるぎない事実だった。母親だけのせいではなかったのだ。

白い髪も目も治らないけど、ちゃんと学校を出た。いまは働いて生きている。休みには好きな旅行もできる。早死にするという根拠はないと病院が請け合ってくれた。自分を偽るのはもうやめよう。

診断が下った日、病院からもどった更幸は家族の前で宣言した。

「今日から髪を染めるのはやめます。ありのままの自分で生きていきます」

祖母のあきは、「まあ、更幸がそう言うんじゃしょうがないねえ」とうなずいた。

祖父は更幸から目をそむけたままで一言も発しなかった。

二十六歳の誕生日を目前に、更幸は赤ん坊のころから続けてきた毛染めときっぱり縁を切った。

根元から白くなっていく髪を少しずつ伸ばし、その姿でおそるおそる出勤した。

「お前、カッコイイな」

「似合ってるよ」

　同僚や上司は少し驚いたようだが返ってきたのは好意的な反応だった。

「なーんだ、って拍子抜けしましたよ。髪は黒じゃなきゃだめだなんて、誰も思っていなかった。むしろこちらの思い込みでした」

　左目はほぼ見えず、右目の視力は〇・三ほどしかない。できないことはいろいろあるが、できることも少なくない。

　職場では真面目に働いて同僚たちの信頼も厚い。人の顔を覚えることはできないが、声や足音、気配で相手が誰かを見分けられる。コミュニケーションに不自由はしない。

　好きな旅行のおかげで外歩きの勘が養われ、外出してもほとんど困らない。大きな荷物を持って初めての場所でもずんずん歩く更幸を見て、弱視だと気づく人はまずいまい。

　なるべく便利に暮らせるように、自分で補助具の工夫を重ねてきた。本を読むためルーペを持つと片手がふさがるが、メガネに取り付けることで長時間の読書ができるようになった。

　パソコンは、二四インチのフルハイビジョン。弱視用ではなく一般向けでもないクリエイター仕様のものだ。

　各メーカーから可能な限りのパンフレットを取り寄せて検討し、実際に店に行って現物にふれた。その結果、目にやさしく、使い勝手がよかったのが写真や動画の加工をしたりイラストを描いたりするクリエイター向けの機種だった。

　更幸は、それに周りの光を遮断する黒いプラスティックの枠を独自に取り付けている。画面はそのときどきの目の調子と天候に応じてこまめに明るさを調節する。

大事な連絡手段である電子メールの画面は青い背景に白い文字が浮かぶ。いろいろ試していちばん見やすかったのがこの配色だ。

マウスにはボタンがたくさん付いている。「進む」と「もどる」の操作だけでたいていのことができるように改良した。

こんなホームページはやめてほしい

パソコンやインターネットは独学で使いこなせるようになった。インターネットの海をただよいながら「アルビノ」について調べているとき、偶然、出会ったのが「アルビノのページ」だった。

「ちょっと変なポーズの写真ですが、これが平成八年に生まれた、我が家のアルビノ君です。どうですか？　日本人なのですが、少し違うかなって思いませんか？

ほっぺが赤いのは別として、髪の毛が白いですよね。よく見ると、肌の色も白人のように白いのです。

でも、とってもかわいい我が家の王子様なのです」

こんな書き出しの文章に、ブルーの布団の上で眠る、丸々と太った白い髪の赤ん坊の写真が添えられている。

そして、もし興味があったら「アルビノな人々」のことについても、少しだけ知っておいてください、と呼びかけていた。

更幸は胸の動悸《どうき》を抑えながら「アルビノのページ」を読み進めた。

アルビノについての医学的な解説や紫外線対策、視力の状況、遺伝子のことなどが素人にもわかるように記されていた。

名前はなかったが、アルビノの子どもを持つ母親が開いたホームページにちがいなかった。子育ての体験を伝える「我が家の場合」という章では、子どもたちをどんなにかわいがって育てているか、愛情がまっすぐに伝わってきた。

「ああ、こんな情報にもっと早く出合っていたら」

探していたものにようやく巡り合った気がして、更幸はホームページの掲示板に迷わず自分もアルビノだと書き込んだ。

そこはアルビノの当事者同士が交流できるように設けられた広場だった。更幸はインターネットで初めて自分以外のアルビノの存在を知った。

読んでいるのが同じアルビノの人たちというだけで、安心して正直になんでも書けた。そのうちの三人が千葉県内に住んでいることがわかり、会ってみたくてたまらなくなった。

インターネット上（オンライン）で知り合ったグループのメンバーが、現実の世界（オフライン）で実際に会って親交を深める機会をオフライン・ミーティング、通称オフ会という。

更幸は千葉でアルビノのオフ会を開こうと思い立ち、掲示板で参加を呼びかけた。

二〇〇三年六月の日曜日、更幸が千葉市内の公共施設に借りた会議室に現れたのは二十人あまり。大人は更幸のほかに一人だけで、あとは小さな子どもの手を引いたり抱いたりして集まってきた若い親たちだった。

白い肌に金髪や白い髪の子どもたちは天使のようにかわいかった。自分の幼いころは髪を黒く染められ、自分のようでいて自分ではなかった。ありのままの姿で笑顔を見せる子どもたちが更幸にはまぶしかった。

　自己紹介をしたあと親たちは会場のあちらこちらに固まって、紫外線対策や学校のこと、いじめのことなど心配事を自由に語り合い、先輩格の親に相談し、体験談に耳を傾けた。

　その様子を見ながら更幸の母親たみは、会合が終わるまで涙が止まらなかった。なんの情報も得られず孤独な子育てをした過去がよみがえり、目の前で繰り広げられる光景が幻のように胸に迫った。

　一回限りで終わるはずだったオフ会は、出席した親たちの願いで、毎年一回開かれることになった。子どもたちの屈託のない笑顔を見ていると、「自分のような嫌な思いは二度とさせない」という強い決意がこみあげてきた。更幸が世話人を買って出た。

　千葉で毎年開かれるアルビノのオフ会はネットで当事者や家族に知れ渡り、関東一円はもとより静岡や福島、ときには遠く九州からも参加者が集う。

　大阪からは七十二歳の男性がやってきた。更幸は大喜びだった。自分が長い間信じこんできた「アルビノは短命」などという風説を吹き飛ばす生き証人が現れたのだ。

　オフ会をきっかけに、彼からは月に一度くらいの割で電話がかかり、話し込むようになった。結婚して子どもをもうけたが、学校の行事には一度も顔を出さなかったと問わず語りに話す。親類の結婚式などにも決して出席しなかった。人前を避けるようにして生きてきたのだと聞かされた。自分より上の世代のきびしい人生を垣間見る思いだった。

　更幸は、オフ会に来られない人たちのために自分もホームページを開いてインターネットで発信しようと考えた。当事者自身が運営するホームページがないことに気づいたからである。参考書を買ってきてホームページの作り方を研究した。文章のつづり方や写真の載せ方も手さぐりで学んだ。

その年、四苦八苦しながらホームページ「白い旅人」を独力で立ち上げた。タイトルは最初の海外旅行先だった南極にちなんでつけた。

当事者である自分が発信するのだから匿名では意味がない。ホームページには白い髪の、顔がはっきり写った写真を載せた。更幸という実名も、千葉県袖ケ浦市という現住所も載せた。簡単な自分史と趣味などの個人情報をためらわずに掲載し、あわせてアルビノについての情報を載せた。

思ってもみない反響がきた。アルビノの本人らしい人たちから「こんなホームページはやめてほしい」というメールがたくさん寄せられたのだ。

「髪を染め、ひっそりと生きているのに自分たちに注目が集まるような振る舞いはしないで」と懇願するメールもあれば、「傷のなめ合いをしてどうなる」などの誹謗《ひぼう》・中傷もあった。同じアルビノの仲間たちの反発を買ったことが更幸を打ちのめした。

「喜んでもらえるとばかり思っていたのは思い上がりでした。アルビノの人たちが置かれた状況がわかる気がしました。みんな、目立たないように、目立たないように、気を遣って生きていたんです」

それでもホームページを閉じなかったのは小さなアルビノの子どもを持つ母親からのメールに勇気づけられたからだ。

アルビノの子どもを生んだばかりだという若い母親は、更幸が元気で働き、南極にまで行ったと知って絶望から救われたとつづっていた。

　そういう人が一人でもいる限り、インターネットでの発信はやめられない。共感してくれる一通のメール、一本の電話に励まされ、人前に出ていく覚悟が少しずつ定まった。引っ込み思案で、自分のことだけで精いっぱいだった更幸が、自分以外の誰かのために時間と労力を割き始めた。

　メディアからの取材の申し込みにも積極的に応じるようになった。いまでは恥ずかしいという気持ちより、自分たちのことを知ってほしいという思いの方が勝《まさ》っている。

　休みの日には、ネットで知り合ったアルビノの人たちを一人ひとり訪ねて歩く旅に出る。二十八歳になるまでアルビノは世界に一人、自分だけだと思い込んでいた。日本の各地に仲間が大勢いるなんて、こんなに心強いことはない。

第二章

つなぐ、つながる

相羽大輔さん（左）は「子育てかんふぁれんす」で体験を語る。
参加者の父親もいつしか笑顔に。

一、「ジャングル大帝」レオ

なぜ私のところへ？　なぜ私なの？

相羽大輔《あいばだいすけ》は東京ディズニーリゾートが大のお気に入りだ。大学生のころ、毎月のように仲のいい友人たちとディズニーランドやディズニーシーに遊びに出かけた。

その日も親しい友だち数人と東京ディズニーランドに繰り出していた。アトラクションをいくつか楽しんだあと、みんなでキャラクターグッズを売る店を冷かしていたときのことだ。周囲がにわかに騒がしくなった。

「あっ、ミッキーだ」

仲間の一人が声を上げるや外に駆け出した。ほかの友人たちもあわてて身を翻《ひるがえ》す。

大輔は店に取り残された。いったん友人の姿を見失うと、彼の視力では追いかけるのは困難だ。ディズニーリゾートでは時間を決めて、グリーティングと呼ぶサービスを行っている。ミッキーマウスやドナルドダックなど、人気のキャラクターが園内の通りをめぐって入園者と一緒に写真を撮ったり、握手をしたりする。ディズニーファンが心待ちにしている交流のひとときだ。

置いてきぼりになって、悲しくなった。楽しい場所に来れば、みんなわくわくする。僕が見えないことを忘れたって仕方ないさ。

頭ではわかっていても、悲しいことにちがいはなかった。声をかけてくれればいいのに。そんな思いが胸をよぎる。

しばらくして友人たちは店にもどってきた。「ごめん、ごめん」。謝られた大輔はまったく気にしていないふりをした。「ひと声かけてほしかったんだよね」という言葉は呑み込んだ。本心を伝えられないことがもどかしかった。

数日後、大の親友が近づいてきて語りかけた。

「大輔って、うれしいことは言ってくれるけど、悲しかったり、苦しかったり、困っているときに、どうして言ってくれないんだ。親友として悲しいよ。僕がそう感じたときは正直に話してるのに、大輔はそうじゃない」

友の言葉は身に染みた。確かに言いたいことが言えないなんて、友だちじゃない。それからは少しずつ本音を言うようになった。

ディズニーランドでの出来事は忘れがたいものとして記憶に刻まれた。大輔は、それまで自分の障害を上手に説明して助けを求めることができる人間だと自負していた。

しかし、そんなに簡単に伝えられるものではないと思い知らされた。親しくなればなるほど相手への期待が高まり、求めることも多くなる。それをそのまま伝えていいものかどうか。

白い肌と白い髪を持つ大輔は、サングラスをかけると外国人にしか見られない。小柄ながら、筋肉質の体をぴったりしたシャツとジーパンで包み、身のこなしはきびきびしている。一見して彼の目が不自由だと想像できる者はおそらく、いない。

障害があることをどんなふうに説明すれば助けを受けやすくなるのだろう。言い換えれば、障害のある者とない者の間に横たわるぎごちなさを、どうすれば取り除くことができるのだろう。

筑波大学の大学院に進み、人間総合科学研究科博士課程で学んでいるのは、そのことを学問として科学的に追究してみたいという思いがふくらんだからだ。

振り返ってみれば、子どものころから人と交わること、つながることにこだわってきた。

小学校は東京都武蔵野市で、近所の子どもたちと一緒に地元の公立小学校へ通った。どんなことにもみんなと同じように取り組んだ。運動は得意な方で、サッカーも野球もこなして通知表の体育は、いつも最高評価の「できる」をもらった。

嫌がらせがなかったわけではない。廊下ですれ違いざまに叩かれたり、「ばか」と言われたり。

二年生のある日、いつもいじめてくる上級生がいつものようにちょっかいを出してきた。大輔はとっさにその上級生の足にしがみついた。相手がふりほどこうともがいても、取りついて離さなかった。上級生は大輔を引きずったまま階段を上がったがそれでも離れない。とうとう、困り果てた上級生の方が泣き出した。

駆け付けた大輔の担任は思わず言った。

「大輔、がんばったな」

大輔がいじめられっぱなしで終わらず、いつも大勢の友だちに囲まれていたのは、母親である久枝の育て方の影響が大きかったのかもしれない。

久枝は音楽大学を出て、高校の音楽教師をしていたが、ＪＲに勤める夫と結婚したのを機に仕事を辞めた。

妊娠がわかると長野県塩尻市にある実家で初めての出産に備えた。看護師をしていた実母のたっての希望で、松本市の大きな総合病院で大輔を生んだ。

「ふつうのお子さんとはちょっとちがいます」

分娩後、ずいぶんと待たされた末に産婦人科医が連れてきたのが大輔だった。しわが寄った額の上に白い髪がふさふさと生えていた。

久枝は驚いた。少しの間抱いていたが、医師がいくつかの検査があるからと、すぐに連れて行った。

「長い間、大輔君を育ててきて、たった一つ謝らないといけないのは、初めて彼を抱いたとき、なぜ私のところへ？　なぜ私なの？　と思ってしまったことです」

久枝は目を潤ませた。

翌日、母乳を飲ませるために再びおずおずと抱くと、大輔は必死で胸にしがみついてきた。久枝の目から、ぽろぽろと涙がこぼれた。丸一日、抱き寄せてやらなかったことを心の底からわびた。将来、「幸せだったよ」と言ってもらえるように、心をこめてこの子を育てていこうと固く誓った。

幸運だったのは、出産した病院の小児科にアルビノについて知る女医がいたことだ。必要な検査を行い、その後の育て方についての道筋を早い段階で描くことができた。

祖父母も両親も、大輔を慈しんだ。どこへでも連れて行った。生後一年で分厚いアルバムが埋め尽くされるほど写真を撮った。

大輔が幼稚園のころ、なぜ自分はみんなとちがうのかと聞いたことがある。

久枝はとっさにこう答えた。

「あなたがおなかにいたとき、ジャングル大帝レオみたいに白くて強い子が生まれますようにと祈っていたからよ」

『ジャングル大帝』は白いライオン、レオを中心とした一家三代と、ムーンライトストーンをめぐって争いを繰り広げる人間たちの壮大な物語で、手塚治虫が漫画家として全国デビューを果たした記念すべき作品だ。

レオが大好きだった大輔は、たちどころに納得し、二度と外見について持ち出すことはなかった。久枝は白い髪に似合うカラフルな洋服を選んで着せた。アルビノであることに肯定的なイメージを持てるよう気配りをした。

やんちゃで聞かん坊だったから、小学生のころは、ちょくちょく意地悪をされた。上履きが、よくなくなった。見つけられないことを承知のうえで隠すのだ。ゴミ箱に捨てられたことも一度や二度ではない。

それを知った久枝は毅然として大輔に言って聞かせた。

「なくなったら探さなくてもいい。上履きくらい、いくらでも買ってあげる」

実際、何足買ったかわからないくらい買った。その一方で捨ててある上履きをみつけて持って来てくれる友だちもいた。ひとりぼっちになることはなかったのである。

勉強は、持ち前の負けず嫌いのおかげで常に中の上をキープしていた。

なのに、中学校は本人の意思に反して盲学校へ行くことになった。

大輔を見守るためにＰＴＡの役員を進んで引き受け、足しげく学校に出入りしていた久枝の強い意向による決断だった。

「授業参観などで教室の大輔君を見ているのは涙が出るほどつらかった。休み時間の少し前になると、大輔君の体から電波が出まくっているんです。友だちの動きを一つも見逃すまいと耳をそばだて、ピリピリと神経を張り巡らして」

そのころ、男の子たちは休憩時間に運動場でサッカーやドッヂボールをして遊ぶのがはやりだった。

チャイムが鳴ると同時に友だちは「大輔、行くぞ」と声をかけて一目散に外へ飛び出して行く。その声を聞いてから席を立ったのでは遅いのだ。大輔が先頭に立って教室を出なければ友だちについていけない。大輔にとって運動場は海のように広く、はぐれてしまうと友だちがどこにいるのかわからなくなる。そうなると教室に残って本でも読んで過ごすよりない。

外遊びに乗り遅れまいと、授業が終わる前から全身で友だちの動きを読もうとする息子の様子に久枝は胸を締め付けられた。

「勉強でがんばり、運動でがんばり、遊びにまでがんばらなくてはいけない。息を抜くところがないんです。もういい、って思いました。それに中学へ行くと勉強量が増える。進む速度も速くなります。努力だけでついていけるかどうかも心配でした」

学校へ行くと、久枝は必ず子どもたちの忘れ物を保管する忘れ物箱をのぞくことにしていた。そこには大輔の名前が書かれた鉛筆や消しゴムがいくつも入っていた。文房具などをうっかり落とし、それが床をころがると、もう探し出すことができない。箱から大輔の落とし物をより出しながら、「そろそろ限界かな」と久枝は思った。

自らいくつかの学校を見学し、大輔にいちばん向いていると判断した筑波大学附属盲学校（現・筑波大学附属視覚特別支援学校）の中学部へ進学させることにした。

大輔にはずいぶん恨まれた。

「僕は盲学校の受験にものすごく抵抗がありました。だって、みんなと同じように普通にできていたんですよ。友だちと離れるのもつらかったし」

大輔がどんなに抗議しても久枝は頑として譲らなかった。

「最終的には自立してもらわなくてはなりません。だから二つだけ私の思うようにさせてもらおうと思いました。一つは高校までは私の考えで進路を決める、もう一つは髪の毛を一切染めない、ということです」

髪を染めないという選択は「母親のエゴだ」と夫の批判を浴びた。髪を染めることで大輔への視線は半減する。ならば息子の負担を軽くする方を優先すべきではないかと父親は主張した。

それでも久枝は耳を貸さなかった。髪が白いことは少しも恥ずかしいことではない。染めることは敗北のような気がした。久枝は柔らかな雰囲気に似ず、芯が強い。

筑波大学附属盲学校には、それまでアルビノの子どもが何人も在学していた。しかし小さいころから一度も髪を黒く染めなかったのは大輔が初めてだと教師たちに驚かれた。

久枝はこんなエピソードも残している。八年ぶりに妊娠し、大輔に弟が生まれたとき、見舞いに訪れた家族や友人たちを前に、あっけらかんと言った。

「今度は黒だったわ」

兄弟はどちらも同じようにかわいがられた。

しかし、繊細で優しい弟は、ときにやんちゃな兄の不機嫌のはけ口になっていたらしい。

青年になってから、「お兄ちゃんにはときどき言い負かされたりポカリとやられてつらかった」と久枝にこぼしたことがある。

外見に劣等感をもつことなく大人になった大輔は、いまも「白い髪、気に入ってます」と公言してはばからない。

「いろんな色の服が着られるというのは幸せなことですよ。買い物が大好きになりました」

障害のある者とない者が出会うとき

不承不承《ふしょうぶしょう》、入学した盲学校は、大輔にとってはつまらない場所だった。みんなと同じようになんでもできる自分が、なぜ盲学校にいなければいけないのか。納得できる答えが見いだせない。

小学校では勉強についていくため、さまざまな工夫と努力を重ねた。漢字のテストで百点が取れないと、悔しくて泣いたこともある。

教科書は、「はなびら会」というボランティアグループが、大輔の視力に合わせて一般の教科書を一字一字、手書きで大きく書き写した拡大写本を大切に使っていた。

それが盲学校に入ると当然のように印刷物が拡大されており、なにもかも手助けしてもらえる。そのことを学ぶ権利ではなく、生徒への甘やかしと受け取ってしまった。

中等部の生徒は全部でわずか十二人。八人が全盲、四人が弱視だった。思春期ということもあって、刺激のない盲学校がいやだという思いをそのまま態度に表し、教師に反発した。

けれども、この時期に貴重な体験を積んでいたのだと、大輔は後になって気づく。

一つには一年間、親元を離れて寮生活を送ったことだ。三人部屋だったので、気の合わない仲間とも折り合いをつけて暮らさなければならない。

仲間と一緒に暮らすことで、「自分の考えは正しい」という意識が人一倍強く、他者に容赦がなかった大輔に、異論を受け入れる包容力と、少しずつだが人を思いやるやさしさが芽生えた。休みで実家に帰るたび、久枝は大輔の変化を感じ取って夫とともに喜んだ。

進行が遅い、と内心ばかにしていた学習面でも目が開かれるような体験をした。

盲学校の授業では、教科書に載っている内容を全部学ぶことはむずかしい。そこで学校は基本になる部分だけをとことん繰り返し教える方針をとっていた。理科ならば実験道具の扱い方を一学期丸々かけて学んでいく。学び終わったときには自分でバーナーやビーカーを扱い、一人で、あるいはグループで、たいていの実験がこなせるようになっている。どの学科も必要最低限の知識や技術が無理せず身に付くよう教師たちによって考え抜かれていた。

追い立てられるように勉強をしなくて済んだので、生活にゆとりがもたらされた。スポーツが好きな大輔は学年対抗のバレーボール大会を企画し、学校中を盛り上げた。級友たちを誘ってサッカー部をつくったのも大輔だ。

高等部に進むとアルバイトにも勤しんだ。知人が営むコンビニで雇ってもらったものの、早々にレジ打ちでつまずいた。液晶画面に光が反射して数字がよく見えないのだ。しかたなく暗算で計算してまちがえ、店からやんわりと辞めるよう勧められた。

ハンバーガーチェーン店のマクドナルドでも働いた。働き始めてすぐに鼻の頭を火傷して帰った。パンにはさむハンバーグが焼けたかどうか見ようと顔を近づけすぎて、熱い鉄板に触れてしまったのだ。あまりに度々鼻を火傷するので、久枝が「お願いだから辞めて」と懇願して辞めさせた。

アルバイトの体験は、大輔に、働く意味を深く考えさせるきっかけになった。ただ一生懸命にやればいい、というものではない。賃金に見合った成果を出さなければならない。どういう仕事なら自分にそれができるのだろうか、と。

将来について漠然とした青写真を描き始めた盲学校時代、大輔が力をそそいでいたのが一般の学校との交流である。狭い世界に閉じこもりたくない一心で、生徒会の中に設けられた交流委員会の一員となってことあるごとに普通校へ出かけて行った。

お茶の水女子大学附属中学や東京学芸大学附属高校の生徒たちと交流の機会をもった。

同じ筑波大学附属高校の生徒たちとは互いの校舎を行ったり来たりしながら一緒に文化祭を行い、バンド演奏などを楽しんだ。

大輔は中学、高校を通して委員をつとめて交流の中心を担ってきた。

交流相手の一般校の生徒をじっくり観察していると、明らかに授業の一環だからしぶしぶ来ているというそぶりの一群の生徒たちがいた。他方、本気でおもしろがって、かかわろうとする生徒たちも少数ながらいた。

盲学校の生徒たちの中にも障害のない同年代の若者と積極的に友だちになりたいという者もいれば、なんでわざわざ交流しなきゃいけないの、と不満をもらす者もいた。

どのようにすれば両者の間によい関係を築くことができるのか。

一般校との交流体験を通して、大輔は障害のある者とない者が互いに理解を深め合うのを助ける仕事に就きたいと考え始めた。

そのためには、まず障害のある者が自分の障害についてきちんと理解し、率直に語れるようになることだ。将来の進むべき道がぼんやりと見えたような気がした。

障害者心理学コースがある、第一志望の明治学院大学の入学試験に落ちて、健康科学と心理学、精神保健福祉学を学べる桜美林大学に進学した。

桜美林に入学後も、都内のあちこちの大学を回っての情報収集は怠らなかった。明治学院大にもたびたび足を運んだおかげで教員らと親しくなって、聴講生という形で定期的に授業に参加した。

全国の在宅の視覚障害者の数は約三十一万人。三百四十八万三千人いる身体障害者全体に占める割合は八・九％と、さほど多くない（厚生労働省二〇〇六年身体障害児・者実態調査）。

たとえば視覚障害者のための心理カウンセラーになりたいと思っても、対応するコースを持つ大学はなかなかみつからなかった。

通学定期券で乗り降りできる範囲の大学をしらみつぶしに調べて歩き、最終的にたどり着いたのが筑波大学大学院だ。やはり特別支援教育ではいちばん実績があった。

二〇〇四年四月、入学。大輔はそこで障害児教育を専攻した。特別支援学校の教師を養成する課程である。

修了後、さらに別の博士課程に進んで障害科学を専攻し、当事者の立場を生かして自分の障害を他の人たちにどう伝えるか、専門用語でいう「障害開示」をテーマにした論文を書くため研究をつづけている。

学問上の研究だけにとどまらない。大学二年のときには市民グループを作って自ら代表に就いた。中学生のころから障害のある人とない人をつなぐような社会づくりがしたいと考えてきた。思いついたのがスポーツを通じた交流だ。チームで競うスポーツは、否応なく仲間意識を掻き立てる。

子どものころからスポーツが大好きだった大輔は、一時期、フロアバレーボールの社会人チームに所属して活躍していた。なかなかの強豪で、全国一位になったこともある。

ブラインドサッカーの全盲クラスやゴールボールでは、弱視の人は視力差を公平にするためアイマスクを着けてまったく見えない状態にして競技をしなくてはならない。

フロアバレーボールはちがう。弱視の人も、全盲の人も、見える人も、ありのままでプレイする。一方の基準に他方が合わせるようなことはせず、全員が自分にそなわった体の状態でともに戦うスポーツだ。

条件のちがう一人ひとりが一丸となって挑む競技は楽しく、魅力的だった。

スポーツを通じたつながりは自然と強くなる。そう考えて一般市民を巻き込み設立したのがＮＳＡ（Normalization Sports Association）だ（のちにInclusive Fellowship Promotionと改称、ＮＰＯとなる）。盲学校時代のサッカー仲間、フロアバレーボールの仲間、大学の友人たち。大輔の周りにはスポーツに興味をもつ人間が大勢いた。彼らに片っ端から声をかけて、参加を仰いだ。あっという間に人が集まり、運営スタッフを買って出る者もいた。

「僕は口がうまいって、よく言われるんです。ま、営業活動がうまくいったということですね」

ふふふ、と大輔は含み笑いをした。

活動は、障害のある人とのかかわり方を知るセミナーと、一緒にディズニーランドへ行ったりスポーツをしたりして理解を深め合うイベントの二本立てだ。

参加者は、毎回四、五十人を下らない。二十代から四十代までの学生や社会人が集まってくる。そのうち障害者が約四〇％を占める。

障害のある者とない者が出会うとき、障害のある者には、「話してもどうせわかってもらえない」というあきらめがある。

障害のない者は、「どう声をかけたらいいのかわからない」「この人とかかわると、今後ずっとサポートしなくてはいけないのだろうか」などと、ふれあうことについ、ためらいが出る。

みんなで力を合わせて高尾山の頂上まで登る。一緒においしい料理を作って食べる。楽しい時間を分かち合う中で、互いの戸惑いや不安が自然に消えていけばいい。実践を通じて「支援する人」と「支援される人」という紋切り型の関係を超えた交流のノウハウを蓄積する。ＮＳＡはそれを活動の目標にすえている。

研究と、自分がつくったＮＳＡの活動とで多忙な大輔に、新たに勢力をそそぐ対象が加わった。話は障害児教育を専攻しようと大学院をめざしていたころにさかのぼる。ある大学の講義を受け持つ非常勤講師と知り合って、彼の障害児教育の授業を受けさせてもらったことがある。その折、講師はほかの学生たちに大輔のことをさらりとこう紹介した。

「僕の知り合い。彼はアルビノなんだ」

アルビノ。それは初めて聞く言葉だった。

「僕のことをアルビノというのか。僕は自分のことを何も知らないんだな」

大学院に入学したら障害者が自分についてきちんと説明する障害開示のあり方を研究テーマにしようと考えていた。そんな自分が自分のことを詳しく説明できない。愕然《がくぜん》とする思いだった。

大輔が生まれてほどなく、両親はわが子の特性について正しい知識を得た。おかげで病院めぐりなどをせずに済んだ。

適切な学習の機会と、生活に必要な技術は愛情と手をかけてもらいながら身に付けた。早くからいまの自分を受け入れるよう仕向けられ、弱視である不便さを除けば障害についてあれこれ思い悩むことなく学校や社会に適応できた。考えてみれば幸せな成長期を過ごしてきたのだ。その分、悩み、もがきながら自分のアイデンティティーを確立しようという動機は生まれなかった。

遅まきながら、大輔はアルビノという疾患について精力的に調べた。当時、同棲していた恋人もインターネットの情報や医学論文を当たるなどして手伝ってくれた。アルビノにはいくつかのタイプがあることや、皮膚には変化がなく目だけに症状が出る人がいること、およそ一～二万人に一人の割合で生まれてくることなどを知った。

大輔にとって最も有用だったのは専門家の手になる学術論文ではなくインターネット上に開設された「アルビノのページ」であった。

「アルビノって何？」「紫外線は大敵」「視力について」「我が家の場合」「酵素のこと遺伝子のこと」などと、項目別に実用的な知識がやさしく解説されていた。

赤ん坊の写真を添えて、「我が家のアルビノ君です」という書き出しで始まるホームページは、アルビノの子どもを持った一人の母親が、手さぐりで懸命に調べたことを、どこかにいるほかのアルビノの本人や親たちに伝えようとするあたたかい気持ちがにじんでいた。

触発されてインターネットを通じて発信し始めた大輔は、千葉県袖ケ浦市に住む石井更幸という男性が千葉でオフ会を開いていることを知った。

ほかにも一人の青年が大輔に関心を寄せて近づいてきた。大輔が「アルビノのページ」の掲示板や、国内最大の交流サイトであるミクシィ（ｍｉｘｉ）に書き込みをすると、何かしら反応してくる。それが矢吹康夫であった。

大輔はミクシィでは実名や肩書を明かして発信していた。大学院進学をめざしていた矢吹としだいに打ち解けた。

「同じアルビノの人ともっと知り合いになりたかった。盲学校の先輩にも後輩にもアルビノはいましたが、矢吹さんは大学院に行って研究者をめざすという。同じ目線で将来を語り合える仲間がほしかったんです」

まもなく二人は実際に会って、長い時間、話しこんだ。同じアルビノでも大輔は弱視であることにこだわりが強く、矢吹は見た目の問題にこだわっていた。当事者同士の間にも横たわる意識のちがいが二人には新鮮に感じられた。

洗濯機に落ちて漂白された

矢吹は高校卒業まで岡山市で暮らしていた。幼いころに弱視であることがわかったために、小学校は弱視学級のある市立学校へ越境通学をした。

国語と算数の授業は別の教室へ移動して受けた。それ以外の教科は級友たちと同じ教室で一緒に学ぶ。宿題は学校への行き帰りに乗る十分ほどの電車の中で適当に済ませていたが、その割に成績は悪くはなかった。

小学三年生の夏休み明け、母親が突然、矢吹の淡い金髪を黒く染めた。これから二学期という中途半端なタイミングだったため、友だちに「どしたん?」と遠慮がちに聞かれるはめになった。

今ごろになってなぜ。おとなしく染められた矢吹もそれを知りたかった。

「なんとなく。ただの気まぐれよ」

母親は、そう言ってはぐらかした。

学校では教師たちが常々「障害や外見のことでからかったりいじめたりしちゃだめ」と繰り返し子どもたちに言い聞かせていた。そのせいか、髪染め事件の前も後もいじめにあうようなことはなかった。その代わり、子どもゆえの素朴な質問も出ない。触れるのはタブー。それはそれで居心地が悪かった。

矢吹には二つ上の兄と二つ下の妹がいるが、二人はアルビノではない。アルビノに生まれたことについて、両親とじっくり話し合ったことはない。

「親とは真剣な話はしません。だってめんどうくさいから」

照れ屋らしい矢吹はこんな言い方で人をけむに巻く。

中学校も弱視学級のある同じ地域の公立校へ進学した。一年生から陸上部へ入り、短距離走の練習を積んだ。一学年三、四クラスの小ぢんまりした学校で、部活動は全体に低調だった。

人見知りで、いつも一人で登下校した。「コミュニケーションの技術を磨く機会がなかった」けれど、一人だけ話せる相手がいた。三つ編みが似合う同級生だ。彼女に淡い思いを寄せていたが、告白などはしなかった。

「波風の立たない、パッとしない十代でした」

矢吹は大柄な体を縮めるようにして、ぼそっと言った。

進路を考える時期がくると、工業高校のデザイン科を選んで進学した。なにかクリエイティブなことがしたかった。

父親は自営で電気工事業を営んでいた。長男には後を託そうと期待を込めて手伝わせていたが、次男の矢吹は比較的自由にできた。

高校での学習は、箱を作るなど立体造形の実習がおもしろく、得意でもあった。逆に平面のテキスタイルなどは苦手だった。せっかちな性格が災いし、絵の具が乾くのを待っていられなかったのだ。

まずまずの高校生活だったが二年生のときにその後の進路を大きく変える出来事があった。大学時代にのめりこむことになる芝居との出合いである。

高二の夏休み、用事があって神戸に出かけたついでに「演劇集団キャラメルボックス」の公演を見た。幕末ものである。

「キャラメルボックス」は早稲田大学演劇サークルの出身者らが一九八五年に結成した劇団で、九五年に団員だった上川隆也《かみかわたかや》がＮＨＫのテレビドラマ「大地の子」に出演したことで観客が一気に増えた。いまも少なからぬ人気を集めている。

矢吹が芝居らしい芝居を見たのはそれが初めてだった。見終わって劇場を出るときにはもう、「芝居をやろう」と決めていた。

家にもどると、さっそく見よう見まねで台本を書いてみた。将来の目標が見えた。

京都の小劇場でホンを書く。京都で芝居をやりたい。その一心で京都にある大学への進学をめざし、一九九八年春に京都精華大学へ入学した。

人文学部人文学科の学生となったが授業はそっちのけで、四月、五月、と各大学などを巡り歩いて多くの劇団と芝居にふれた。

心惹かれたのが鈴江《すずえ》俊郎《としろう》主宰の「劇団八時半」（二〇〇七年秋に活動休止）。登場人物同士が罵倒し合うような、スピード感あふれるセリフ劇が魅力だった。

しかし入団したのは「劇団ケッペキ」だ。京都大学の学生が中心になり、同志社大学、立命館大学、京都工芸繊維大学、京都府立大学など、市内のいくつもの大学の学生が参加する京大公認の演劇サークルである。

プロデュース制をとっていて、団員ならだれでもやりたいものを提案することができる。それに複数の大学の学生で構成されているので公演のチケットもさばきやすい。

大学へは行かず、芝居に夢中になって劇団に入り浸った。二年生のとき、九月の本公演の台本を書き、演出する機会を与えられた。偽善を笑い飛ばす、セリフ中心の劇である。

入場料五百円。京大の西部講堂で週末の三日間、連続公演をした。賛否両論。「セリフばかりで動きが少ない」「観客に尻を向けている」と、どちらかといえば負の評価の声が大きかったが手ごたえを感じることができた。

三年生で再びホンを書くチャンスが巡ってきた。一家心中に誘い込もうとする父親と、抵抗して逃れようとする家族の攻防を描いたセリフ劇だ。今度も賛否両論だった。

大学に寄りつかず芝居に打ち込む日々の報いは単位不足という結果で返ってきた。四年生に進級することがむずかしいとわかって、あっさり退学した。芝居の世界でやっていこうと決めたのだ。

しかし、すぐに無理だとわかった。学生劇団を離れて台本を書いた。役者たちに見せて一緒にやろうと声をかけたが、乗ってくる者がいなかった。個人で人とお金を集める立場になると、それがいかに大変なことか、思い知らされるばかりだった。

ちょうどそのころ、インターネットを通じて「ユニークフェイス」という団体の存在を知った。

病気や怪我、火傷などで顔が変わってしまった人や、大きなあざ、傷などがある人を支援している団体（現在はＮＰＯ法人）だ。

当時の代表が著書を出すなど、活発に活動していた。おもしろそうだと思った。

矢吹は人から見られる、視線を浴びる、ということにずっと引っかかっていた。

子どものころから他人の視線を感じることがよくあった。岡山ではその頻度が高く、外国人観光客や留学生の多い京都ではあまりないという差こそあったが、無遠慮に見られる体験は常について回った。

外見が人とちがうというだけで、年に一度は警官の職務質問にあった。

芝居の仲間は見た目を気に留めない者が多かった。たまに「なぜ白いのか」と問う者がいたが、矢吹は「おじいちゃんがロシア人でね」と答えたりした。

子どもから聞かれることもある。矢吹は、はっきり言う。

「子どもはきらい。あれこれ聞いてきて、うるさい。無邪気な子どもにはちゃんと説明してやらなくては、という人がいるが、そんな気はないですね」

そこで、「洗濯機に落ちて漂白された」とか「白蛇のたたり」などと適当に答えておく。

「ユニークフェイス」の会員になり、会合や催しに参加していると、メンバーの話す内容がむずかしいと感じることがあった。自分の考えを人前で話す機会も増えた。

インターネットを通じて、自身の状態を「アルビノ」と知った矢吹は、ネットでアルビノに関する情報を集めた。その一つが「アルビノのページ」である。

掲示板に書き込むと、そこに集まっているメンバーとは話が通じる感覚があり居心地がよかった。

飲み会をやるような気軽さで当事者の団体を作れたら。そんな会話が行き交った。

インターネットでアルビノについての情報を集めた矢吹は、情報量があまりに少ないことにすぐに気づいた。

しかも大半が医学的なものに集中している。アルビノという疾患が、あるいはその当事者が、歴史的・文化的にどのように扱われてきたか、それを知りたかった。

やはりきちんと勉強したい。そう考えて京都精華大学人文学部へ再入学を果たす。

大学でやりたいことは決まっていた。アルビノについて研究することだ。京都の各区にある市の図書館へ通って文献を当たった。その気になって探してみると、わずかに記述があるだけのものも含めて、かなりの数の文献を見つけ出すことができた。

全力で調べ、全力でまとめたのが卒業論文「言説の『アルビノ』」（二〇〇六年三月）である。

B5判百ページに及ぶ論文は、古代から近現代にいたるまでの文献を渉猟し、アルビノがどう差別的に描かれてきたかを明らかにした。それだけでなく、現代のアニメや漫画、小説などのメディアが偏愛も含めていかにまちがった、あるいはステレオタイプな取り上げ方をしているか、淡々とあぶりだしている。

一連の文献調査を通じて矢吹が実感したのはアルビノを「異形の者」として蔑視するか、聖なるものとしてあがめるかの違いはあっても、生身の人間としては社会から排除されつづけた歴史と現実である。

この卒論は他の学生による何篇かとともに優秀論文と認められ、五十部が印刷、製本されて保存されることとなった。

矢吹は卒論のあとがき「おわりに」で、卒論をまとめる作業がいかに楽しく、充実していたかを明かしている。

卒論を書いたことで、研究者として生きる覚悟が定まり、ライフストーリーの研究者として知られる立教大学社会学部教授、桜井厚の指導を受けるために上京して大学院に進学した。

文献を読み込むことでアルビノの歴史に対する理解は深まった。しかし、いま、この瞬間を当事者がどんなふうに生きているか、等身大の研究は手つかずだからだ。当事者が、自分にまつわることを研究テーマにする利点と危うさを承知のうえで、矢吹はその道を歩く。

アルビノを市場で活かしたい

二〇〇七年秋、それまでもっぱらインターネットを拠点に交流していた当事者たちが顔をそろえる機会がもたらされた。

医療者と患者や家族が手を携えて遺伝子医療について考える会合が千葉大学で開かれることになり、参加を呼びかけられたのだ。

ただし、個人ではなく団体での参加が条件だった。急ごしらえで団体を作ることになった。自分たちが身に付けたノウハウをこれから生まれてくる子どもや家族に伝えよう。当事者の団体を作ろう。そもそもネットでは何度もそんな話が出ては立ち消えになっていた。

団体設立に向けて事態が一気に動き出す。上京した矢吹や相羽大輔らが中心になって、二〇〇八年三月三十日、アルビノ初の全国組織「日本アルビニズムネットワーク（Japanese Albinism Network 略称ＪＡＮ）」が正式に産声をあげた。

活動は当事者同士の情報交換と助け合い、家族への支援、社会に対する啓発、を三本の柱にしている。

代表は置いていない。たまたま引き受け手がいなかったからだが、特定の誰かに負担が集中するのを避ける知恵でもあるという。

ホームページを通じた情報の発信と、当事者や家族が実際に顔を合わせるイベントを両輪に、活動が回り始めた。

結成から半年後、二日にわたってアルビノの人たちを被写体にした写真展を開く機会に恵まれた。「Natural Life〜ありのままで〜」と題した写真展は、アルビノ本人や家族から提供してもらったスナップ写真を引き伸ばして展示した。

医学書に掲載される、目の部分を黒く塗りつぶした症例写真や、興味本位に一方的に取られる写真ではなく、ふだんの暮らしの中の姿をそのまま切り取った写真で会場を埋めた。

アルビノを特別な人ではなく、どこにでもいる隣人として見てもらいたかったからである。

生き生きとした楽しげな写真は、訪れた人たちの共感を呼んだ。交代で会場に詰めていたＪＡＮのメンバーと来場者の間で、なごやかな会話が交わされた。大成功だった。

写真展を千葉大学の構内の一角で開催できるよう尽力したのが川口工業総合病院（埼玉県川口市）小児科部長で当時、千葉大学医学部附属病院遺伝子診療部（遺伝カウンセリング室）に勤務していた石井拓磨だ。小児科の医師で、子どもの遺伝性疾患を専門にしている。

これまでアルビノの赤ちゃんを伴った若い親たちが何人も彼のもとを訪れた。ほとんどの親は落胆と失意の暗い顔で拓磨の前に座る。

無理もない。生まれた子がこの先どうなっていくのか、それがわからないからだ。開口一番「将来、いじめられないでしょうか」と聞く親もいる。

拓磨は親が安心するまで力づける。千葉でオフ会を開く石井更幸やＪＡＮの相羽大輔、矢吹康夫らと知り合い、交友を重ねたことで、確信をもって親たちに言えるようになった。

「僕の知り合いたちは、みんな携帯電話を使っていますよ。パソコンも工夫して使っています。大学生も、大学院生もいます。ふつうの人と同じように、いろんな仕事に就いていますよ」

幼子を膝に抱いた親たちは、拓磨の言葉に驚き、安堵する。

拓磨はアルビノの当事者たちが開く交流会やオフ会にはできるだけ出席するよう心掛けている。毎回、医学的な面からの質問が出るからだ。

当事者団体が開設しているホームページに載せる医学的な解説も、拓磨が書き、あるいは監修する。

それらの解説は、読んだ人がおびえたり不安に陥ったりすることがないよう、細心の注意を払っている。

「遺伝、っていったって、別に特別なものではないんです。ふつうの病気の一種なんですよ」

拓磨はさらりと言ってのけた。

ＪＡＮのホームページの制作と更新を担当するのが最近までＩＴ企業の社員だった粕谷《かすや》幸司《こうじ》だ。ホームページはＪＡＮというグループの説明や活動歴に始まり、アルビノの症状や遺伝の解説、矢吹の研究を生かしたアルビノのキャラクターが登場する作品一覧、日本の歴史に出てくるアルビノの年表などをていねいに紹介している。

アルビノ初のエンターテイナーを自任する粕谷は、個人としても日々、ブログを書き、ウェブラジオを舞台に活動している。

正社員として三年働いた会社を辞めたとき、周りは一様に驚いた。しかし、たっぷりある白い髪をマッシュルームカットにした粕谷は晴れやかに笑って言った。

「辞めたのはほんとうにやりたいことに近づくためです。ラジオのパーソナリティになるのが目標なので、いろいろオーディションを受けようと思う。おもしろく生きていきたいんです」

父親は、埼玉県所沢市でそのまた父親から受け継いだ水道工事業を営み、母親は父の事業を手伝う共働きの家庭だった。

粕谷が生まれたとき、両親は病院で「この子は長くは生きられないだろう。知的障害があるかもしれない」と告げられた。その真偽を確かめるために、両親はいくつかの病院めぐりをすることとなる。

紫外線に弱く、視力が悪かったが、知能には何の問題もなく元気いっぱいの子どもだった。両親は「かわいい」「かわいい」と言って育て、アルビノではない二人の兄も末っ子の弟をかわいがった。

小、中、高校と普通の学校に通っていたが、いじめられたという記憶はない。

どうして白いのかと友だちに聞かれたことはあるが、「生まれつき」と答えると「ふ〜ん」で済んだ。

クラス替えがあると、たちまち三、四人の友だちができた。近所の子どもたちとも仲良しだった。

幼稚園や小学校低学年のときに、たびたびプールで日焼けして火傷を負って以来、用心深く紫外線を避けている。両親がいない家で一人留守番をするのを好み、友だちが「遊ぼう」と誘いにくると、「外はだめだ。うちでゲームをしようぜ」と誘い込んだ。日が沈み始めると逆に「日が暮れてきたから外で遊ぼうぜ」と、つばの広い帽子をかぶって友だちを誘いに出た。幼いころから自分が人とちがっていることをよく知り、うまく身を処していた。

小学三年生のころから丸々と太り出した。テレビのアニメが大好きで、キンキンに冷えた清涼飲料水を飲みながらテレビばかり見ていたせいだ。

学校では黒板が見えにくく、あまり勉強しなかった。それでも学校を嫌いになることはなかった。小学校の先生が愉快な人たちだったので、将来は学校の先生になりたいと思った。

高学年になって毎日図書室に通うようになり、読書の楽しみを知った。文章を書くおもしろさに目覚め、将来は先生でなく新聞記者になろうと決めた。

家にワープロがあり、本好きの長男が小説を書いていた。粕谷もワープロを借りて、こっそり小説めいたものを書いた。

物語を生み出すときのわくわくするような高揚感が忘れられず、新聞記者でなく作家になろうと考えた。文章を書くのが好きな友人と作品を交換して読み合い、感想を述べ合った。自分は人とはちがう。だから、ちがう感性を掘り下げたいと真剣に模索した。

地元の公立中学校に入ると映画に入れこんだ。日曜の朝は、三十分ほど自転車をこいで映画館を目指すのが習慣になった。朝いちばんに上映される回を見る。ジャッキー・チェンと、ローワン・

アトキンソン演じる「Mr.ビーン」のファンになった。

クラブ活動は科学部へ入部した。一気に普及し始めたパソコンのプログラムの基礎を学ぶためである。

二年生になったとき、教師たちの提案で卒業していく三年生を送る会で劇を上演することになった。脚本を書きたいと名乗りをあげた生徒が粕谷を含めて五人。

五人が少しずつ物語を書き継いで、それを一本にまとめ上げる役が粕谷に任された。

出来上がった芝居のタイトルは「一発逆転」。倒産しそうな会社の社長が苦労して新商品のアイディアをひねり出す。倒産をまぬがれ、息子も無事に高校へ、というめでたしめでたしの劇で、大いに受けた。

脚本家という仕事が現実味を帯びて目前に現れた。織田裕二主演の警察ドラマ「踊る大捜査線」や、田村正和主演の刑事もの「古畑任三郎」を欠かさず見ていた。

なかでも三谷幸喜が脚本を書く「古畑任三郎」は、毎回おもしろさが際立っていた。三谷に憧れ、彼の出身校である日本大学芸術学部へ入学するため日本大学豊山《ぶざん》高校へ進学した。

日大の附属で唯一の男子校、豊山高校は都心の文京区にあった。校庭には緑がなくて、校舎は灰色。最初からわかっていたことだが女子がいないのはやはりつまらなかった。それでも所沢から毎日通った。

クラブは入学と同時に迷わず放送部へ入部した。新入生への勧誘ちらしに、「ラジオドラマをつくります」とあったからだ。

生徒会に割り当てられた放送時間帯には生徒が選んだ音楽を流しながらおしゃべりをするコーナ

ーがある。粕谷もＤＪをつとめ、よく通る声が評判になった。

秋の全国高校総合文化祭では朗読部門で都内四位の好成績をあげた。三年生のときに応募したＮＨＫ杯全国高校放送コンテストは、粕谷が脚本を書いて出演もしたラジオドラマが都内一位に輝いた。

高校時代は放送部漬けで、勉強は二の次だった。大学入試の成績は合格ぎりぎりだったが放送部での活躍が買われ、内申書の評価が高かった。おかげで志望の日大芸術学部へ入学することができた。ただし、三谷のいた演劇学科ではなく、「しっくりくる」映画学科の方へ。

高校生活を顧みて残念だったことは、放送部に大半の時間を費やし、クラスで友だちができなかったことだ。大学ではたくさんの友だちがほしかった。とくに女の子と友だちになりたかった。アルビノなので向こうからは話しかけづらいだろうと、自分の方から話しかけた。人見知りだった性格まで変えるつもりで、教室で、キャンパスで、近くにいる学生たちに人懐っこく語りかけた。友だちがどんどん増えた。

男子校で過ごした三年間で男子の笑うツボは熟知していた。進んで人を笑わせ人気を集める「笑わせキャラ」に生まれ変わった。念願のガールフレンドもできた。

いまの粕谷は身長一六三センチ、体重は六〇キロだ。そのころは八〇キロあった。太っていることも笑いに変えて、常に大勢の輪の中にいた。

サークルは「Ｂ・Ｄ・Ｃ演劇映画放送研究会」に所属した。映画や演劇をこれでもかというほど見たし、映画のシナリオを書いた。友人とコンビを組んでコントもやった。学生生活を謳歌した。

日大には五年いた。最後の年に何か面白いことをしようと思いついたのが、公開ダイエットである。衆人環視のもとでダイエットに挑戦すると宣言し、「ぼくはデブ」プロジェクトが始まった。

食事制限と筋トレで一か月に四キロ、次の二か月ではその倍の八キロやせる。これが目標だ。努力の様子がインターネットとラジオで刻々と伝えられる。実現できなかったときは罰ゲームが待っている。

結局、一か月の目標は達成したものの、次の二か月は目標に二キロ及ばず、罰として背中を二発、どつかれた。

学生最後の年に、もう一つやり遂げたことがある。卒業制作で映画のシナリオを書いた。アルビノを主人公にしたホンである。

ほんとうにやりたいことはなんだろう。これまでほんとうにやりたいことをやってきたのだろうか。シナリオを書くためにアルビノという自分の特性に向き合いながら、深く心に問いかけた。

生の声、生身の体を使って自分を表現したい。そんな強烈な思いが突き上げてきた。

就職試験はテレビ、ラジオなどマスコミを中心に受けた。ＴＢＳ、フジ、テレ朝、テレ東。制作会社も受けた。マスコミ以外も入れて三十社。全部、落ちた。

「エントリーシートの書類選考を通って一次や二次面接で落ちる。その繰り返し。実力不足です。アルビノは関係ない。たぶん……。わからないけれど」

面接を受けるにあたって白い髪を黒く染めるかどうか、思案したこともあった。

この外見で落とされるのなら、いずれにせよその会社ではやっていけないと、どこの面接にも白いままで臨んだ。

卒業して二か月たっても就職先が決まらなかった。少々焦りが出始めたころ、ＩＴ関連の会社の人材募集広告を目に留めた。ユーザーとして知っている会社だったので受けてみる気になった。
二次面接に現れた社長は三十代前半と、若かった。かつてビジュアル系のバンドをやっていたという。

「自分を精いっぱい表現し、将来はタレントになりたいです」

そういう粕谷に社長は思わず笑って言った。

「一緒に夢を実現しよう」

白い髪についてはひと言も聞かれなかった。

アルバイトとして入社し、契約社員を経てすぐに正社員になった。IT業界は競合相手が多く、変化が激しい。経営はラクではなかったが、粕谷の年俸は三百万円と、悪くなかった。その職を三年で手放した。

共働き家庭で、小さいころから家で一人過ごすことが多かった粕谷は、たいていのことを一人で考え、一人で決めてきた。退職についてもそのようにしただけだ。

仕事を失った代わり、新しい人生が開けるチャンスを手に入れた。やがてくる「その日」のために、いまは努力をするときだ。一年かけてトークの技術を学び、インターネットラジオやライブなどで表現活動をする。

「人とちがうことは武器になる。アルビノに生まれたのは僕の奇跡です。それを市場で活かしたい」

アルビノのネットワークが支えてくれた

当事者団体「日本アルビニズムネットワーク（略称ＪＡＮ）」は、この四年あまり、着実な活動を積み重ねてきた。

二、三か月に一度は「集まれ！　アルビノひろば」と名付けたお茶会を開き、当事者や小さな子どもを持つ親たちがお茶を飲みながら気楽に情報交換する場を提供している。

年に二度、交流を兼ねたちょっと大きなイベントを用意する。その一つ、毎年開く「アルビノ子育てかんふぁれんす」は、アルビノの子どもを持つ親のために、大人になった当事者が自分たちの経験と新しい情報を伝える貴重な場になっている。

二〇一〇年六月二十日、東京・池袋で開かれた「アルビノ子育てかんふぁれんす」の会場には幼い子どもが十九人、その親たちとＪＡＮのメンバー、運営を手伝うボランティアら、七十人ほどが集まっていた。

この日のテーマは「アルビニズムとロービジョン」。アルビノの子どもに世界がどのように見えているか、実は親にもなかなかわからない。見え方を説明することは、当事者であり障害科学を専門とする相羽大輔にとっても最もむずかしいと感じることの一つであった。

改良を重ねた自作のパワーポイントで目の構造からわかりやすく説き起こす。

同じ風景がアルビノの人にはどうぼやけて見えるのか、普通の写真と加工した写真を並べて見せられた親たちは一様にうなずいた。

足りない視力を補う道具についても紹介する。文字を大きくする単眼鏡、まぶしさを防ぐ遮光メガネ、本が楽に読める拡大読書器。単眼鏡や遮光メガネは実際に手に取って試してもらう。

弱視者問題研究会が当事者の声を集めてまとめたカルタも紹介された。

「飛び越えた　溝の正体　電柱の影」
「肉売り場　値段かグラムか　わからない」
「コロコロと　転がる小銭　耳で追う」
「すれ違い　挨拶されても　今の誰」
「目が悪い　その一言が　言えなくて」

弱視の人たちが抱える日常の不便や気持ちが手に取るように伝わってくる。

会場に連れられてきた子どもたちは、ほとんどがまだ幼い。親たちの最大の関心事はやがてくる就学だ。みんなと同じように学校に行けるのだろうか。ふつうに勉強できるのだろうか。

大輔の解説は普通校と特別支援学校（盲学校）の特性や就学手続き、拡大教科書が無償で提供されることなど、受けられる支援へと及んだ。

さらに大輔は自分自身の経験から学校生活をおくるうえで役に立った工夫を伝えた。

下駄箱やロッカーは、なるべく隅を割り当ててもらう。それがかなわなければ目立つシールを貼って目印にする。

自分の教室や職員室、トイレへは事前に足を運んで予習しておくといい。可能なら学校から校舎の配置図をもらおう。教室内の机の配置図が手に入れば、クラスメートの誰がどこにいるかがよくわかる。

ああ、なるほどね。大輔の当事者ならではの話に、親たちは真剣なまなざしでメモをとりつづけた。

講演のあとは、親同士の自由な交流の場に変わる。輪になって座り自己紹介をしたのちは、部屋のあちらこちらに親たちの小さな塊ができた。

「家族で外出して知らない人からジロジロ見られたときはどうしてる？　にらむ？　それとも知らん顔？」

「自分の子どもにどうして白いのと聞かれたら、どんなふうに説明したらいいのかな？」

安心できる仲間の中で、日頃胸にためている思いを吐き出す大切なひとときだ。

会場の隅に置かれたテーブルにはスタッフ心づくしのお菓子と飲み物が並ぶ。相羽大輔と粕谷幸司は別の親たちにつかまり、質問攻めにあっていた。

別室に設けられた保育室では、子どもたちが声をあげてはしゃいでいた。親がゆっくり話を聞けるよう、「子育てかんふぁれんす」を開くときは必ず保育室を用意する。

白い髪の幼子を二人、膝に抱きながら笑顔で語りかけている女性は相羽大輔の母、久枝であった。保育のボランティアを買って出たのだ。

この日、会場をしつらえ、参加費千円を集める受付を担当したのは矢吹康夫たち。

大きな体をかがめて子どもたちの写真を撮っていたのは千葉県袖ケ浦市から来た石井更幸だ。JANのイベントが開かれるたび、趣味のカメラで撮影・記録係を引き受ける。

互いに遠く離れ、別々の人生を歩むはずだった四人のアルビノの青年たち。彼らが出会い、JAN結成へと至った道のりを振り返るとき、宮元浩子という女性を抜きには語れない。

十四年も前、ネットの世界に「アルビノのページ」をひっそりと立ち上げた、アルビノの子を持つあの母親である。

一九九八年二月、三十二歳の宮元浩子は二人目の子どもを産んだばかりで産休をとっていた。職場を離れて久々に味わう専業主婦としての日々。赤ん坊が眠っている間は一人でゆったり過ごすことができた。

次男を産んだのは長男のときと同じ、町の産婦人科医院であった。

「実家の母親から電話があって、白か、黒か、って。まず男か女かって聞くのがふつうでしょうに」

浩子はおかしそうに言った。

取り上げた医師も落ち着いたもので、「あ、またですね」。

二人目の子どもも白い肌を持って生まれてきたが、浩子は何一つ心配しなかった。長男と同じように育てていけばいいだけだ。


思い起こせば長男のときは大変だった。

大手通信機器メーカーに就職し、そこで知り合った夫と結ばれた。妊娠したのは結婚して五年ほどたったころだ。

関東地方にある町の小さな産婦人科医院で対面した出産直後のわが子は、思い描いていた赤ん坊とまるで様子がちがっていた。髪が白く、外国人のような顔つきをしていた。

浩子は訪れた夫に大真面目に聞いた。

「あなた、ほんとはロシア人なんじゃないの？」

夫の答えもふるっていた。

「先祖にいたかどうか、親に聞いてみるよ」

若い夫婦はアルビノの存在を知らなかった。それまでの人生でアルビノの人に会ったことも見たこともなかったのだ。

小さな産院を退院するとき、「必ず大きな病院で診てもらってくださいね」と、医師が紹介状を書いてくれた。

産後は八週間の産休のあと、すぐに職場復帰をするつもりだった。浩子にとってはゼロ歳児を預かってくれる保育所を探すことの方が重大事であった。

紹介状を持って市民病院を受診したのは退院から一週間ほどたってからだ。

あわてて医学書を紐解いたらしい病院の医師は、「世界中には白人が大勢います。心配しなくていいですよ」と見当はずれなことを言うだけで、結局なにもわからなかった。

肌や髪が白いことが遺伝に由来するものであることを知ったのは、生後一か月で東京の国立小児病院の皮膚科と眼科を受診してからだ。

「お母さん、仕事などしている場合じゃないですよ。辞めてください。ほかの子と同じようなわけにはいきません」

医師にこう言われて、ショックだった。初めて、ああ、大変なことになったと、ため息が出た。

しかし、浩子は仕事を辞める気はさらさらなかった。

男女雇用機会均等法が施行された一九八六年、浩子は女子の数少ない総合職の一人として最初の会社に採用された。職場結婚をしたあとも家庭に入ることは考えず、会社を移って働きつづけた。長男の診断書を手に、保育所を探し歩いた。運よく受け入れてもいいという私立保育園がみつかり、入園させることができた。

保育士らには色素がないので日焼けしやすいことや、目もふつうの子どもより見えにくいことを伝えておいた。長男はぐずることなく保育園に通い、集団生活に溶け込んだ。

浩子はもともと子どもが三人、ほしかった。最初の出産から二年足らず、妊娠したことがわかると夫の親類からは「生む前にどのような子どもか調べる検査を受けた方がいい」という声が聞こえてきた。

「それはだめだと思いました。だって長男の存在を否定することになるからです」

次もアルビノの子を授かってもいいと思っていた。気をつけるべきことはあるが、ほかの子どもたちと一緒にふつうにやれる。それが長男を育てての実感だったからだ。

仕事を持っていたことは幸いだった。日中、子どもとだけ向き合っている暮らしでは不安が増幅したかもしれない。保育士ら専門家の手を借り、仕事という別の世界を持てたことで、逆に子どもといる時間を大切に過ごすことができた。

二人目ともなれば、長男のときの経験も生きる。育児をもっと楽しめそうだと前向きになれた。

長男を生んだ直後は不安でいっぱいだった。

子どもの状態について知りたいと思ってもインターネットにはほとんど情報がなく、あれこれ読みあさった医学書からの細切れの知識だけが頼りだった。

思い余って、当時、購読していた雑誌「週刊金曜日」の投稿欄に「このような子どもが生まれたが、なぜ白いのでしょうか」と一文を寄せたことがあった。

また、ある日、新宿の人込みで中年の白い肌の女性を見かけ、思わず後を追った。息子以外の白い人を見たのはそれが初めてだった。

持ち歩いていた長男の写真を見せながら、「学校に行けるんでしょうか？」「仕事、ありますか？」と、矢継ぎ早にぶしつけな質問を繰り出した。

女性は母親と二人連れで、いやな顔を見せずに浩子の疑問に答えてくれた。

正確な統計はないが、浩子が医学書などから得た知識によると、アルビノの子どもが生まれる確率は一万人から二万人に一人だという。毎年、毎年、一定の数の子どもが生まれてくる。産休で家にいる時間を活用し、親たちの心配を少しでも減らして幸せな子育てをしてもらおうと思い立った。

浩子は最初に就職した大手電子機器メーカーでコンピューターのソフトを作る仕事をしていた。自宅にもパソコンがあった。

育児の手が空くとインターネットを駆使して調べた。アメリカとイギリスのサイトには、アルビノに関する詳しい情報が掲載されていた。長男を生んだあと切実に知りたかったことがほとんど網羅されていた。

「かつて私が知りたかったことは、きっとほかの親たちも知りたいはずです」

アメリカのサイトをまねて、浩子の育児体験も交えたホームページ「アルビノのページ」を作ってインターネット上に公開した。

電子機器に精通した浩子には、お手の物の作業であった。アメリカの例にならって、アクセスした人が意見や感想を書き込めるよう、掲示板を付けておいた。

反響は、すぐにあった。同じ立場の母親からの「ありがとうございます」というお礼のメール。安堵の気持ちがにじんでいた。アルビノの子どもが生まれて戸惑う母親からの質問もあった。ホームページを見る人の数は少しずつ増えた。

自分はいったい何者なのか。

「アルビノのページ」は、もがく石井更幸や相羽大輔、矢吹康夫、粕谷幸司らアルビノの当事者にとって一条の光となり、支えとなった。浩子の意図を超えたところで人と人とを結び、新たな活動の場を生み出す核となったのだ。

「アルビノのページ」は、ほかならぬ浩子にも光をもたらした。

二人の息子が小学校に入り、子育ての手が離れた二〇〇五年、浩子は石井更幸が千葉で開いているオフ会に初めて顔を出した。そこで目の当たりにしたのは生き生きと活動している利発そうなアルビノの若者たちだ。

「あ、出来上がっている。思わずそう声に出してしまいました」

大人になった相羽や矢吹、粕谷、石井らを見ていると、わが子の将来もさほど悲観したものでもなさそうだ。

二つちがいの二人の息子は仲良く地域の中学校に進学し、長男は高校生に、次男は高校受験を迎える年ごろになった。

「白クマ」とからかわれたり、「気持ち悪い」と言われたり、まったくいじめがなかったわけではない。それでも二人は機嫌よく暮らし、友だちもいる。

実家の親は、浩子たち夫婦にアルビノの子どもが生まれたことを一部の親戚に隠したままだ。憤りを感じながらも、昔ながらの地域に住む親の価値観がわからなくもない。

「遺伝性疾患というところを受け入れ難く思う人もいるからでしょう。私もアルビノの子どもを持たなければ親たちと同じようにしていたかもしれません」

子どもたちを連れて遠く離れたふるさとへ帰省するときは、親たちの家ではなく新興住宅地にある兄の家に帰る。

「ちがうと言われればみんなと同じと言いたくなるし、同じと言われればちがうと言いたくなるんです」

浩子の思いは揺れる。

二、夕暮れの公園

「現実」と「わがまま」

東京に「日本アルビニズムネットワーク（略称ＪＡＮ）」が誕生するより一年早い二〇〇七年二月、大阪で当事者や家族の親睦と情報交換の場を兼ねた「アルビノ・ドーナツの会」が発足した。

設立の準備を整え、代表に就いたのが、当時二十三歳、大学を卒業したばかりの薮本舞《やぶもとまい》である。

中学生のころから進学を目指していた関西の芸術大学に学び、就職活動を始めた三回生の終わり、大きな挫折と屈辱を味わった。舞が弱視であることを知って、就職課の担当職員の態度が一変したのである。

「目が悪いのならふつうの就職は無理ですね。障害者枠で仕事を探してください」と、障害者だけを対象にした求人雑誌を渡されたのだ。

障害者？　小学校から大学まで、みんなと同じように学んできた私が障害者なのか。暗い穴に落ちるような感覚を味わった。

「もし、就職課の方が親身になって相談に乗ってくれていたら……。ドーナツの会は存在しませんでしたね」

舞は明るく笑う。


幼いころから絵を描くのが好きで、図工と音楽の成績だけはいつも上位だった。父親の親友がその芸術大学出身だったこともあり、早くから将来は同じ大学へ、と決めていた。

油絵や日本画を描く美術学科へ入るには、入試科目のデッサンで高評価を得なくてはならない。課題として与えられた物を見ながらデッサンするのは視力が弱い者にとっては不利だ。

舞は入試にデッサンが課されない映像学科に志望を変えて受験することにした。

入試当日は、まぶしくないよう、窓から遠い席に座れるように高校を通じて配慮を頼んだだけだ。それ以外の特別扱いはなく、一般の受験生と同じ会場で同じように試験を受けて、合格した。

憧れの大学で、学友たちは舞の目が不自由なことに気づかず、舞もまた、うまく伝えられずに日々が過ぎた。

芸大のキャンパスでは茶髪はもちろんのこと、髪を色とりどりに染め、思い思いのファッションに身を包んだ学生たちが行き交っていた。大学では舞の長い金髪もさほど目立たず、誰も何も言わなかった。

学生たちは十人ほどのグループに分かれて創作活動をする。映像作品を制作するとき、舞は小道具や衣装を担当して持ち味を発揮し、仲間の信頼を得た。

授業自体は楽しかったが、大学の無理解がときに舞を苦しめた。

休講の知らせや受講する教室の変更、定期試験の範囲など、大学側からの連絡事項の多くはＡ４判の紙に印刷されて屋外にある掲示板に張り出される。

これが舞には苦の種となった。白い紙の上の小さな文字は光が当たってまぶしく、単眼鏡を使っても読むことができなかった。

入学したばかりで、張り出しの内容を気軽に聞ける友だちも、まだいなかった。しかたなく教務課に行き、連絡事項を記した掲示板の紙をコピーさせてほしいと頼んだところ、女性職員から思いがけない答えが返ってきた。

「悪用される恐れがあるので、特別な対応はできません」

舞は弱視であることを伝え、なんとかコピーさせてほしいと頼み込んだ。次に返ってきた女性職員の言葉は、耳を疑うようなものだった。

「それでは私たちの見ているところで、手書きで写してください」

言われた通りにするしかない。ときには一人で写すのが困難な量の掲示物が張り出された。そんなときは友だちに頼んで手伝ってもらった。二人がかりで二時間近くもかけて写し取ったこともあった。大学に在籍した四年の間、教務課で掲示物を写しつづけた。

学生生活の話になると、舞の口は途端に重くなる。

「母校に誇りを持っていますし、大好きな大学なので自分が受けたひどい仕打ちについて、あまり言いたくないんです。言いたくないけど、でも、ひどいものでした」

大学の心無い仕打ちはほかにもあった。一回生前期の英語の試験のときだ。文章題が板書で出題されると知って、途方に暮れた舞は、事前に講師に頼みに行った。

「弱視なので黒板が見づらいのです。問題を紙にプリントしていただけないでしょうか」

講師の答えは杓子定規なものだった。「ゆっくり読み上げますから問題はないはず」の一点張りで、ささやかな願いは聞き入れてもらえなかった。

弱視であることをはっきり言っていなかったせいもあるが、一般教養の教師たちは概して理解がなかった。

大きな教室では最前列に座っても黒板の文字が見えない。プリントをくださいませんか。板書する時、声に出して読んでいただけませんか。

単位の取得にかかわることなので、勇気を奮い起こして頼んだが、教師たちからはことごとく退けられ、ときには満座の中で叱責された。

「恥ずかしくて悔しかった。叱られて強く出られない自分がどれほど情けなかったことか」

あのころの不甲斐ない自分を思い出すと、いまでも悔しさに涙がこみあげる。

悔しさの極みが就職活動だった。雑誌の編集者になりたい。そんな希望を胸に就職課を訪れたのに、頭ごなしに言い渡されたのが障害者枠での就職だった。

舞はそれまで障害者だという自覚がなかった。視力は〇・一で、よくはないが日常生活に不自由はない。三歳のころに取った五級の障害者手帳は使う機会もなく引き出しにしまったままだった。障害年金も受け取っていない。

大学へも通常の試験を受けて合格し、必要な単位を取って最終学年になろうとしている。それなのに、こちらの考えも聞かず、一方的に障害者というくくりで見られることに納得がいかなかった。

しかし、相談に行くと、担当者は「学生のような気分では通じませんよ」「世の中、そんなに甘くないんですよ」と、説教めいた口調になる。

「行くたびにそういう言葉を投げかけられて、就職課への足が遠のいていきました」

入り口の前でUターンしたくなる自分を叱咤し、担当者と面談した。仕事に就くことは自立への一歩だ。なんとかして希望の分野に職をみつけたかった。

「前例がないので大学としても視覚障害者の就職は保証できません」

担当者にそう言われたときはさすがに腹立たしく、大学のカウンセリングルームに駆け込んだ。カウンセラーにこれまでのいきさつを洗いざらい話して訴えると、そのカウンセラーも就職課の担当者と同じようなことを言った。

「あなたのやりたい仕事は趣味でもできるんじゃないですか。もっと現実を見ましょうよ。仕事は仕事で割り切ったらどうでしょう」

現実を見よ。

就職課の職員から幾度となく浴びせられた言葉だった。新たな可能性など求めず、障害者として定められた人生を生きよ。

その言葉に従うことが「現実を見る」ことで、現実を少しでも変えようとすると「わがまま」と映る。

苦しかった。追い詰められた舞は、わらにもすがる思いで、夜ごと、各地にある電話相談の番号を押し続けた。誰でもいい。誰かに話を聞いてもらいたかったのだ。

話し中か、留守番電話のメッセージが流れるか。それでも手当たり次第に電話相談の番号にかけつづけていたある夜、電話がカチャリとつながった。香川県のどこかの町の「いのちの電話」らしかった。

いまこの瞬間にも生きるか死ぬかの悩みを抱えた人が助けを求めているかもしれない。いざつながってみると、自分などが電話を占領しては申し訳ないという気持ちになった。

「すみません。私の話よりほかの人を……」

切ろうとすると、電話の向こうから穏やかな声が語りかけた。

「これはあなたにつながった電話だから、あなたのことを話してくだされぱいいんですよ」

声の感じからすると、相談員は年配の女性のようだった。

舞はこれまでの一部始終を話し、私の考えていることは間違っているのでしょうか、と畳み掛けた。

黙って話を聞いていた相談員が、最初に発した言葉はこうだった。

「間違っていませんよ。あなたの考えですからね。ほかの誰かが間違っているなんて決めつけることはできません」

舞は、初めて自分が肯定され、受け入れられる安心感に包まれた。

障害者雇用で仕事があるなら、そこで就職を考えるべきだと言われつづけ、就職活動にいそしむ同級生たちとも話ができなくなっていた。本心を言えば友人たちからも「わがまま」「ぜいたく」となじられるのではないか、そんな気後れが先に立った。

四回生になって食事ができなくなり、やがて食べ物を受け付けなくなって、拒食症と診断された。もともときゃしゃな体つきなのに、体重が一〇キロ減っていた。

体力が落ち、卒業制作にも差し支えるほどだった。治療のために心療内科に通わなければならなくなった。そんな自分のありようが情けなく、自分を責めるという悪循環だった。

遠く離れた一本の電話に救われたのはそんなときだ。堰《せき》を切ったように思いがあふれ、夜の通話は二時間に及んだ。

「お客さまにどう説明したものか」

世の中は広い。私のほかにもアルビノの人がいるはずだ。その人たちはどのように暮らしているのだろう。

孤独感にさいなまれる中、無性に同じアルビノの人に会いたくなった。舞は市役所の障害福祉課などを訪ねて、アルビノの人を紹介してほしいと頼んでみた。むろん個人情報保護の壁が立ちはだかって、願いはかなわない。

視覚障害者のネットワーク「きららの会」を知って何度も足を運んだ。弱視や緑内障が原因で失明した人たち四十人ほどの集まりで、みんな舞にやさしかった。

「きららの会」を通じて紹介されたのが神戸市に住むアルビノの女子大生、笠本明里《あかり》であった。舞はさっそく笠本明里に連絡をとり、大阪の地下街にある喫茶店で初めて顔を合わせた。

そのとき受けた衝撃は忘れない。

「まるで鏡を見ているようでした。えっ、わたし？　って。会ってすぐに言葉を超えてわかりあえると感じました」

明里は快活で、生き生きと学生生活を満喫しているように見えた。向き合って話をするだけでこちらも元気になれる。

「アルビノの人、ほかにもいるよ。私の先輩にも」

明里がささやいた。

舞は別れ際に、「次はその人も一緒に」と会う約束をとりつけた。

同じような年ごろの三人は、昔からの友だち同士のように打ち解け、話がはずんだ。

「化粧品、日本製は色が濃すぎて苦労するよね。どこで買ってるの？」

「服は目立つものを着てる。黒い髪の日本人では似合わないものを、わざと選ぶ」

ケーキを食べ、お茶を飲み、楽しい女子会になった。ほかのお客がちらちらとこちらを見ている気配がしたが、少しも気にならなかった。

「また、会いたいね」

「いっそほかのアルビノの人や家族も来られる会を作ろうよ」

三人は盛り上がった。仲間がいれば楽しいいし、心強い。たった二回会っただけなのに、仲間といる心地よさを味わった。その輪がもっともっと広がればいい。

会の名前は即決だった。

「アルビノ・ドーナツの会」。ドーナツは、気取りのない身近なおやつだ。会も、誰にとっても敷居の低い、身近なものにしたい。輪になっているところも三人の気持ちにぴったりだった。

就職のことで落ち込んでいた舞は、二人から希望と力をもらった。しかし、卒業間近になっても就職先は決まらなかった。

一つだけ思いがけないことがあった。

ある日、就職課に呼び出されて訪ねると、いきなり担当者からそれまでの対応を詫びられた。

「これまでのつらかったことを全部聞かせてくださいませんか。あなたには間に合いませんが、今後に生かしたい」

神妙な顔つきで担当者はペンを握り直した。

なぜ、急にこのような展開になったのか。舞には思い当たることがあった。四回生を対象にしたシナリオ講座を受講していたときに、何気なく担当講師にこれまでの経緯を話したことがあった。なにかをしてほしかったわけではないが、その講師が黙って働きかけてくれたのだろう。

洗いざらい、思い出す限りのことを舞は話した。途中から涙があふれて、止まらなくなった。

「悔しい」と、人目もはばからずに声をあげて泣いた。

卒業間際、舞は久方ぶりに懐かしい恩師に会うため奈良県立盲学校を訪れた。小学校へ入る前の二年間、見る訓練をするために、毎週一回、盲学校へ通って指導を受けた。そのときの担当教師が近況をたずねる手紙をくれたからだ。

盲学校の専攻科理療科で三年学べば鍼灸師の資格を取ることができるという。

「悪い仕事じゃないと思うよ」

舞の苦境を知った恩師の言葉に、弱気な心が傾いた。針のむしろに座っているような環境はもうたくさんだ。よく似た境遇の人たちの間に身を置いて穏やかに暮らしたいと、弱った心が訴えていた。

大学を卒業したら、盲学校の理療科に入って人を癒す仕事に就こう。そう気持ちを切り替えた。ところが、いざ入学してみると、盲学校は想像していた世界からあまりに遠かった。同じクラスに学生がたった五人。ここで学んで成長できるという確信が持てなかった。

毎日、無理矢理、体を学校へと運ぶ。一年生の秋には再び食事がのどを通らなくなった。めまいがしたり手のひらに汗をかいたり、原因不明の不調がつづき、とうとう電車にも乗れなくなった。子どものころから芸術系の大学に行き、芸術分野の仕事に就くのが夢だった。そのための努力もしてきたつもりだった。

ほんとうの願いを押し殺し、自分をだまして生きることはできなかった。

「盲学校はちがう、って思いました」

学費を出してくれた父。慕ってくれる下級生。自責の念に押しつぶされそうになりながら、翌年三月に退学届を出した。

「盲学校という場所がしんどかったんやね」

恩師はそう言って見送ってくれた。

現実のつらさを埋めてくれたのが「ドーナツの会」の存在だ。舞は望んで活動の柱になった。千葉でオフ会を開いている人がいると聞いて、手を尽くして探し出し、連絡をとった。石井更幸である。更幸の経験を聞き、助言をもらいたいと思ったのだ。

電話で「ドーナツの会」の話をすると更幸は「すごいじゃないですか」と興奮した。わざわざ大阪まで会いに来てくれるという。

舞は二人だけで会うつもりでいたが、更幸はせっかくだから交流会をしようと提案した。話があれよあれよという間に進み、二〇〇八年が明けてすぐに「ドーナツの会」第一回交流会が大阪で開かれた。

更幸がインターネットの交流サイトを通じて参加を呼びかけたため、舞がみつけて借りた梅田の小さな貸会議室に、アルビノの当事者十五人、家族九組が集まった。

髪を黒く染めている人もいれば、そのままの人もいた。

笠本明里を知るまで孤立無援だった舞は、「アルビノの人って、こんなにいるんだ」と胸がいっぱいになった。

その一人が高田典子であった。

典子もまた、就職で苦闘していた。

入社試験に落ちつづけ、いっそ就職活動なんてやめてしまおうかと、やけっぱちになりそうな気持ちをなんとか持ちこたえていたころ、インターネットで「ドーナツの会」の交流会が開かれることを知った。

大阪府の南部、和泉《いずみ》市にある桃山学院大学法学部を卒業したのは舞の大学卒業から一年後、二〇〇七年三月である。

法律を学び、司法分野の仕事に就きたいと司法試験に挑んだが、予想通りの超難関で、あえなく不合格になった。

関西大学の法科大学院に入って再挑戦することにしたものの、勉強漬けの毎日に、ふと疑問がわいた。合格するにはおそらく何年もかかる。大人になって、長い期間、社会に出ないまま過ごしていいものだろうか。

まずは社会人になろう。働いてみよう。働くことで得るものがあるはずだと考えなおした。大阪の中心部にあるハローワークを訪ね、障害者枠での求職に望みを賭けた。

えり好みなどしなかった。紹介される会社の入社試験を片っ端から受けた。その数六十社。そのうち三十社で面接にまでこぎつけた。そして、ことごとく落ちた。

「いやあ、うちは自社ビルじゃないのでね。廊下であなたとすれ違ったよその会社のみなさんがどう思うか」

「私たちはいいんですよ。でも、うちの会社は来客が多いので、お客さまにどう説明したものか」

不採用の理由を尋ねると、ほかの人のせいにする言い訳が返ってきた。

典子はその卑怯《ひきょう》な態度に腹が立ってならなかった。「うちでは困ると、はっきり言えばいいのに」と。

それにしても自分の外見がこれほど就職に不利に働くとは思ってもみなかった。

子どものころに、少しはからかわれた思い出がある。けれども「白いのは病気やからしかたないねん」と説明すると、それ以上、からかったり、いじめたりする者はいなかった。アルビノであることを理由に差別を受けた覚えはない。

先天性白皮症と診断されたのは生後まもなくだった。

三つ年上の、アルビノではない姉が通う地域の小学校に入学したが、視力が〇・〇六の典子に対する学校側のサポートはおざなりだった。

席を前の方に。日の当たらない廊下側に。黒板に字を書くときは、できれば指をさしてほしい。

個人面談のたびに親を通じて求めたことに、学校は最低限の対応をしただけだ。

黒板がよく見えないので勉強についていけない。わからないまま教室に座っている時間は拷問のようだった。

仲のいい友だちと遊べなくなるのはつらかったけれど、三年生の二学期から望んで大阪府立盲学校（現・大阪府立視覚支援学校）へ編入した。

一転、そこではすべてがあまりにゆっくり進む。ときにはイライラさせられた。しかし単眼鏡を使ってきちんと理解するまで学習できることには満足だった。

自分の障害を打ち明ける

そのまま中学部で学び、高等部に進んだある日、突然、担任の教師が切り出した。

「一度、外の世界へ出てみたら？」

典子は驚いた。国語や社会の授業では、物足りなく思うことが増えていた。教師はそれを見抜いていたのだろうか。

盲学校が狭い世界であることは十分に自覚していた。その一方で、小学校から知っている仲間たちと一緒という安心感があった。外の世界は少し、怖かった。

日頃なじんだ小さくて穏やかな世界に安住するか、たとえ痛い目にあうとしても未知の世界へ飛び出すか。

典子の気持ちは振り子のように揺れた。

勝《まさ》ったのは好奇心の方だ。広い世界へとつづく道を選び、大学へ行こうと決めた。

ところが進路の決め方一つ、わからない。教師が積極的に資料を集め、外の世界へと導いてくれたのがありがたかった。典子自身も関西の大学の資料をいくつか取り寄せて、じっくり読み比べた。

正義感が強く、社会への関心は旺盛だ。新聞をよく読んでいた。志望先が法学部へと絞り込まれた。有力候補が、通学に便利な地元の桃山学院大学だった。

大学が、入学試験に先立って、高校三年生を対象に開いた合同説明会で、典子は目に障害がある学生の受け入れについて質問をした。

大学側の応対は親切だった。どういうサポートが必要なのか、話し合いの場を用意してくれたのだ。

夏休み、父親に付き添ってもらい、大学へ行った。来年はこの大学の学生になっているかもしれない。そう思うとキャンパスの風景が親しみを増すようだった。

話し合いの結果、大学は三つのことを確約した。入試当日は問題文の文字を拡大したテスト用紙を準備する。受験の時間を一・三倍に延長する。試験会場では日の当たらない場所に座らせる。

そして典子は晴れて桃山学院大学法学部の学生となったのだ。

不安に押しつぶされそうになりながら、一歩足を踏み出した広い世界は典子にあたたかかった。

髪や肌のことを聞かれるだろうか。大勢の学生と人付き合いができるかな。

そんな心配はいつしか消えた。男子も女子も茶髪の学生が多く、色の薄い髪でもさほど目立たない。

「え、その髪、生まれつきなん？　染めてるんやと思ってた」

そう言って驚く友もいたほどだ。

勉学に励み、学生生活を存分に楽しんだ。就職という関所にさしかかるまでは。

何度、入社試験を受けてもそのたびに不合格の通知が来る。自分が社会に必要とされない、役に立たない人間のように思えてつらかった。精神的に限界だった。

気を落としている典子を前に、ハローワークの職員は「やはり見た目が……」と追い打ちをかける。

そんなことを一度も言ったことのない母親までが、ぽつりともらした。

「髪、染めた方がええのとちがう？」

他者の基準に合わせて自分を変えることは、どうしてもいやだった。

「アルビノ・ドーナツの会」の交流会が大阪で開かれることを知ったのは、そんな鬱々とした日のことだ。

自分と同じような外見をした大人や子どもが集まっている光景を見たとき、肩の力が一気に抜けるような気がした。

「警戒心を一切持たずにその場にいることができました。初めて味わう不思議な感覚でした」

典子より年長の人もいれば、幼い子どももいた。

典子がまだ子どもだったころ、年上のアルビノの人を一人だけ知っていた。さまざまな事情を抱えて、その人が自殺をしたと聞かされた。もしかしたら自分の未来も明るくないのかもしれないと、不安がよぎった古い記憶がよみがえる。

「みんな、元気にやってるやん」

目の前で、夢中になって笑顔でしゃべり合っている人たちを見ているだけで、力がわいた。卑屈にならずに生きていくには、自分についてきちんと知ってもらうことだ。「なんでわかってくれへんの」と嘆くより、わかってもらう努力をしよう。それは入社試験の面接官に対しても同じことだ。

典子は考えに考えて、自分の障害を簡潔に書いたA４判の説明文を作ることにした。

「障害について」と題した説明は、次のように書かれている。


先天性白皮症と、それに伴う視力障害について
○具体的内容
毛髪・肌共に白色。

人よりも光を敏感に感じるため、直射日光に弱い。

視力は、両眼共に〇・〇六（但し、実際は〇・〇九程度まで見ることが可能）。

矯正は、効かない。

遠方（約二メートル以上）のものをはっきり見ることが困難。

近距離にある物は、多少、近づける必要はあるが、ほぼ肉眼で見ることが可能。

近距離でも、細かすぎたり薄すぎる字は小型のルーペ（弱視用補助器具）を用いて見なくてはならない。

辞書程度の字までなら、肉眼で見ることが可能。
○困難が伴う事項
直射日光のあたる場での作業は困難。
遠方にある物（掲示物等）を見ること。
人の顔を瞬時に判別すること（普段は、その人の大まかな姿や、声で判別）。

大学三年生のときに発症したベーチェット病（自己免疫疾患の一つ）についても正直に記した。

○具体的内容
ステージ1～5のうち、1の段階で安定している。
毎食後の服薬を要する。
現在、薬を処方してもらうため一か月に一度か二か月に一度の程度で通院中。
○困難が伴う事項
現段階では、特になし。
記載のとおり、通院が必要なため、その点につきご配慮頂ければと存じます。
○単独で行えること
生活活動全般
移動↓初めての場所へ行く際は、人よりも多くの時間を要することを踏まえ、余裕をもって行動するようにしている。

筆記・パソコン等、主な事務作業。

電話応対。

これらの説明を見やすい表にまとめた。欄外には、「障害について、何かご不明な点がありましたら、是非ともご質問して頂ければと存じます」と書き添えた。

説明文を履歴書と合わせて志望の会社に提出する。その行為が吉と出るか凶と出るか、それはわからない。だが、試してみる価値はありそうだ。


「私が生まれたせいで、両親が離婚することになりました」

人材サービス会社、ニッセイ・ビジネス・サービス株式会社（本社・大阪）で、当時の企画総務部長は、感心したように応募書類に見入った。

障害のある人をできるだけ採用しようという会社の方針で、ハローワークを通じて求人票を出した。業務の内容は、派遣登録をしている、スタッフと呼ばれる人たちの労務管理や給与計算などの事務である。

応募してきた中の一人、高田典子の書類には、履歴書のほかに「障害について」と書かれた説明文が一枚、添えられていた。

それには彼女の障害の状況と、できること、できないことが明確に記されている。自分自身を客観的にみつめる目が光っていた。

アルビノについてはよく知らなかった。そういえば、かつて街で見かけたことがあった。改めてインターネットで調べ、いくつかの予備知識を得ることができた。

典子の応募書類は、文字も文章も几帳面で整っていた。事務をするのに支障があるとは思えない。障害のある多くの応募者から典子を面接に呼んだ。

面接で、外見について一切聞かれないのを典子は不思議に思った。

元企画総務部長は語る。

「事前に資料をもらっていたので、こちらも準備をして面接に臨むことができました。一枚の紙に、自分を知ってもらおうという努力が見えました。外見については見ればわかります。とくに違和感はありませんでした」

事務職に適性があるか。職場の同僚たちや、常時、出入りしているスタッフらとうまく人間関係を結べるか。質問は、その二点を見極める内容に集中した。

典子はロックが好きで、十代のころはドラムをたたいていた。明るい、はきはきとした態度に、いずれも問題なしと判定された。

髪の色については「いまどきの若者らしく、白っぽく染めた飛んでる女性と思われないか」と危惧する声もあった。しかし、彼女の言葉遣いや態度でわかる、と一蹴された。

「もし来客に高田さんの外見について聞かれたら、堂々と説明すればいいだけのこと」

会社は決断し、合格が、その日のうちに典子に知らされた。身分は一年更新の契約社員。月給十七万五千円プラス交通費。働きしだいで正社員になれる。

「あのときのうれしさは、とても言葉にできません」

六十社落ちた末に手にした合格。感激は四年あまりたったいまも典子の中で色あせることがない。

二〇〇八年四月一日。高田典子は日本生命一〇〇%出資の人材サービス会社、ニッセイ・ビジネス・サービス株式会社に入社した。

その二日前、元企画総務部長は五十人の大阪本社社員を前に、四月一日付で入社してくる典子について詳しく紹介しておいた。

典子は意欲的に働いている。

パソコンの画面が他の社員より少し大きい。文字のフォントも大きくしてある。それ以外、特別な支援はない。

「仕事はやりがいがあるし、同僚たちも気持ちのいい人ばかり」

うれしかったのは大学で学んだ法律の知識を業務に生かせることだ。派遣で働く人が不当な扱いを受けることがないよう、労働基準法に照らして派遣先の労働環境をチェックする。責任も手ごたえもある役割だ。

二〇一二年四月、典子は正社員になった。

さらに専門的な力を付けて働く人たちを守りたいと、社会保険労務士の資格を取るべく日曜ごとに専門学校へ通う。

平日は、毎朝、五時五十分に起きて七時十分に家を出る。大阪の南部に位置する自宅から一時間四十分かけて北のビジネス街へ。長い通勤時間は、資格試験の参考書を読む貴重な学習の時間になっている。

生活の基盤である仕事に就く。それは誰にとっても大人の人生の入り口に待ち構える最初の関門にちがいない。

しかし、門を通る苦労は障害のある人により重くのしかかる。

厚生労働省は、全従業員に対する障害者の割合を義務付けた障害者雇用率を十五年ぶりに見直した。現在の一・八％から、二〇一三年四月には二・〇％に引き上げる。国や地方公共団体、特殊法人は二・三％と、ともに現在より〇・二ポイント引き上げる。

義務付けられる企業の規模も、従業員五十六人以上から五十人以上へと広げることを決めている。この改正で対象になる企業は約七万五千社から八万四千社へと、九千社ほど増えるはずだ。

さらに、厚労省は新たに精神障害者の雇用を企業や国、地方公共団体に義務付ける法改正の準備を進めている。

実現すれば、身体障害者に加えて知的障害者の雇用を義務付けた一九九七年以来の対象拡大となる。それだけ働く意思のある障害者が増えているということだ。

しかし、二〇一二年六月時点でみると、雇用率を達成している企業は七万五千社のうちの四六・八％と、半数以下にとどまっている。

達成できない場合、従業員が二百一人以上の企業は、不足している人数一人について月五万円の納付金を国に納めなければならない。

逆に法定雇用率を超えて障害者を雇用した場合は、超えた一人について月に二万一千円から二万七千円の報奨金などが支給される。

にもかかわらず、障害者を雇用するより納付金を納める方を選ぶ企業がまだまだ多いのが現実だ。

障害者の生活は、おのずときびしいものになる。

障害者が働いている小規模作業所などが加盟する団体「きょうされん」が身体障害者、知的障害者、精神障害者の当事者と家族ら計一万人から回答を得た二〇一一年末の調査によると、障害年金や賃金などを合わせた年収が「一〇〇万円以下」の人が五六％を占めた。

次いで多かったのは「一〇〇万円超～二〇〇万円以下」で四三％、「二〇〇万円超」と答えた人は一％しかいなかった。

一般の労働者を対象にした国の民間給与実態統計（二〇一〇年）では、「一〇〇万円以下」が七・九％、「一〇〇万円超～二〇〇万円以下」が一五％だから、障害者の収入は一般の働く人の水準を大きく下回っている（二〇一二年四月二七日付朝日新聞）。

三十万人以上いると見られる弱視者は障害年金の支給対象にならない人が少なくない。障害者手帳があれば交通機関を割引料金で利用できるなどの支援はあるが、自力で仕事を得て自立することが求められている。

「アルビノ・ドーナツの会」は、関西を拠点に三か月に一度の割で交流会を開いてきた。登録している会員は五十人を超えた。

利用料が安い公共施設の会議室を借り、開催の案内を出し、当日は参加者から千円の会費をもらう。資料の準備、会計、出席者の名簿づくり。目下のところ、薮本舞がそれらを一人でこなしている。

初めての交流会で意気投合した高田典子が準備を手伝ってくれていたが、日曜日に専門学校へ通うようになって、交流会へはめったに顔を出せなくなった。

交流会は関西だけでなく中国地方や四国でも開いてきた。九州や東北へも行った。求められれば全国どこへ行くのもいとわない。千葉の石井更幸は、そのたびに現地へ駆け付けてくれた。「ドーナツの会」の顧問を引き受けてもらった更幸とは、心を許し合う間柄になった。舞が困ったときには相談できる、よき先輩だ。

どちらにも子どものころに家族に受け入れてもらえなかった体験がある。それがわかって、距離がいっそう縮まった。

「私が生まれたせいで、両親が離婚することになりました」

舞は小さく言って、目を伏せた。

一九八三年五月、薮本舞は大阪市内の産婦人科医院で生まれた。輝くような金髪の女の子に驚いた医師は、「うちではわからないから」と、小児専門病院に行くよう紹介状を書いた。

小児病院では右のわき腹から皮膚の組織を採られ、検査に回された。その結果、「先天性白皮症」と診断されたのだ。生後まもない確定診断だった。

しかし、なぜ、白皮症の子どもが生まれたのか、若い夫婦にも、その親たちにもわからなかった。夫婦どちらもたばこを吸った。もしかしてそのせいだろうか。母親が髪を栗色に染めていたので、毛染め剤が原因ではないか。身内の間でさまざまな憶測が飛び交った。

舞の両親は恋愛結婚で、父親は信販会社に勤めるサラリーマン、母親は結婚を機に専業主婦になっていた。

母親にとっての不幸の一つは、実の母親と不仲だったことだ。母方の祖母は女手一つで舞の母とその妹を育てた人で、気が強いうえに子ども嫌いでもあった。

母親が舞を連れて実家に帰ると、露骨にいやな顔をした。「連れてこないで」と、はっきり口に出して言うこともあった。幼い舞が祖母の部屋に入ろうとすると、「入ってこないで！」と鋭い調子で叱られたことを、舞はかすかに覚えている。

父親の両親はといえば、もともと息子の結婚に乗り気ではなかった。髪を染めるような派手な女性は教育者一家にふさわしくないと、嫁を見る目は冷ややかだった。

夫は仕事が忙しく、帰宅は毎晩、午後十一時を回る。初めての子がアルビノだった母親は、ふつうより手がかかる子育てに振り回された。実の母にも姑にも頼れなかった母親がすがったのは、ある宗教団体だ。しだいに活動にのめりこんでいった。

孤独な彼女をさらに追い詰めたのが夫の転勤である。舞が二歳になったとき、住み慣れた大阪を離れて岐阜市に引っ越した。唯一、育児の相談相手だった友人とも会えず、知っている人が誰もいない町で、幼い娘とだけ向き合う日々が始まったのだ。

舞には鮮明に思い出す光景がある。

人気《ひとけ》のない夕暮れ時の公園で、つばの広い帽子をかぶって母親とたわむれる舞。母親と一緒に外で遊べるうれしさが、つい、昨日《きのう》のことのようによみがえる。

父方の祖母は「隠すように育てている」と怒りを隠さなかった。

母親が、「この子を連れて外を歩けない」と言ったことがあると、後に祖母から聞かされた。

舞の記憶の中にあるのも薄暮の、子どもたちの姿がない公園だった。そのような時間帯に公園で遊んだのは、自分と一緒にいるところを人に見られたくないからなのか、舞の日焼けや目を気遣ってのことか、舞にはわからない。

祖母からは、こんな話も聞かされた。

ある日、舞を連れては出歩けないという母親と父親が口論になった。父親はいきなり舞を肩車して、岐阜いちばんの繁華街、柳ケ瀬《やながせ》の商店街を行ったり来たりしたのだと。

小学生だった舞は、そのエピソードを複雑な気持ちで聞いた。父の行いはうれしかったが、母の真意も聞いてみたかった。

舞が三歳になったとき、母親が家を出た。祖母の話によれば、離婚を言い出したのは母親で、身一つで去ることが母親から出された離婚の条件だった。

「母は母子家庭で育って苦労しました。だから置いていったほうが私のためだと考えたのでしょう」

舞は、自分に言い聞かせるように話す。

出て行くときに、母は舞に向かって語りかけた。

「来年のお誕生日に会いに来るからね」

四歳の誕生日。母親は姿を見せず、代わりに届いた小包にスヌーピーのぬいぐるみと絵本と洋服が入っていた。真っ黒になったぬいぐるみを、舞はいまも大切にしている。

三歳で別れた母親とは、それっきりだ。どこでどうしているのかわからない。

幼いころの写真がたくさん残されているが、どれも舞が一人で写っている。親子三人一緒のものは見当たらない。夫婦の間には、早い時期から隙間風が吹いていたのだろうか。

とりたててなにかがあったというわけではないのだろう。日々の暮らしの中で少しずつ心の隙間が広がって、やがて埋められなくなったのだ。母親が宗教にすがればすがるほど、父親の心は離れていった。

アルビノとともに訪れる幸せ

大阪に戻った父親とともに、祖父母の家での暮らしが始まった。

祖父は型破りな性格の持ち主で、ざっくばらんな大阪人だった。長く大阪市内の公立中学校の英語教師をつとめ、のちに校長にまでなった。名物教師として、つとにその名を知られていた。祖母は金沢市の裕福な家に生まれ、当時としては珍しく、女学校を出たあと専攻科に進んで洋裁を身に付けた。品のいい美人で、舞はこの祖母が大好きだった。自慢の祖母であった。

祖父も祖母も、母親のいない舞を不憫がり、慈しんだ。祖母は白い肌も金髪も一切気にせず連れ歩いた。

まぶしいだろうと、わざわざ子ども用の小さな黒いメガネを誂えるなど、細やかな気配りで孫の成長を見守った。

小学校にあがるとき、舞を取り巻く環境が大きく変わる。祖父母が奈良市の郊外に住む長男夫婦と同居することになったのだ。

バブル経済のさなか、多忙を極めていた舞の父親は、大阪にある会社の近くに単身、住まいを移し、舞は祖父母とともに伯父一家のもとに身を寄せることになった。

伯父夫婦はどちらも教師で、共働きだった。そこには舞と同じ年ごろのいとこが二人いて、日中は祖父母が三人の孫たちのめんどうをみた。

舞の立場は微妙だった。

祖母は三人の孫たちに平等に接しようとするあまり、それまでのように舞にかまうことがなくなった。

昔堅気の祖父は、かわいがる対象を舞と同い年の男の孫に移していった。

いとこたちには両親がいる。しかし、舞が甘え、頼れる相手は祖父母しかいない。

「伯父たちは、ほんとうによくしてくれました。どんなによくしてもらっても、一度母から離されている私には、いつまたこの家族から切り離されるかもしれないと、常にどこかでびくびくしていたような気がします」

安心な子ども時代とは程遠い日常の中で、血のつながらない伯母がいつも明るく朗らかだったことに助けられた。

不安を反抗という形でしか表せなかったのは幼かったからだ。

しかも矛先は大好きな祖母に向かった。大した理由もなく大泣きしては、祖母をてこずらせた。ふとしたはずみに気持ちが勝手に高ぶって、涙があふれた。

「あなたはこの家に引き取られているんだから、もうちょっと聞き分けよくしなさい」

祖母からは何度、こう言い聞かされたことだろう。けれども目いっぱい自分を主張しないと忘れられてしまうという恐怖感があった。

息が詰まるような学校生活をおくっていたことも、家での反抗につながったのかもしれない。

舞の進路はすべて、教育者であった祖父が取り仕切った。盲学校へ行くという選択肢は祖父の頭にはなかった。

入学する予定の地元の教育委員会と小学校へ出かけて、大切な孫がいじめられないよう、布石を打った。よかれと思ってのことである。

元教師の直談判を受けて、教師たちは舞が入学する前から全校児童を対象に指導を徹底した。今度、全身白い子どもが入学してくる。けれど、その子に決して白いと言ってはいけない。肌や髪の毛、目についてふれてはいけない……。

確かにいじめはなかったが、舞とその他の子どもたちの間には最初から見えない壁があった。子ども同士がぶつかりながら、仲良くなったり理解を深め合ったりということが起こらなかった。腫れ物にさわるように扱われ、舞は誰とも心から親しくはなれなかった。

「人間関係をつくるとき、相手のことを知りたいと思うのは自然なことでしょ。それがあらかじめ封印されていたので誰もなにも聞かないのです。すごく奇妙な空気でした」

遠足に行った先で、たまたま他校の子どもたちと一緒になったことがあった。その子たちは遠慮なく話しかけてきた。

「外人なん？」

「ちがう。日本人やで」

「なんで白いの？」

「色素がないからや」

「色素って、なに？」

質問攻めにあった。

舞の同級生たちは、おびえたような顔つきで、ただ遠巻きに見ていた。あいつら、聞いたらあかんことを聞いてる、とでもいうように。

はっきり聞かれて、舞はいっそすがすがしかった。

「波風が立たなければいいというものではありません。みんな、私の髪が黒いものとして付き合い、ほんとうの私を見ようとしなかった。それが淋しかった」

呼び名もみんなとちがっていた。男子は姓を呼び捨てにした。女子は男の子には「君」をつけ、女の子には「さん」をつけた。ところが舞ひとりだけは男子からも女子からも「まいちゃん」と、下の名前で呼ばれていた。

格別な親しみや愛着をもって呼ばれたわけではないことは明らかだ。

舞の扱いを手さぐりする学校によって、舞はいたわるべき人間として六年間、教室に居続けた。

三年前の十二月、舞は大阪府南部にある幼稚園に招かれた。

翌春、アルビノの男の子が入園することになっていた。その子の両親と話し合った園長や先生たちは、「聞かなければいい、ということにはしたくない」と、舞を招いて子どもたちと父母への説明会を開催した。

そういう場に呼ばれたことが、舞にはありがたかった。四歳なら四歳、五歳なら五歳で理解できることがあるはずだ。

「あれこれ聞かれるのは確かにしんどいです。でも、それを繰り返すことで私たちのことをわかってくれる人を増やすことができるのです」

舞は心をこめて、自分の生い立ちや経験を余さず語った。

中学校生活も小学校と大差なかった。

小学校時代の同級生らが、全員、同じ中学校へ進学する。大きな変化は望めなかった。

中学二年生のとき、かわいがってくれた祖父が死んだ。寝ている間に発作を起こし、意識がもどることなく旅立っていった。

高校は奈良市の中心部にある私学を選んだ。古都に暮らす人々は舞が住む郊外より考え方が保守的で、男子生徒にからかわれたり、嫌がらせをされたりした。

しかし、たくさんの友だちができ、選択科目の美術コースをとって絵に打ち込んでいた舞には、たいした打撃にはならなかった。芸術系の大学に合格するという目標が支えになっていたからだ。

高校生になると同時に生活面でも変化を迎えた。九年間世話になった伯父の家を出て、父と暮らすことになったのだ。

舞が高校生になったら父親が引き取り、二人で暮らす。そういう約束が祖父母と父親の間で交わされていた。祖父母が養育するのは舞が身の回りのことを一人でできるようになるまでだ。

父は、伯父一家の家と歩いて行き来できるところに家を借りて大阪から引っ越した。

「舞が成人するまでは再婚を考えないで」という祖母の願いを聞き入れて、独身のままだった。

バブルの崩壊で金融再編の波にもまれ、会社も幾度か姿を変えた。仕事一筋の父は、傍系会社の管理職になっていた。

一つ屋根の下で、娘と父の関係はぎごちなかった。育ちざかりの時期を十年近くも離れて暮らせば、語り合える思い出もない。

「ひとり暮らしの人が二人いる。父とはそんな感じかな」

苦笑まじりに舞が言う。父との同居は、いまだにしっくりこないのだ。

「アルビノ・ドーナツの会」は、休むことなく活動を重ねている。交流会には前もって準備したプログラムがなく、集まって顔を合わせ、ゆっくりおしゃべりをするだけだ。

自己紹介が終わると会場のところどころに数人ずつの人垣ができる。あるグループは参加者の一人が持参した長袖の水着の品定めをし、またあるグループでは窓に紫外線を防ぐシールを貼るよう学校に要望すべきかどうか話し合っている。まとまって何か一つのことに取り組むことはめったにない。

「みなさん、そろそろ片付けましょうか」

二時間ほどすると、舞の呼びかけを合図に机やいすを元の配置にもどして、「またね」とそれぞれ家路につく。そのあと有志で飲み会に行くこともある。

参加者は、初めのうちは戸惑い、やがて「まったり」した時間の流れそのものを楽しめるようになる。

舞は、いまのゆるさを大切にする。

「人と出会い、安心して本心を話せる場であってくれればいい。あまりきちんと計画を立てると窮屈ですから」

交流会には皆勤の人もいれば、一度きりで来なくなった人もいる。

「ドーナツの会」で出会った親たちが中心になって、「アルビノあおぞら倶楽部」（松永道弘代表）という新たな交流の場も一歩を踏み出した。

「ドーナツの会」を作ったことで、舞は自分が大きく変わったという自覚がある。

大学に適切な支援を求めることができず、就職でも希望を貫くことができなかった弱虫は、もういない。

大勢の仲間と出会い、とりわけ小さな子どもたちの存在を知って、言うべきことは言う強さを持てるようになった。

「ドーナツの会」の運営を担うのは「正直言ってしんどいな」と思うことが何度もある。それでも気がつくといつのまにか次の会のことを考えている。

「私が会を開いているようでいて、実は私の方がみんなから勇気や元気をもらっている。いちばんしんどい役目ではあるけど、いちばんいい目をみているんです」

二〇一二年からは、大阪府の八尾市人権協会に開設された電話相談窓口で、週に一度、外見に悩みを持つ人たちからの電話相談を受けている。「いのちの電話」に救いを求めた舞が、いまは相談にのる側だ。

アルビノに生まれたことで、毎日なにかしら苦しい思いをすることに変わりはない。

しかし、アルビノとともに訪れる幸せというのも、意外と多いような気がするのだ。

三、決断

七十四歳、風評を吹き飛ばす生き証人

ある夜、大阪の居酒屋にアルビノの男女六人が集まった。大人だけの飲み会である。

疋田《ひきだ》泰男がテーブルに近づくと、小さな歓声で迎えられた。

それにはわけがある。

「アルビノ・ドーナツの会」の代表をつとめる薮本舞が、知人を通じて疋田に「会いたい」と頼み込み、ようやく飲み会に来てもらえることになった。

下の世代には不要な苦労をしてほしくない。そのために会を通じて自分たちの経験や役に立つ情報を余さず伝えていく。でも、自分たちにも上の世代の苦労や喜びを伝えてほしい。先を歩く先輩の背中が見られるなら、どれほど心強いだろう。そう願って一年がかりで疋田を口説いたのだ。

「疋田さんのような年齢の方にお会いするのは初めて」

舞をはじめ、居合わせた者たちは、疋田が面食らうほど喜んだ。集まった面々は、生まれたときに医師から「この子は長生きできないかもしれない」と告げられたと、口々に訴えた。

七十四歳になって、なお、かくしゃくとした疋田は根拠のない風評を吹き飛ばす生き証人だ。そういえば、疋田もかつて母親から同じようなことを聞かされたのを思い出した。

七十年前と変わらない。

驚かずにはいられなかった。確かにある年齢以上のアルビノの人を一般の暮らしの中で見かける

ことは少ないと、疋田は改めて気がついた。自分たちの世代の多くがひっそりと身を隠すように生きているからだろう。それがアルビノは早死に、という風評につながっているのかもしれなかった。

疋田はアルビノの若者たちが集まってにぎやかに酒を飲んでいる光景をまぶしく眺めた。

いまとなっては恥ずかしいとしか言いようがないが、昔はアルビノの人と一緒に歩くのはいやだった。盲学校の後輩にアルビノの男子生徒が一人いて、帰る方向が同じだった。にもかかわらず、一度も二人で帰ったことがない。

アルビノの当事者が集まって会を作るなど、自分の発想にはまるでなかったことだ。

少しのアルコールに頬を染めた藪本舞が、「ドーナツの会」の活動について熱を込めて語るのを疋田は黙って聞いた。

いまの若い人たちはすごいなあ。素直に感心しながら、疋田の口から出た言葉は意外にも厳しかった。

「ドーナツの会の意義が僕にはわからない」

和やかな席が、一瞬、凍る。

「集まって、いったい何をしようと思っているの。僕らは一人で考えて、一人で行動した。それでいいと思っているよ。集まって国を動かし、助成金でももらおうと言うの。くだらないな。僕は興味が持てないな」

しかし、疋田の言葉は舞にはまったく別の響きで胸に届いた。自分たちの世代にはできなかったことに挑戦しようとする若い世代への励ましと叱咤として受け止めた。

疋田泰男が生まれたのは一九三八（昭和十三）年二月十九日で、日本は戦争のさなかにあった。戦時中に白い肌の子どもを授かった両親の驚きは想像するしかないが、生まれた直後に医師から「育たないかもしれません」と宣告された。

戦火が激しくなる前に、一家は東京から茨城県取手市に疎開した。広大な庭のある家だった。学校へ上がる年になると、近所の子どもたちと同じ地元の国民学校へ通学した。

一九四一（昭和十六）年春、明治時代から親しまれた尋常小学校という名称が消え、国民学校と改められた。

そこでは子どもたちを皇国民に育てるために、「必勝の信念」や「堅忍持久《けんにんじきゅう》」の精神がたたきこまれた。

敵は「鬼畜米英《きちくべいえい》」である。白人とまちがえられそうな外見を備えた疋田が疎開先でいじめられなかったのは不思議というほかない。あるいは父親が海軍中佐だったことが幸いしたのだろうか。

近所の子どもたちは、広々とした疋田の家にしばしば遊びにやってきた。

彼の目が見えにくいことは誰もが知っていた。見えないからといってバカにするようなことはなかったが、たまに「かくれんぼ、しよう」と誘われた。

少し離れると、誰がどこにいるのかわからなくなる。腕白どもが、それを承知でわざと誘うのだ。

髪は子どものころから一度も染めたことがないし、染めようと思ったこともない。

「白っ子」とからかわれたことは二、三度あったように記憶している。しかし、それほどいやだとも悲しいとも思わなかった。

「ある種の病気で、僕はこういうふうなんだ、と思っていました。見えにくくても、白くても、そう不自由はなかった。実害は日焼けだけでしたね」

一家には男の子ばかり四人の兄弟がいて、次男の疋田だけがアルビノである。家族で海水浴などに出かける折は、疋田も一緒だった。そのころ手軽に買える日焼け止めクリームなどはなく、利根川や海で一日遊ぶと火傷で皮膚が水ぶくれになった。

敗戦を迎えたのは国民学校二年生のときだ。

戦後の混乱が収まるのを待って、東京へ戻ったのは小学六年生を目前にした春休みであった。東京でも地元の公立小学校に通うことになった。経済的に恵まれ、家の敷地は百七十坪ほどあった。父親が出入りの植木屋に命じて木々を植え替え、疋田のために庭を安全な遊び場に作り替えた。いったんは地元の中学校へ入学しながら、二年生になると両親の考えで盲学校へ転校した。疋田は別段いやだとも思わず、素直に勧めに従った。

都立文京盲学校へ転入すると、それまで中くらいだった成績が、いきなりトップクラスに躍り出た。

振り返ってみれば、それまでは学校で積極的にクラスの友だちと遊ぶわけでもなく、授業中もただ静かに前の席で座っているだけだった。言ってみればお客さんだったのだ。

「それが丸ごと大将。いきなりリーダーですからね。みんなからは頼られて、おとなしい性格が変わるくらい楽しかったですよ」

盲学校では小学部、中学部、高等部と持ち上がって一緒に学ぶ。

「僕は子どもが好きでね」

小学部の生徒のめんどうをよくみた。小さな子たちから慕われるのがうれしく、誇らしくもあった。

当時は全国的に盲人野球が盛んだった。高校野球と同じように、地方大会の覇者が全国大会へと進んで日本一が決まる。

疋田は中学部三年のときに高等部との合同チームの選手に選ばれ、中学生ながら全国大会にも出場した。キャッチャーとショートの両方をこなし、生活の中心に野球があった。

高等部になればその先の進路を考えねばならない。たいていの生徒は高等部専攻科で学んで鍼、灸、マッサージ師の資格を取る。

普通科に進んだ疋田にはその道で生きる将来は考えられなかった。

「いまなら資格と技術があれば病院に勤めたり、スポーツ選手の体をケアしたりと、活躍の場が広がっています。でも、当時はまだ笛を吹いて町を流して歩く按摩《あんま》さんの姿を見かけました。僕に偏見があったのでしょうが、いやだという気持ちが強かったのです」

大学に行きたかったので盲学校を高等部で卒業し、予備校に入って受験勉強に専念した。

自分のことをぼんやり理系だと感じてはいたが、将来、なにになりたいという具体的な進路は描けずにいた。

予備校生活も二年目に入ったころ、早稲田大学の教授をしていた叔父の紹介で、全盲の大学講師に会うことになった。

彼は「大学もいいけどしっかりした技術を身に付けるのも悪くない」と、国立光明《こうみょう》寮の点字印刷科を紹介してくれた。

光明寮は、主に中途失明者を対象に、生活に必要な知識や技能を学ぶ機会を提供して社会復帰を支える国立のリハビリ施設であった。二〇一〇年には国立障害者リハビリテーションセンターに統合されて、その一部門となっている。

疋田は盲学校に入って点字を習得したが、視力が〇・一あったために、ふだんの勉強では点字を使っていなかった。

点字印刷という思いがけない提案に戸惑った。そもそも社会福祉関係の仕事に就く気がなかったのだから。

目が不自由な者にとって、点字がどれほど大切なものか、疋田にもわからないわけではない。点字を通してさまざまな情報にふれ、社会とつながることができる。

昭和二十年代までは、学校へ行かない全盲の子どもたちが少なくなかった。そこで文部省は就学奨励金を出して就学を促した。

それが功を奏し、盲学校の生徒が大幅に増えた。盲学校では点字教科書の数が足りず、生徒たちに一冊ずつ行き渡らなかった。それればかりか教科書が四月の入学時に間に合わず、八月になってようやく学校に届くようなありさまだった。

きちんとした内容の点字教科書を必要な数だけ作ってほしいという声が現場の教師や親たちから上がり、運動は全国的なうねりとなって広がった。

「胸をふくらませて入学したのに教科書もない。せめて新入生の教科書くらいちゃんと用意したいじゃないですか」

疋田も受け入れ態勢が整っていないことに憤りを感じて運動に飛び込んだ。

高等部三年のときには小さな子ども用の雑誌を点字で手作りして後輩たちを喜ばせた。

全盲の大学講師の話を聞くうち、そのときのあたたかい気持ちがよみがえった。

確かに自分は普通の文字も読めるし、点字もできる。それを生かす道があるのなら生かすべきではないか。

疋田は光明寮の点字印刷科に通うことにした。

一九五八年春から通い始めて半年ほどたったころ、大阪にある日本ライトハウスからお呼びがかかった。点字出版部門を充実させたいので、ぜひ来て手伝ってほしいという誘いだった。

日本ライトハウスは早稲田大学在学中に失明した岩橋武夫が一九二二（大正十一）年に点字図書の制作を始めたことに起源を持つ。

一九三五（昭和十）年には大阪市内に「ライトハウス」を建設し、米国から二度にわたってヘレン・ケラーを招いて視覚障害者への理解を訴えるキャンペーンを展開した。

現在は視覚障害リハビリテーションセンター、録音図書・点字図書二万点を無料で貸し出す情報文化センター、点字出版を行う点字情報技術センター、盲導犬の訓練にあたる行動訓練所の四つの施設を備えた社会福祉法人として活動している。

誘いに乗るなら大学で学ぶことはあきらめねばならない。箱根の向こうにある大阪は未知の土地だ。

疋田は迷い、考えた。

光明寮の先生らは願ってもない話だと勧めてくれた。が、疋田の背中を押したのは父親が賛成したことだ。

軍人だった父親は、戦後、運輸省の研究所で飛行機の開発・研究に没頭していた。

「目が悪いというのはハンディだ。しかし、そういう世界で働くのならハンディがハンディでなくなる。目の不自由な人の世界は一般社会と比べると五十年は遅れている。そこに身を置いてみるのも一つだと思うよ」

父親の言葉は疋田の心を動かした。

夜行列車に揺られて、ひたすら西へ。二十歳になっていた。

大阪駅に降り立つと、あふれるほどの人がいた。公衆電話の前にはずらりと男たちが並び、受話器を片手に大阪弁でまくしたてている。

その響きを聞いた途端、東京へ帰りたくなった。なんて品のない、騒々しい言葉なんだろう。いまさら断るわけにもいかず、小さな部屋を借りて、毎日ライトハウスへ通勤した。点字については専門的な知識や技術が足りず、苦労した。

一般の書物を点訳して版下を作る。その作業が予想していた以上に難しかった。大阪の土地にもなじめず、盆暮れの休みにはとっとと東京の実家にもどった。山手線の電車に乗ると、わけもなくほっとした。

給料は月に八千円ほどで、ほかの仕事よりずいぶん少なかった。そのころライトハウスでは常時、職員を募集していたが、応募してくる者はいなかった。

疋田も勤め始めて数年は親がかりであった。部屋代などを援助してもらってなんとか暮らしをつないだ。

職員となって二年後、ライトハウスは新館を建てて大阪市鶴見区に移転した。高度成長の兆しが見えても疋田の給料は一向に上がらなかった。それどころか他の職業との差は開くばかりだった。

このまま勤め続けても十年先はどうなるのだろう。不安が募った。

それでも辞めなかったのは、いつしかライトハウスの理念や点字出版という仕事が好きになっていたからだ。

野次馬根性が旺盛で、野党的な気概にあふれた大阪の風土は慣れれば心地よく、気がつけば熱烈な阪神ファンになっていた。

あれほど耳障りだった大阪弁も、毎日聞くうちに愛嬌を感じとれるようになった。

「僕はね、もう少しこうなりたい、というような欲がそれほど強くないんです。流れに乗る人生でした。いつも目の前のチャンスに乗ってきただけですね」

疋田には妻がいる。

「家内は全盲なんですよ。なにからお話ししましょうか」

しばしの間、沈黙がつづく。

全盲の女性を妻にして

妻は一九六五年に日本ライトハウスが国内で最初に開設した職業・生活訓練センター（現・視覚障害リハビリテーションセンター）の初期のころの学生だった。

電話交換の技術を身に付けるために遠く新潟県から来ていた。訓練センターで通常の訓練を受けるかたわら、英会話での交換業務を学ぶために、夕方五時からは市内の中心部にある電話交換学校に通っていた。

疋田がその学校のテキストの点訳を手伝ううちに、互いに好意を持つようになった。

彼女の意欲的なところが買われ、日本ライトハウスの交換手として就職すると、距離はいっそう縮まった。

二人の間で結婚の意思が固まったとき、疋田は三十四歳、妻は十一歳年下で二十三歳だった。どちらの家族からも反対の声は出なかった。

結婚四十周年を迎えようとする疋田夫婦に子どもはいない。

「子どもはつくりませんでした。初めからつくらないことに決めていました」

疋田はよく通る声の調子を一段上げてきっぱりと言った。

「いちばん大きな理由は遺伝です」

若いころ、自分の病気について何冊かの本を読んで調べたことがある。そのときアルビノが遺伝性の疾患であることを知った。

日本ライトハウスで実力を発揮し始めたころ、所長に「点字で出してみたい本があるか」と問われたことがある。

疋田は「遺伝に関するきちんとした本を出版したい」と答えて資料集めに取りかかった。しかし、調査半ばで資料を戸棚の奥にしまいこみ、その仕事を中止した。

「遺伝性の疾患について、世間の人には正確に理解してほしいと思っています。医師たち、とくに眼科の医師にはもっと勉強してほしい。でも……」

と、口ごもる。

「遺伝について一般の人にどれだけ詳しく、ぎりぎりまで知らせる必要があるでしょうか。そうすることがいいことなのかどうか、疑問がわきました」

たとえばアルビノが遺伝性のものだと誰もが知れば、当事者である自分だけでなく症状のない兄弟を見る目まで変わってしまうのではないか。疋田はそれが怖かった。

「なにもかもをつまびらかにすることで兄弟を巻き込むことにためらいがありました。この世には突き詰めてはいけないこともあるんじゃないかと思います」

妻の両親は、どちらも目に不自由はない。ところが三人の子どもたちのうち、妻と兄の二人が全盲だ。

「妻の目も遺伝を考えざるを得ませんでした」

耳の聞こえない夫婦が激しい泣き声に気づかず生まれたばかりのわが子を死なせてしまった――。疋田が婚約したのはそんなニュースが新聞に載るような時代であった。

白髪に濃紺のスーツがよく似合う。温厚な紳士という形容がぴったりの疋田が、めずらしく険しい顔を見せて言った。

「全盲の両親が子どもを育てることに、もろ手を挙げて賛成、とは思いません」

疋田の若いころ、視覚障害者同士が結婚して、視覚障害のある子どもが生まれるケースがいくつかあった。子育てに悪戦苦闘し、結局、育てられなかった夫婦もあった。

「自分の障害や病気について正しい知識を得たうえで、子どもを持つかどうか、二人でよくよく考えて決めてほしい。話し合った末に、やはり育てようと思うなら、それはそれでいいんです。考えるプロセスを飛ばさないでほしい」

疋田は言葉通りに実践した。子どもをどうするか――。

妻と何度も何度も話し合った。

「子どもは持たない」という疋田の決意は固かった。社会人になったばかりの若い婚約者に翻意させるすべはなかっただろう。

「何度も話し合って、彼女もわかってくれました」

子どもをあきらめることが簡単ではないからこそ、何度も話し合わなければならなかった。

「アルビノで不幸だと思ったことはありませんが、心の奥ではやはり葛藤があったんですね。僕と同じような子どもを持とうと思わなかったんだから」

疋田は両親と、妻の両親に自分たちの決断を伝えて、了解を得た。

一九七二年、大阪で結婚式を挙げる前に、疋田は避妊のためのパイプカットの手術を受けた。

「子どもは親を選べないんだから」

「命を授かって生きている以上、子々孫々まで責任を持たなくてはいけないでしょう」

疋田は自分に問いかけるようにそんな言葉を口にした。

障害があっても、病気でも、知恵と工夫で愛情いっぱいに子どもを育てている親はいくらでもいる。生まれようとする子を結果として選別するような考えや行いには異論も反論もあることを、疋田自身が誰よりわかっているはずだ。

子どもを持たないという決断は、子ども好きの疋田が育てる喜びをあきらめるということでもあった。自らも傷つきながら導き出した結論である。

児童養護施設の子どもを引き取って、里親として育てようかと真剣に考えた時期がある。

しかし、夫婦二人の生活はそれなりに充実していて楽しく、里親の話はいつのまにか立ち消えになった。

現在も妻と二人の日々が穏やかに流れていく。

疋田は定年後も日本ライトハウス点字情報技術センターの点字技術顧問として教科書づくりに携わっている。

嘱託だから給料は半分ほどになっていて、手取りで二十万円をちょっと切る。厚生年金もあるので、老後の暮らしは経済的には心配がない。自宅のローンも払い終えた。

働いていられることを幸せだと思うが、そろそろ職場を去ろうと考えている。特殊な技術があるので勤務先からは「辞めたいと思うまで続けて」と言われている。だが最年長の身としては、そういつまでもというわけにはいかない。

全国で発行される小、中、高校用の点字教科書のうち、日本ライトハウスのシェアは二万冊を切った。点字印刷物の発行所が限られていたピーク時は七万冊に届くほどだったから落ち込みようは著しい。それだけ日本ライトハウスのやりくりが難しくなっている。

「家内が全盲だから僕が先に死んじゃったらとか、認知症になったらとか、多少の心配はありますよ。でも、基本的には子どものいないふつうのご夫婦と変わりませんね」

ともに盲学校で学んだアルビノの後輩は、卒業後に米国へ留学してピアノの調律技術を身に付け、帰国して調律師になった。彼とはアルビノ同士だからといって特に親しくしようとも思わず、いつしか疎遠になった。

疋田は全盲の女性を妻にし、視覚障害者のもとへ出版物を送り届ける仕事に力を尽くした。人に寄りかかることなく、自分を律して人生をまっとうしようとしている。

しかし若い世代は少しちがう。

「日本アルビニズムネットワーク」の相羽大輔や「アルビノ・ドーナツの会」の薮本舞らは、多少は迷惑をかけ甘えることになったとしても、喜びや問題を共有することで当事者同士や家族のかかわりを深めようと試みる。

自らが前へ出て、アルビノに対するまちがったイメージや偏見を拭い去ろうと努力する。

二つの団体が関東と関西で開く交流会は、確実に幼いアルビノの子を持つ親たちを励まし、力づけているようだ。

茂内《しげない》富夫・明子夫妻が鳥取県米子市から車を飛ばして大阪で開かれる「ドーナツの会」にやってきたのは二〇〇八年秋のことだった。

早めに着いた会場の玄関で、参加者たちが集まるのを待ち受けていた。明子の腕の中ではまだ生後二か月の長男、孝太がミイラのようにタオルで全身をぐるぐる巻きにされて、すやすやと眠っていた。

まもなく参加者らしい数人が一塊になって笑いながら近づいてくるのが見えた。

金髪や白い髪が風にそよぐ。一行は帽子もかぶらず、半袖の者もいる。紫外線を浴びても大丈夫なのか。視覚障害があるはずなのに、若い女性の一人は高いヒールの靴を履いているではないか。

明子と富夫は驚いて顔を見合わせた。

どうせ見られるんだから、堂々とかっこよく

米子市内の産婦人科医院で孝太を無事に出産し、退院を前にした検診で小児科医から告げられた。

「もしかしたら白皮症かもしれません」

それは初めて聞く言葉で、どんな文字を書くのかさえ思い浮かばなかった。

説明を求める明子に、医師は「色素がないという病気ですが、私にはよくわからない」と、いかにも自信がなさそうで、鳥取大学医学部附属病院を紹介された。

孝太は確かに色白だ。髪も金色がかった茶色である。けれども赤ん坊はみんなこんなものではないか。明子はそれほど心配しなかった。

早速出かけた大学病院の小児科で、裸にした孝太をあちこち調べてみたが、わからない。眼科、皮膚科と受診して、ようやく症状の一端が呑み込めた。

孝太は鳥取大学医学部附属病院が実際に診る初めてのアルビノの赤ちゃんだった。

眼科の医師は生後十日もたたない乳児にいきなり瞳孔を開かせる目薬をさし、眼底検査を行った。

「色素が足りないので視力が出ないと思います。最悪の場合、この子は目が見えないかもしれません」

白皮症についての詳しい説明がないままそう言われ、明子は富夫の会社に泣きながら電話をかけた。

紫外線はできるだけ浴びないように。

皮膚科の医師に言われた通り、日差しが入らないよう、日中も家のカーテンをぴったり閉めて息をひそめるような暮らしが始まった。車で買い物に行くときは、ほんの少しでも肌が露出しないよう、孝太の体をタオルで隙間なくぐるぐる巻いた。

公園で遊びたがる長女の祐衣《ゆい》には昼の外遊びをがまんさせた。孝太を中心に回る生活は、祐衣に我慢を強いることが重なって、明子の胸を締め付けた。

孝太の視線が何かを追うような動きを見せると、「見えるのではないか」と一喜一憂させられた。授乳のときにつむじあたりに色の濃い毛を一本みつけ、さらに増えているかもしれないと、毎日、頭髪をかき分けた。

長女が自然に弟を受け入れていることが夫婦の大きな慰めだった。祐衣は孝太のそばにいて、表情やしぐさをよく観察し、悲しそうな顔をしている明子に手紙をくれた。

おかあさん　だいじょうぶだよ
こうたくんはめがみえるから

手紙には覚えたてのひらがなで、そう書いてあって明子をうれし泣きさせた。

専業主婦をしている明子は、連日、パソコンにかじりついて、インターネットで白皮症について調べた。そうして行きついたのが「アルビノ・ドーナツの会」のホームページだ。

夫妻は次の交流会を待ちかねて、孝太を連れて大阪に来た。そこで見たのはふつうの人たちと変わらずに暮らすアルビノの子どもや大人たちだ。

会場になった会議室ではしゃぐ子どもたちを見ると、髪の色も目の色も少しずつちがう。

「アルビノの人がこんなにいるんだという安心感と、少しくらい目が悪くても肌が白くても大丈夫なんだって、ただただ感動でした」

明子はそのときのことを思い出して目を潤ませた。

「ドーナツの会」に出席するまでは、「毎日、泣いていたものね」と傍《そば》から富夫が口を添える。

「ひどい親のようですが、すぐには孝太と一緒にがんばっていこうという気になれませんでした。なんでこうなったのか、という思いと、孝太に申し訳ないという気持ちが入り混じって、現実を受け入れるのに時間がかかりました」

明子は打ち明ける。

初めて参加した「ドーナツの会」で、孝太と夫婦は、ほかの参加者から次々にあたたかい言葉をかけられた。幾度となく足を運んだ病院ではついぞ聞けなかった「大丈夫」のひとことだ。

米子への帰り道、車の中では往路とは打って変わって夫婦の会話が弾み、ぐるぐる巻きから解放された孝太は、のびのびと小さな手足を動かした。

茂内夫妻が「ドーナツの会」に出会って将来への希望をつないだころに、京都でまた一人、アルビノの男の子が元気な産声を上げた。

長女が生まれた四年後、そろそろ第二子がほしいと考えていた後藤しのぶは、立て続けに三度の流産に見舞われた。

五度目の妊娠がわかると、大事を取って、京都の中心部にある有名な産婦人科病院を受診した。全国各地から患者が訪れ、出産数が年間千五百にのぼる大きな病院である。流産を防ぐために仕事を辞めて、万全の態勢をとって出産にこぎつけた。

元気に生まれた男の子の髪は、なぜか金色だった。新生児検査で代謝に異常は見られず、心肺機能も問題なし。しのぶは髪の色が薄いのは流産防止の注射の影響かもしれないと考えた。医師も「そのうち黒くなりますよ」と、一週間後には通常通りに母子を病院から送り出した。

三度の流産を乗り越えて授かった長男には、命の力強さを表す生吹《いぶき》と名付けた。

生吹は力いっぱいお乳を飲んだ。ただ、おかしなことに、昼間は目を開けようとしないのに、部屋の電気を消すとパッと目を開け、あたりを見回した。暗いところを好み、夜になると生き生きする。

やっぱり、どこかちがうなあ。

なんとなく感じていた違和感が決定的になったのは、生後十日ほどして日中に目を開いたときだ。生吹の目は白人のそれのように青かった。

体の色素も全体に薄かった。これはやっぱりなにかある。しのぶはパソコンのスイッチを入れた。

「白い」「金髪」「新生児」「目が青い」……。

思い浮かぶ限りのキーワードを入れて調べていくと、インターネット上の百科事典ウィキペディアの「白皮症」にたどり着いた。そこで「アルビノ」という言葉に出会い、「アルビノのページ」へと導かれていった。アルビノの子を持つ宮元浩子が、当事者や親たちのためにと設けたホームページである。

ほかにも「アルビノ」で検索できるものは、手当たり次第に探し出した。

「情報を一つひとつ読みながら、生吹はアルビノにちがいないと思ったり、いやいやちがうと打ち消したり。その連続でした」

ネット上に点在する知識をかき集め、一気に詰め込んだしのぶは、それによって励まされもしたし、また不安にも陥った。

ＩＴ企業のシステムエンジニアをしている夫は毎晩、終電で帰宅するような生活で、生吹のことをゆっくり話し合う時間がとれなかった。

しのぶは夫にアルビノについての情報をメールで届け、相談したり意見を求めたりした。直接話し合えないのがもどかしかった。

「あのころが、私にとってはいちばんしんどい時期でした」

待ちかねた一か月検診で、出産した産婦人科病院に併設されている小児科を訪れた際、「アルビノではないでしょうか」と恐る恐る聞いてみた。医師からは「その疑いが濃いですね」と、京都大学医学部附属病院で詳しい検査を受けるようアドバイスされた。

京大病院の眼科で眼底検査をすると、色素がないことがわかった。医師は「こういう症例を診たことがないのでよくわかりません。親の会か患者の会を探して同じような子どもを育てている親御さんに聞いてみるのがいいと思います」と正直だった。

見捨てられたような思いで次の窓口、遺伝外来で遺伝子検査の手続きをとった。

しばらくしてアルビノの確定診断が出た。「そのうち黒く」はならないことがはっきりした。

インターネットの情報を、どこまで信じていいのかわからなかった。

紫外線一つとっても「浴びすぎなければ通常通りの生活でよい」としているものもあれば、「できるだけ暗いところで生活するのが望ましい」と書いてあるものもある。

神経質なしのぶは、外出するとき、生吹の鼻と口を除いてタオルで全身を巻いた。ベビーカーの幌《ほろ》をいっぱいに広げ、まるで放射線でも避けるように光を避けた。

家では昼間もカーテンを閉めて過ごした。生吹は室内でも帽子を欠かさなかった。薄暗い室内にいて、心まで暗くなりそうだった。

ほかの人たちもこんなふうに暮らしているのだろうか。会って聞いてみたい、話してみたい、という気持ちが強くなった。

再びインターネットに手がかりを求め、四か月ほどして「アルビノ・ドーナツの会」を探し当てた。

これだ、と思った。交流会が二週間後に迫っていた。

二〇〇九年三月は、後藤しのぶにとって人生が一八〇度変わった春だ。

初めて参加した「ドーナツの会」の交流会で、ほかの子どもたちがどのような恰好をしてくるのかとドキドキしながら会場へ行った。頭のてっぺんから足の先まで覆った完全防御のスタイルだろうという予想はあっさり覆された。

「ふつう、という言い方が適当かどうかわかりません。でも、みんな、ふつうなので拍子抜けしました」

集まった子どもたちは、一般の子どもたちと変わらない服装で元気に遊んでいた。クレヨンで上手に絵を描いている子どももいる。

なんだ、弱視でも絵が描けるんだ。しのぶは、胸に詰まっていたもやもやが、一瞬で消えてなくなるのを感じた。

百聞は一見にしかず、であった。おしゃべりしたり、お菓子を食べたりしている子どもたちの姿を見ていると、生吹もちゃんとやっていける、と確信がもてた。

しのぶはアルビノの大人からも積極的に話を聞いた。千葉から来た石井更幸は、片方の目の視力がほとんどないと言いながら、旅が好きで南極へ行った体験を語ってくれた。

しのぶは「来てよかった」と心から思った。「ドーナツの会」でほかのアルビノの人たちと知り合う前は、あれもできないのでは、これもできないだろう、と、できないことを数えあげて悲しんでいた。これからはちがう。あれもできる、これもできると、できることを考えよう。交流会に集まった仲間たちが、そう教えてくれたのだ。

徹夜明けで交流会に付き添ってくれた無口な夫も、生吹を抱く表情がいつのまにか和らいでいた。

しのぶは、子どものころから目立つことや注目を浴びることが苦手であった。生吹を連れて外に出ると、いやでも視線を感じて、つい、外出がおっくうになっていた。

「ドーナツの会」に出席してからは考えを改めた。以前は少しでも目立たないよう、生吹に地味な色の服を着せていた。ちかごろは、どうせ見られるんだからかっこよく、と、いちばんかわいいと思うものを選ぶ。しのぶ自身もいつも身ぎれいにするよう心掛けている。生吹を見たあとの視線は、必ず母親であるしのぶにも向かってくるからだ。

この作戦は図に当たった。先日も京都駅の西に大きなショッピングモールがオープンしたので親子で見に行った。生吹は金色の髪に、小さな黒いサングラス。すれちがう人たちが次々に声をかけてきた。

「わあ、かわいい」「ベビー服のモデルみたい」

見知らぬ高齢の夫婦もわざわざそばにきて、「いまどきの子やなあ。かわいいなあ」。

しのぶはうれしかった。これからも、生吹と一緒に堂々としていよう。

生吹は、一歳になるころから社会福祉法人・京都ライトハウスが運営する視覚障害児のためのデイサービス「あいあい教室」に通っている。

子どもの視力の改善は、八歳を過ぎると思うような成果が得られない。そこでゼロ歳から小学一年生までの視力の低い子どもたちを対象に、見ようとする意欲を引き出して、手の指の運動や探索歩行の能力を高める支援を行っている。

視力に障害がある小さな子どものためのデイサービスは、いまのところ京都のほかには神奈川、神戸、福岡の三か所にあるだけだ。

幸いなことに京都に住むしのぶは週に二回、生吹を連れて「あいあい教室」を利用する。

教室には、目が見えにくくても楽しく遊べるおもちゃがたくさん、用意されている。ついふれたくなるような鮮やかな色使い。指の感覚を磨けるように、形や素材が多様で音が出るおもちゃもある。

ビニールプールに小さなボールをいっぱい詰めたボールプールは、子どもたちが大好きな遊び場だ。ボールがライトを受けて虹色に染まり、音楽を流すとその振動でボールが静かに揺れる。

午前、午後、どちらも定員は十人で、生吹は午前の部に通う。初めの三十分は親子一緒のリズム遊び。歌や楽器を通してリズム感を養っていく。

つづいて保護者と離れて子どもたちだけの課題遊びへと移る。生吹は、しのぶの手を離すときに少しべそをかくが、そのうち母親のことを忘れて粘土遊びや本の読み聞かせに夢中になる。

課題遊びのメニューは日替わりで、子どもたちは小さな虫や花を集中して見る練習や、黒板を見る練習をする。物を見ながらそれを絵に描く写生も、大切な訓練だ。動いているもの、遠くのものを見る課題もある。それらの訓練を、遊びながら楽しみながら積み重ねていく。

「小さいときから物をしっかり見る態度が身に付くようにと考えています。ちゃんとできたら盛大にほめます。マイナスの言葉は使いません」

三十年を超す支援の実績がある京都ライトハウス「あいあい教室」所長の高橋弥生は話す。

子どもたちが見る訓練をしている間、親たちは職員に育児の相談をしたり、親同士で話し合ったりして過ごす。親にとっては心強い情報交換の場になっている。


後藤夫妻も茂内夫妻も「ドーナツの会」の交流会に欠かさずやってくる。来るたびに新しい出会いがあるし、発見がある。

しのぶが皆勤で交流会に通っているのは自分にとって利点があるからだけではない。いまのところ後藤生吹が最年少の参加者だが、そのうち生吹より小さい子どもが姿を見せるはずだ。そのとき、親子に必ず声をかけてあげたいと、しのぶは心に決めている。

「不安でいっぱいだったかつての私がドーナツで助けられたように、ほんの少しだけ先輩の私がいつかは役に立てればいいなと思っているんです」

米子の茂内夫妻もドーナツの交流会に参加するようになって、考えが変わった。二人の子どもを連れて、散歩に買い物にと、頻繁に外出するようになった。

都会にくらべて好奇の視線に会うことは少なくない。顔見知りの中にはわざわざ孝太の顔をのぞきこみ、「まつげも白い。これはどうにもならないの?」と無遠慮に聞く者もいる。

富夫は初め、じろじろ見られているのを感じると、家族を守りたい一心で見ている相手を睨《にら》み返していた。

「でも、そんなことをしても何も変わらない。第一、みんなが悪意で見ているとは限りません」

孝太のような子どもが生まれると、「ほとんど外には出さず、家にしまっておいたものだ」と地元の古老から聞かされた。東京出身の富夫には考えられないことだった。

その後、孝太が診察してもらった鳥取大学医学部附属病院で、アルビノの赤ちゃんが誕生したとも聞いた。

毎年、アルビノの子どもが生まれてくる。地域社会の中でふだんから彼らにふれて、正しい知識を持ってもらうことが偏見を取り去る近道ではないか。睨んで塀を作っても周囲の理解にはつながらない。

富夫は地域の人に話を聞いてもらう、ささやかな講演会を開きたいと考えた。いろいろ調べて、思い切って米子市人権情報センターに電話をかけた。「自分の子どもとアルビノについて話をさせてほしい」と申し入れたのだ。

明子は驚いた。富夫はふだんから口数が少なく、口下手を自認していた。どこに大勢の前で話す勇気が潜んでいたのだろう。

米子市人権情報センターは富夫の唐突な申し入れを積極的に受け入れた。富夫の講演デビューは数か月先だ。当日は、孝太を抱いて、初めての講演に臨む。

四、見た目

「円形脱毛症を考える会」「痣《あざ》と共に生きる会」

人間は外見より中身が大事。誰もがうなずく言葉である。だが、外見にまったくとらわれずに生きていける人は、そう多くない。

生まれつき顔にあざがある。重症の火傷を負ってケロイドの痕《あと》がある。病気で頭髪や全身の毛が抜けてしまった……。

さまざまな理由から、多くの人とは少しちがう容貌で生きている人たちが集まって、二〇〇九年十一月八日、大阪でシンポジウムが開かれた。掲げたテーマは「見た目問題で悩まない」。

参加者の前で発言したのは「アルビノ・ドーナツの会」「円形脱毛症を考える会（ひとりがもの会）」「痣と共に生きる会」のメンバーたちだ。

相本由利子の場合は、二十年近く前、流産したあと頭に小さな丸いはげができたことが円形脱毛症発症の始まりだった。

ストレスのせいだろう、そのうち治る、と放っておいたら、別の場所にも丸いはげができた。それがつながって、あっというまに髪の毛がすべて抜け落ちた。

人と会うのが怖くなり、家に引きこもった。その期間は三年にもなった。

しかし、髪が抜けても夫との関係はみじんも変わらなかった。

「はげたお母さんが大好きな十二歳の息子もいてくれます」

由利子は前列で微笑んだ。

ある日、かつての勤め先からアルバイトに来ないかと誘いがあった。思い切ってウイッグをつけて仕事に行った。それで再び外へ出られるようになった。

自宅周辺では美しく手入れされたスキンヘッドで過ごしている。ときどき理髪店で剃ってもらう。

最初に店を訪れたときは、「抗がん剤の影響ですか?」と同情された。

円形脱毛症は、通常、髪の毛が小さな円形に抜けてしまう症状をいうが、脱毛が頭部全体、ときには全身に及ぶ場合があることは、ほとんど知られていない。

自分の免疫細胞が、毛穴の奥の毛包にある毛を作る細胞を攻撃して起こるとされているが、確実な治療法がみつかっていない。そのことがまた、患者を苦しめる。治したい一心でいくつもの病院を巡り、あらゆる民間療法を試すなど、時間とお金を際限なく使うことになるからだ。

由利子は「円形脱毛症を考える会」の存在を知り、会員になった。

「苦しんでいるのは私一人じゃないとわかって、人生や考え方が変わりました。前向きに生きられるようになりました」

外出すると、頭のてっぺんからつま先まで、じろじろ見られることがある。すれ違ったあと、わざわざ戻ってきて見る人もいる。

失礼な、と腹が立つが、もう平気になった。

「支えてくれる家族や、苦しみを分かち合える仲間がいてくれるから」

由利子は話をそう締めくくった。

「痣と共に生きる会」の野中孝夫も体験をありのままに語った。

口の周りに白い小さなあざが現れたのが高校生のころだ。それが少しずつ広がって、「白斑《はくはん》」と診断された。皮膚が脱色して、もともとの肌との境界がくっきりわかる白いあざができる。

顔が、ところどころ白く、まだらになった野中は、卒業式の日に同級生の男子に面と向かって「おまえの顔、ほんま、きしょい(気色が悪い)な」と言い放たれた。けれども仲のいい友人たちとの間柄は変わらなかった。それまでに築いた信頼関係が、顔が変わったくらいで損なわれなかったことに救われた。

高校を卒業して予備校に入ると、いつも遠巻きに見られ、ひそひそとささやきを交わされているような気がして、人間関係をうまく作れなかった。一年ほどすると息ができなくなって、そのまま引きこもりが六年つづく。

新聞でリハビリメイクを知って、和歌山県から東京まで習いに行った。あざをカバーするファンデーションを使うことで、外見の問題が薄らいだ。それでようやく外出ができるようになった。

「痣と共に生きる会」代表の氏家志穂《うじいえしほ》は、顔の右側半分にあざがある。血管腫と呼ばれる赤いあざだ。

単純性血管腫は毛細血管の拡張によって起こる生まれつきのあざで、自然に消えることはない。志穂は中学校に入ってあざを理由にさんざんいじめを受けて、学校へ行かなくなった。

再び登校できるよう、家族は最大限の努力をしてくれたと志穂は話す。

「けれども先生はそっぽを向いた」

生きていてもしかたがない。いっそ死んでしまおうか。街をうろうろし、電車に乗って知らない駅で降りた。そこで偶然、暴走族の少女と知り合った。不思議と気が合い、暴走族のグループが志穂の安心していられる居場所になった。

暴走族の一員になり、家を出て仲間の家を転々としていても、両親と妹は変わらず信じて待っていてくれた。やがて周りの助けも借りながら、顔にあざや傷がある人のための会を起こす。

「いまは主人もいてくれますし、おなかの中に赤ちゃんもいる。もう八か月になるんですよ」

志穂はちょっと誇らしそうに顔をあげて会場を見渡した。

「アルビノ・ドーナツの会」の薮本舞は、両親の離婚のいきさつから語り始めた。

「私がいることによって家庭がごたごたしていたのがつらかった」

父方の親戚に引き取られて育ったことも包み隠さず話す。

シンポジウムの会場となった部屋のカーテンは、ぴったりと閉められていた。窓から光が射しこまないよう、アルビノの参加者への気遣いだ。

会場には三つの団体の当事者たちのほか、イベントの開催を知って参加した一般の人たちもいた。いくつかの質問が出た。

「街で出会うと、思わず見てしまうかもしれません。じっと見るのと、すぐに目をそらすのと、どちらが不愉快ですか」

一人の若い男性が率直に問いかけた。

「私は、ちらちら見られるのがいや」

「じっと見て、どうしたの？　と聞いてくれればいい」

「物珍しそうに見られるのはしんどいな」

「目が悪いので見られていることがよくわからない」

シンポジストの四人が口々に言う。

感じ方はそれぞれだ。これ、といった正解はない。ただ、やりとりをつづけるうちにわかってきたことがある。見た目がちがうからといって、礼儀をもって接しなくてもいい人間だと思われると不快で傷つくということは共通していた。

自分たちのことをもっと知ってほしい。そのためには恐れずにコミュニケーションをとってほしい。

当事者たちは参加者に向かって繰り返し訴えた。あざ、脱毛、アルビノと症状は異なっていても願っていることは同じ、一人でも多くの人に正しい知識を持って理解を深めてもらうことだ。

「見た目問題」への理解を深めるために

大阪でのこのイベントを企画したのは「マイフェイス・マイスタイル」というNPO法人だ。事務所を東京に置き、四十代半ばになろうとする外川《とがわ》浩子《ひろこ》が代表をつとめている。

二十代のころ、赤ん坊のときに顔に火傷を負った男性と交際していたことがある。重症の火傷で、皮膚移植をしていた。

彼と街を歩いていると、いつも人の視線を感じた。ちらちら見る人、いったん目をそらしながら再び視線を送ってくる人、遠慮なくじろじろ見る人、いろいろだった。どれも腹立たしかった。

彼はどう感じているのだろう。あるとき話し合ってみた。いちいち気にしてもしかたがない。彼は、ひょうひょうとしていた。

だから自分の顔を受け入れているのだと思っていたら、そうではなかった。

「ふつうの顔になれるものなら、いますぐ手術でもなんでも受けたい」

彼は言った。

「自分の顔が大嫌いだ」とも。

思いがけない強い口調だった。そういえば、彼は一度も写真を撮ったことがなかった。鏡も見なかった。心の奥に抱えた傷は想像もできないほど深かったのだ。

浩子は調べて事故や火傷で顔に損傷を負った人たちでつくる民間団体「ユニークフェイス」を知った。行ってみようと誘う浩子に彼は淡々と言った。

「僕は活動する気はないが、君がやるならやってみれば」

浩子は一人で「ユニークフェイス」の会合に行った。容貌に事情を抱えたさまざまな人と知り合い、交流を深めるにつれて、彼らの人間性や活動に関心が深まった。

当事者中心の団体の中で、浩子だけが当事者でもなければ家族でもない。しかし、会員たちはそんな浩子を信頼し、心を開いて打ち明け話をしてくれた。

「ある人からは自殺未遂の話まで出たことがある。そんなこと、私が聞かせてもらっていいのかしらと、戸惑うほどでした」

いつのまにか「ユニークフェイス」の中心メンバーになった浩子は、個人的な都合で会を辞めることになった事務局長の後任に推された。

二〇〇三年から三年間、事務局長を引き受けたのは使命感からではない。ユニークな顔を持った人たちは考え方も個性的でおもしろく、一緒に活動するのが楽しかったからだ。

この間、悲しい出来事もあった。付き合っていた男性と別れることになったのだ。彼が目標だった麻酔科の医師になり、あまりにも多忙で会う時間がとれなくなったことも一因だった。

恋人同士でなくなってからも、彼は良き相談相手として浩子に的確な助言をくれた。

「ユニークフェイス」で活動するうち、浩子の中に疑問が芽生えた。

生まれつき、あるいは病気や事故で、人とはちがう外見で生きている人は少なくない。

まぶたを開閉する筋肉がうまく働かないため、まぶたが開きにくくなる眼瞼下垂《がんけんかすい》は、目の半分ほどをまぶたが覆う。眠そうに見えたり、人相が悪く見えたりで、人間関係で損をする。

トリチャーコリンズ症候群は、頬骨や下あごの骨、耳などの成長が不完全な遺伝性の疾患だ。生まれつき唇が裂けている口唇裂《こうしんれつ》。口蓋《こうがい》（口の中の上部）が裂けている口蓋裂。けがや病気によって顔面の神経が損なわれ、顔の表情筋がマヒする顔面神経マヒなど、「見た目」が異なる症状は、いろいろある。

浩子たちは医療機関や当事者団体の調査、海外の統計などから、「見た目」に悩む人は日本全国で八十万人から百万人はいると推定している。

いずれも本人の努力ではどうしようもないことだ。なのに、ときに世間から侮蔑のまなざしを向けられ、石を投げられ、危害を加えられる。

当事者はこもりがちになって孤立し、一般の人は彼らの心の内を知る機会すらない。両者がすれちがったままでいいのだろうか。

症状ごとに縦割りになっている当事者団体同士、さらに当事者以外の人たちを結びつけるような活動ができないか。

浩子は「ユニークフェイス」を辞めて新たなネットワークづくりに乗り出すことにした。二〇〇六年七月、「マイフェイス・マイスタイル」の旗揚げである。

現在のところ会員は百五十人。七割以上を当事者が占める。代表に就いた浩子に強力な助っ人が現れた。弟の外川正行だ。

正行は民間会社の営業畑で十年あまり働いたあと、退職して知的障害者の通所施設の職員になった。

「見た目問題の当事者は、みんな相手の気持ちを読む力が強い。すんなり友だちになれました」

できるだけ敷居を低く、と、会費は集めていない。運営資金の柱は、さまざまな財団が出す助成金と有料の情報誌『マイ・フェイス』の購読料である。

「100万人の見た目問題総合情報誌」をうたう『マイ・フェイス』は二〇一〇年春の創刊で、毎号、当事者への力のこもったインタビューが掲載されている。

創刊号はアルビノ、その後は円形脱毛症、あざ、眼瞼下垂……とつづく。

表紙は当事者がアップになった大きなカラー写真。恋愛や就職、親子間の問題など、語りにくいテーマも臆せず取り上げてきた。

雑誌を読んだ一般の読者は、温泉やプールを楽しむといったありふれた行為も、「見た目問題」がある人たちは勇気を奮って挑戦しているのだという事実を教えられる。

また当事者も、自分の症状以外の人たちの現状を知り、共通の問題と個別の問題があることを知る。

当初、年に四回発行の季刊をめざしていたが、残念ながら少しずつ間遠になっている。

カラー写真を多用した四十ページほどの雑誌は一部六百円。二千部売れて、ようやく採算が取れる。しかし毎号及ばず、赤字が積もる。寄付や外川姉弟の持ち出しで補っているが、それも限界に近い。

外川浩子の願いは「見た目問題」が社会問題として広く知られることだ。

街で無遠慮な視線を浴びる。迷信や誤解によるいじめや差別を受ける。恋愛や就職で理不尽な壁がある。

「見た目」がふつうとちがうことによる困難は数え上げればきりがない。

多くの人は機能的な障害がないため福祉の恩恵にはあずかれない。医療保険が適用されない治療の費用、あざや脱毛をカバーする化粧品やウイッグの経済的負担も重い。

「見た目」になにかあるからといって、症状が進行するわけではないし、命の危機が迫っているわけでもない。そのために世間からは「たいしたことではない」と軽く見られがちだ。

症状ゆえに周りとうまくコミュニケーションがとれず、人間関係に悩む人は少なくない。そんなときに相談できる適切な相談機関も見当たらない。

「どんなに苦しくてもこの問題から離れようと思ったことはありません」

どちらかといえばきゃしゃな体つきの浩子のどこに、そんなパワーが隠されているのだろう。肩に届きそうなところでカットされたまっすぐな髪、化粧っ気のない顔。ジーンズにTシャツといった出で立ちで、くるくるとよく動き、よく笑う。

「マイフェイス・マイスタイル」の野心は大きい。短期、中期、長期の三つの目標を掲げて実現に向かう。

短期の目標は各地で「見た目問題」への理解を深めるイベントを催すことだ。

二〇一一年二月二十日に東京で開かれたイベントは、大阪のときより四つ多い七団体が参加した。一般参加者もふくめて百六十人が集まった。

会場には各団体のブースが設けられ、それぞれ知ってほしいと思う内容を記したパネルが展示された。

公開討論会のテーマは、パート1が「もしも、今『まったく普通の人になれる』とするなら〝普通の人〟を望みますか？」。

パート2が「もしも、自分の子どもが、自分と同じ症状だったら」と、核心に踏み込んだ。

各パート四人ずつの当事者が、正面から本音で語って盛り上がりを見せた。

五年ほどかけて取り組む中期目標に据えるのは、「見た目問題」に特化した情報センターの設立である。

当事者の多くは個人で悩みを抱え込み、自分と同じ症状の人たちが集う団体があることさえ知らずにいる。また団体の側も独自に活動するだけで、医療機関や教育機関、行政との連携がない。数ある当事者団体同士だけでなく、関係する専門機関、メディア、一般市民らとネットワークを築き、あらゆる「見た目問題」に対応できる総合的なセンターをつくりたい。それは浩子の悲願でもある。

十年先の実現を目指す長期目標は、雇用の確保と経済的な支援を勝ち取ることだ。

「見た目問題」のある人が接客業に就けないのはある程度、理解ができる。しかし事務職まで落とされるのはなぜだろう。不採用の理由は別の理由にすり替えられて、外見による差別の実態はつかめない。

努力して学校を卒業しても、就職できなければ家族か生活保護に頼って生きるしかない。「見た目」による就職差別を禁じる法律がほしい。理解ある企業を一社でも多く開拓し、当事者の就職につなげたい。

当事者が安心して日常生活をおくるためのウイッグやカバーメイク、エピテーゼなどを購入する補助金制度も必要だ。

円形脱毛症の人にとって、ウイッグはおしゃれ用品ではなく必需品。

顔や指など、欠損した部分をシリコンなどで形作って補うエピテーゼの普及は遅れている。義眼、鼻、耳など、一人ひとりの肌の色や質感に合わせてオーダーメイドで仕上げていく。形成外科や口腔外科で研究が進められているが、日本ではエピテーゼは医療行為と認められていない。腫瘍などで失った顔の一部に取り付ける医療用具が「装身具」扱いだ。医療保険は使えず、したがって、鼻一つ作るのにサラリーマンの一か月分の給料ではまかなえない。

「美しさを否定しているわけではありません。きれいな人を見ると私だってうらやましい。でも見た目がちがうというだけで、背負わなくてもいい荷物を背負わされるのはおかしい。事故などで見た目が変わる可能性は誰にもある。みんなが自分の顔で、自分らしく楽しく生きられる社会にしたいのです」

浩子は役に立とうという気持ちなどないと、重ねて言った。

「楽しいからやっている。それだけです」

「マイフェイス・マイスタイル」の事務所は東京・下町にある浩子たちの自宅の一角だ。

玄関を出ると、夜空に完成間近の東京スカイツリーがぽっかり浮かんで見えた。

第三章 この道を歩こう

あの晴れ舞台へもう一度。願いを胸に、泳ぎつづける笠本明里さん。
目指すは２０１６年のリオだ。

一、パラリンピックめざして

種目変更で潰え去った夢

二〇一二年はオリンピックイヤー。

七月二十七日（日本時間二十八日未明）、ロンドンで開幕した第三十回夏季オリンピックと、つづく八月二十九日（同三十日未明）からの第十四回夏季パラリンピックでは、連日、選手たちの知恵と力を尽くした闘いが繰り広げられた。

日本選手の活躍が伝えられる度に、日本中が釜ゆでになったような酷暑の中で、人々はわいた。自国の選手たちを応援することで一体感を味わったり、東日本大震災後の沈んだ気持ちを奮い立たされたりもした。

笠本明里は人々の熱狂をよそに、心にぽっかりと開いた空洞をもてあましていた。

明里は大学を卒業して就職したばかりだった二〇〇八年の夏、二十二歳で北京・パラリンピックに出場し、一〇〇メートル背泳ぎで七位に入賞した実績を持つ。それからの四年間はロンドン・パラリンピックでメダルを取ることを目標に、きびしい練習を積んできた。それなのに、直前になって出場できなくなったのだ。

不運の始まりはロンドン大会に向けて種目の変更が行われたことだ。

パラリンピックでは競技の公平性を保つため、障害の重さによってクラスを分けて競い合う。視覚障害者の水泳は視力や視野の程度によって三つのクラスに分かれている。視力がまったくないか光がわかる程度の最も重い選手はS（スイミングを表す）11。数字が増えるに従って障害の程度は軽くなり、視力が〇・一以下、あるいは視野二〇度以下の選手がS13となっている。

明里の属する障害区分S13クラスで明里が得意としている一〇〇メートル背泳ぎがパラリンピックの種目からはずされた。

北京・パラリンピックではS11クラスで一〇〇メートル背泳ぎがなくなった。視覚障害の女子は選手の数がそれほど多くない。種目の変更は、ある程度やむを得ないことだ。

S13クラスの競技種目は五〇メートルおよび一〇〇メートルの自由形、一〇〇メートル平泳ぎ、そして二〇〇メートル個人メドレーの四種目となった。

二〇一〇年九月に変更の発表を聞いてから、明里は専門種目を以前から世界大会で挑戦している個人メドレーと自由形に切り替えて、練習に励んできた。

練習環境に恵まれているとは言い難い。

数が少ないために奪い合いになる五〇メートルプールを探して、日本身体障害者水泳連盟所属のコーチとともに、日々、移動する。千駄ヶ谷の東京体育館、千葉・新習志野の千葉県国際総合水泳場、東京都江東区にある東京辰巳国際水泳場……。勤務先を終業より早めの午後四時に出て、夕方から夜にかけての練習だ。

水曜日の勤務後はスポーツ整形クリニックや整骨院に通って、体のケアをする。目が見えにくい明里は、ふだん、つい前かがみの姿勢をとることが多く、どうしても腰に負担がかかる。水泳をつづけるためにはリハビリで体を調整し、体幹を鍛える鍛錬が欠かせない。

日曜日だけはしっかり休んで疲労をとる。仕事と練習。判で押したような繰り返しの毎日で、自分だけの自由な時間は一日に一時間あるかないか……。そんな窮屈な日々も、パラリンピックでメダルを取るという目標があったからこそ耐えることができた。

五輪ムードが高まってきた二〇一二年六月初め、国際パラリンピック委員会がロンドン・パラリンピックの各国出場枠を発表した。日本の水泳女子に与えられたのは九枠だ。ところが日本身体障害者水泳連盟はせっかく与えられた枠のうち四つを捨て、五人だけの出場を決めた。専門種目を変えたために、強化指定選手としての明里のランクは八番手になっていた。四年越しの夢が潰《つい》え去った。

ロンドン・パラリンピックは史上最多の百六十四か国・地域から約四千三百人の選手が参加した。しかし、日本の出場選手は百三十四人と、北京大会の百六十二人より絞り込まれた。

前回の北京大会では障害の程度に応じたクラス分けの統合が進み、重度障害者のクラスが削減された。日本が多くのメダルを取ってきた分野である。その結果、メダルの数はアテネ大会の五十二個から二十七個へと減った。今回は代表を厳選してメダルを狙いにいったのだ。

明里をあたたかく、きびしく指導してくれたコーチ。パラリンピックを目指していることに理解を示し、支援をしてくれた会社や同僚たち。彼らを思うと、出場できなかったことが悔しく、また申し訳ない気持ちでいっぱいになった。

パラリンピックに出られなかった以上、これまでのような時短勤務は許されないだろう。水泳はやめなければならないかもしれない。

そう思いながら出場できなかった顚末を報告に行った明里に、会社の人事担当者は穏やかな口調で言った。

「従業員の成長を支援するのは会社の目標なんですよ。パラリンピック出場だけがすべてではないでしょう?」

逆に励まされて涙がこぼれそうになった。会社も同僚たちもこれまでの明里の努力を評価し、専門外の種目で世界のトップレベルの選手と競う難しさをわかってくれた。


泳ぎを始めたのは二歳のときだ。

アルビノの子を授かった母親は、知り合いに同じような子どもがいたこともあり、病院通いをすることもなく明里の誕生を受け入れた。

神戸市郊外の住宅地に住んでいる近所の人たちはみな家族ぐるみで仲が良く、ときには一緒に旅行をするほどの親密な付き合いをつづけていた。

近所の子どもたちの誰かが習い事を始めると、明里も習いに行った。水泳、ピアノ、習字、英語。泳ぐと日焼けして痛かった。けれども懲りることなく泳いだ。水泳がとくに好きだったわけではない。みんなといられるのがうれしかったのだ。

子どもたちは毎日、群れになって外で遊んだ。明里も一緒になってサッカーや野球に明け暮れた。〇・一の視力にボールは見えにくかったが勘が働いた。いじめられたことはなく自分が特別だという意識はまるでなかった。

小学校は当然のこととして近所の子どもたちと同じ、地域の公立校に行った。教室の席だけは母親が学校に事情を説明して、いちばん前の真ん中が定位置になった。

勉強は好きで、得意だった。成績はよく、学習面で困ったことはあまりない。

先生たちはやさしかった。授業中、「黒板、見えるか?」と気配りを見せた。水泳の授業では「水着の上にTシャツ、着なくていいの?」と聞いてくれたりもした。自分を特別だと思っていなかった明里は、教師らの配慮をかえって負担に感じたほどだ。

スイミングスクールへは休まずに通っていたが、しんどい練習は、どちらかといえば嫌いだった。ただ、近所の子どもたちが行くから惰性で続けていたようなものだ。

「まあ、行かされていたという感じの方が強かったですね」

と明里は当時を思い出して笑う。

地域の中学校へ入学すると、自然な流れで水泳部の一員となった。そこで初めて自分が人とちがうということを意識させられる出来事があった。

日焼けで火傷状態になるのを避けるため、母親が日焼け止めクリームの使用を学校に願い出たが聞き入れてもらえなかった。明里が日焼け止めを使うとほかの生徒も使いたがって収拾がつかなくなる、というのが学校側の言い分だった。

校長、担任教師、明里の親が集まって再度話し合った結果、部活の前に明里が保健室に行って、ほかの生徒にわからないようこっそり養護教諭に日焼け止めを塗ってもらうことで合意ができた。学校とは、やっかいな場でもある。

七月のある土曜日、水泳部が急きょ練習をすることになった。ところが保健室の先生はお休みだ。明里は日焼け止めを塗らずに泳ぎ、見るも無残に全身、真っ赤になった。その姿を目の当たりにして、学校は明里にとっては日焼け防止が死活問題であることをようやく真に理解した。

中学時代は部活一色だった。一年生のとき全種目でタイムを測り、一〇〇メートル背泳ぎで一分三五秒だった明里は背泳ぎを専門種目として精進することになった。

神戸市の大会で学年別に泳いで八位以内には入るが上位には食い込めない。自分が並みの選手でしかないとわかった明里は、初めて本気で速くなりたいと思った。自己ベストの更新を切実に意識するようになったのはこのころである。

水泳部員は三十名いた。明里と同じ学年には女子が六人、男子が十一人。二年生になると明里は女子部員のキャプテンに推された。

水泳の指導に関しては顧問の教師に絶大な信頼を置いていた。顧問は速い部員だけでなく遅い部員もリレーに出場させた。彼はいつも言っていた。

「水泳はなあ、個人種目やけどチームとして支え合うことが大事なんや。遅い者ががんばっているクラブほどええクラブなんやで」

あろうことか、その顧問が転勤でいなくなった。次に顧問になった教師は水泳の門外漢だ。明里たちは自分たちで部を守り立てていくつもりでなんでもした。部の存続がかかっていた。しかし、実技指導を任せられる指導者がいないという理由で、翌年には廃部となった。

「毎日毎日、放課後に泳ぎました。泳ぐ楽しさを教えてくれたのは水泳部の顧問の先生です。振り返ってみると、中学の三年間がいちばん楽しく泳げましたね。それだけじゃない。仲間が大切なんだということも教えられた。私の人生観に大きな影響がありました」

兵庫県立夢野台高校へ進んでからも水泳部に所属した。高校生ともなるとおおっぴらに日焼け止めクリームを使うことができた。明里には特別に足の大半を覆う長い水着を着用することが許された。「笠本、めちゃ、かっこええやん」と他の部員たちをうらやましがらせた。

背泳ぎに磨きがかかり、中学時代の自己ベストタイム、一〇〇メートル一分二三秒が高校になると一分一八秒まで縮まった。二年生のときは兵庫県大会の学年別背泳ぎで決勝に残り、八位に入賞した。

身体障害者のための水泳クラブ

一方、新たな問題が生じていた。視力が徐々に悪くなり、勉強についていくのが難しくなったのだ。

黒板が見えない。いちばん前の席にいる明里を気遣って、「見えるか？」と問いかけてくれる教師に、つい「はい。見えます」と言ってしまう。ほんとうは見えていないのに。自分に対する配慮をみんなの前で見せられるのは心苦しく、また恥ずかしくもあった。

授業でわからないところをその場で解決できないまま、見えるふりをして先に進んだ。成績が落ちたのは目のせいではなく、頭が悪いからだと考えた。

体育でもそうだ。バレーボールはコートの中にただいるだけで、レシーブ一つ返せない。バドミントンはもっと悲惨で、空《くう》を行き交う小さなシャトル（羽根）がまったく見えなかった。それでも視力が悪いからではなく、運動神経が鈍いせいだと自分をごまかした。

高校では、中学時代の生き生きした明里はどこかへ身をひそめてしまった。代わって自信をなくし口数の減った明里が、ちんまりと教室にいた。

いつかはごまかしのきかない時が来る。

三年生の二学期にはバドミントンの授業がある。明里は意を決して体育教師に事前に打ち明けた。

「目が悪いので、バドミントンはできません」

返ってきた言葉は、「メガネかければ？」であった。

メガネをかけたからといって、事態が改善されるわけではない。自分の状態をどう説明すればいいのだろう。明里は保健室に駆け込んで、泣きながら苦しい胸の内を養護教諭に訴えた。

ストレスで耳が聞こえにくくなり、度々めまいが起きた。心の動きを注意深く観察しながら日記を書いた。自分の症状について知るためにいろいろ調べ、病院へも行った。

養護教諭から事情を聞いた担任が、明里を呼んで諭した。

「目が悪いなら、そう言わないとわからないよ。みんなに知ってもらった方がええやろ」

軽い、さらっとした口調だった。

そうや、ほんとうのことを言ったらいいんや。明里をがんじがらめに縛っていた縄がパラリと解けた。

二学期の中間試験のときに問題用紙の拡大コピーを頼んでみた。学校は簡単に応じてくれた。言えば助けてくれる人がいる。その方がラクに生きられる。

目に障害があることを認め、周りにも伝えるようになった高三の二学期から、明里は少しずつもとの快活な明里にもどっていった。

高校を卒業すると、障害者手帳の申請をさっさと行った。五級と認定された。受験制度を調べているうち、それまで考えもしなかった手帳申請の資格が自分にもあることを知ったのだ。

大学は五校、受験した。入試を受けるに当たっても、明里は条件を掲げて自ら大学と交渉した。親には頼らなかった。

試験時間を一・三倍に延長してほしい。

問題用紙を拡大してほしい。

できれば暗めの別室で受験させてほしい。

この三点だ。

「ずっと意地を張っていました。でも、高三の二学期を境に初めて障害と向き合い、たくさん悩み、何人もの先生たちとも話し合った。それで自分の障害を説明する力が付きました。きちんと話すと配慮してもらえることもわかりました」

受けた五校のうち、二つに合格した。神戸女子大学と神戸学院大学だ。

どちらに入学するか。少し迷って、受験のときにより親切だった神戸女子大に決めた。部屋が明るすぎるのではないかと心配した試験官が、試験の途中だったにもかかわらず、わざわざ天井の蛍光灯を一本、取りはずしてくれたのだ。

自分のことをわかってもらうために、入学前に大学側と話し合った。高校の卒業を控えて担任が、「これから生きていくうえで、障害のことは先にきちんと伝えておく方がラクだと思うよ」とアドバイスしてくれたからだ。

大学の学生課課長、明里が入学する社会福祉学科の教授二人、保健担当の職員と向き合って、明里は臆することなく自分の状態を説明した。

そのうえで、席はいちばん前の真ん中に。板書は大きな字で書いてほしい。配る資料は拡大してもらいたい。学内の試験の際には問題用紙の拡大と時間延長をしてほしい。

願いを書き連ねた要望書を手渡した。

大学は明里の話を真摯な態度で聞いた。どの授業も自由に録音してかまわないと申し出があった。一般教養の一回目の授業までに、明里の要望はすべての講師陣に徹底された。

明里自身も入学式の翌日、四十人の級友を前に自己紹介を兼ねて障害のことを余さず伝えた。のちに親しい友だちになった一人が、「むちゃ、はっきりした子やなあ、と思ったで」と驚いたほど率直に。

大学生活は快適だった。友だちもすぐにできた。とくに親密になった二人とは、いつも一緒で、授業のときは隣の席で小さな声で黒板の内容を読み上げてくれた。

ホワイトボードに書かれた文字が見にくいと伝えに行くと、担当教授が太いフェルトペンを貸してくれた。以来、ホワイトボードを使う講師にはそれで書いてもらうことにした。

語学は中国語を専攻した。大学は明里のためにノートテイカーをつけた。自校の学生をアルバイトで雇ってくれたのだ。

神戸視力障害センターに弱視のケアの相談に通うようになると、そこでさまざまな補助具と出合った。拡大読書器の存在を知って、大学で備品として用意してもらえないだろうかと学生課に交渉してみた。

明里の成績はほとんどが「優」。まじめな努力家で通《とお》っていた。大学は明里の要求を検討し、二回生に進級する前に二十万円近くする拡大読書器の購入を決めた。明里は要望を伝えることで学ぶ環境が次々に整えられていく手ごたえを味わった。

唯一不満を言えば、水泳部がなかったことだ。社会福祉学科に籍を置く明里は、地元でのボランティア活動の延長で知的障害や発達障害がある小学生たちに水泳を教えていた。

水と遊ぶ心地よさを知り、やがてクロールや背泳ぎができるようになってもらうプログラムである。

その夏は、アテネ・オリンピックで盛り上がっていた。明里も夢中になってテレビで競泳を観戦し、日本選手を応援した。

ある日、水泳を教えている子どもの母親たちが何気なく明里に言った。

「明里さんもパラリンピックに出ればいいのに」

えっ？　パラリンピック？

考えたこともなかった。

自宅にもどって出場資格を調べてみると、視覚障害の分野に当てはまるクラスがあった。がんばれば、私も出られるかもしれない。パラリンピックが急に身近なものになった。

障害者が泳げるところはあるのだろうか。インターネットで神戸楽泳会《らくえいかい》を探し当てると、さっそく見学に行った。

神戸楽泳会は一九八九年に設立された身体障害者のための水泳クラブだ。

始まりは神戸市が主催した身体障害者の水泳教室で、そこを卒業した人たちがもっと泳ぎたいと十九名も集まり、楽泳会発足につながった。おもに神戸市役所の実業団選手たちがボランティアで指導をしてきた。

阪神・淡路大震災の直撃を受け、いつも練習していたプールは一時期、被災者の風呂になった。被災しても、練習場所を失っても、解散を言い出す者はおらず、使えるプールを探して活動をつづけてきた。

趣味で泳ぐだけでなく、国際大会で活躍できる選手の育成に力をそそぎ、週に三回、神戸市立こうべ市民福祉交流センター内のプールの二コースを使って練習を重ねている。

明里はその場で神戸楽泳会のメンバーとなった。大学生になった年の十月のことだ。

そのころ楽泳会コーチの一人であった埴岡《はにおか》健介・神戸市水泳協会名誉会長は、笠本明里をよく覚えていた。

水泳の競技役員でもあった埴岡は、中学から高校にかけて神戸市や兵庫県の大会に出て泳ぐ明里の姿を何度も目にした。なにしろ金髪だから目立っていた。

そこそこのタイムで泳げるのに、フォームがよくない。正しいフォームを身に付けたらもっと伸びるのに、と惜しい気がした。

目が悪いことは知らなかったので、楽泳会に現れた明里を見て驚いた。明里のフォームがよくなかったことにも合点がいった。身体障害や聴覚障害なら泳法やフォームは見て覚えることができる。しかし、視覚障害者は正しいフォームをまねたり、自分の欠点を見て直したりすることがむずかしい。

背泳ぎをしている明里を観察すると、頭が上がり、下半身が沈んでいる。キックは力強いようでも膝が曲がっていた。それでは効率よく水をとらえることができない。ふだん前かがみになっている姿勢の悪さがそのまま泳ぎにも出ていた。

埴岡は体の軸がまっすぐな一本の棒になるよう、姿勢を整える指導を徹底した。おへそを水面より上に出し、額にゴーグルを乗せて落とさないように泳ぐ。同時に肩と肩甲骨の柔軟性を高める練習も繰り返した。腕で力任せに泳ぎ、肩が上手に使えていなかったのだ。

明里のタイムがまだまだ伸びると確信した埴岡は、文字通り、手取り足取り明里を教えた。速く泳ぐことより、正しいフォームで美しく泳ぐ基本の技術をそそぎ込むことからやり直した。五つ注意されたらそのうち二つでも三つでも意識しながら泳ぐ。「考える水泳」が埴岡の指導の要であった。

一年半のブランクを経て再び水にもどった明里は埴岡のことを「水泳の基本を叩き込んでくれた恩師」と敬愛している。

楽泳会に入って三回目の練習のときだ、明里はコーチから意外な言葉をかけられた。

「来年、世界大会へ出ぇへんか」

高校三年生のときに明里が出した一〇〇メートル背泳ぎのタイム一分一八秒は、世界ランクで八位だという。一般選手の間では目立たないタイムも、障害者水泳では上位につけている。十分に世界と闘える記録だと知らされた。

翌二〇〇五年八月に、米・コロラドスプリングスで開かれた十九歳以下の視覚障害者たちが競う世界選手権に出場した。

日本代表として臨んだ初めての国際大会であったが、事の重大さをわかっていなかった明里にはプレッシャーなどなにもない。ただ楽しく気持ちよく泳いだら五〇メートルと一〇〇メートルの背泳ぎで優勝して金メダルを取った。

表彰台で「君が代」を聞き、日の丸が揚がるのを目にしながら、優勝の実感はまるでわかなかった。むしろ感じたのはこんなに簡単に金メダルが取れていいいの、という戸惑いだ。一般の世界大会とのレベルの差を思い知らされることにもなった。

帰国して一週間後、今度は楽泳会の仲間五人とともに大阪の「なみはやドーム」で開かれた国内大会、ジャパン・パラリンピックに出場した。

明里は一〇〇メートル背泳ぎと、二〇〇メートル個人メドレーに出て、両方とも大会新記録で優勝した。以後しばらくは内外の大会に出るたびに日本の障害者水泳の記録を塗り替える快進撃がつづく。得意の一〇〇メートル背泳ぎで、一分一五秒台のアジア新記録を出すまでになった。

記録更新が地元の新聞に取り上げられたこともあって、スイマーとしての明里が大学でも知られるようになった。大会を転戦するには費用がかかる。二〇〇六年、南アフリカ・ダーバンで開かれた世界選手権に出場するときには、ざっと三十万円にのぼった経費のうち神戸女子大学学友会から五万円、学部会からも五万円のカンパが寄せられた。

大学では、各学部で一人の学生に与えられる学術奨励奨学金の奨学生に選ばれ、年間百万円あまりの授業料を免除された。勉強のほかは水泳の練習に時間を取られてアルバイトができない明里にとって、この特典はどれほどありがたかったかしれない。

仕事もがんばってもらわないと

三回生の三学期になると級友たちはみな浮き足立って、一斉に就職活動へと散っていった。

明里はもっぱらインターネットの障害者就職支援サイト「ウェブ・サーナ」を活用して会社訪問や就職フェアに足を運んだ。

社会福祉学科に在籍していたが、その分野に就職する気はなくなっていた。三回生のときに二度、それぞれ二週間ほどの実習を体験した。社会福祉士の資格を取るには社会福祉施設で実際に働きながら学ぶことが課せられている。

明里を受け入れた身体障害者更生施設の担当職員は、明里の目に障害があるとわかるとあたふたして「危ない」「リスク」という言葉を何度か口にした。明里は定められた実習を内容によっては「危ないから」とさせてもらえないこともあった。

障害がある自分だからできることがあると社会福祉学科を選んだが、期待と現実はちがっていた。「障害者に対して助けてあげなければいけない人というような固定観念を持っている職員が何人かいて残念な気持ちになりました」

社会福祉の道を選ばなかったもう一つの理由は水泳だ。パラリンピックをめざす明里にとって、仕事と水泳の両立ができるかどうかは切実な問題だった。福祉の道に進めば水泳はできそうにない。明里は信頼する数人の教授たちに「福祉の分野には行きません」とはっきり告げた。

一般の会社に飛び込んで、自分という人間を障害も含めて知ってもらおう。そう心を決めはしたが、いざ就職活動を始めると、高校時代の縮こまった、だめな明里が顔を出した。

「視覚障害があって、この外見で……。採ってくれる会社なんかあるのかな」

何もしないうちから自信を失い、人に会うのが怖くなった。せっかく取り付けたいくつかの会社訪問の約束をすべてキャンセルしたりした。

やっと重い腰を上げて受けた、ユニバーサルデザインに力を入れる第一志望の日立製作所は最終面接までこぎつけて落ちた。

「もし日立に受かっていたら、私は人生をなめていたかもしれません。あとのことを考えるとあのとき落ちてよかったんです」

　明里は真顔で言った。

　学生時代、多くのレポートや論文を書くうち、いつのまにかパソコンのタッチタイピングができるようになった。エクセルもワードもパワーポイントにも習熟し、補助具を使えば一般の人と比較しても遜色なくパソコンを使いこなすことができる。水泳をつづけることを認めてくれる企業に事務職として入社し、仕事と水泳とを両立させることが明里の願いであった。

　ハローワークの障害者担当の窓口に相談に行き、視覚障害者が事務職で採用されるケースはそう多くないという事実を知ってまた落ち込んだ。

　しかし、「とりあえず、動かなあかん」と気を取り直す。

　楽泳会で一緒に泳いでいる仲間の中には民間企業で働いている先輩たちが少なくなかった。彼らをつかまえては勤務先での視覚障害者の雇用状況などについて聞いて回った。

　みんな親身になって答えてくれた。就職試験の面接では「こういう道具を使うと見えます」とか「顔は見えなくても声で誰かわかります」など、できることを具体的に伝えるように、などと体験でつかんだ有益なアドバイスをくれた。「とにかく自分を出して、思っていることを話してきたらええよ」と背中をポンとたたかれ、気が楽になった。

　人と人に一生の絆となる出会いがあるように、人と企業にも出会いというものがあるのかもしれない。

　四回生のゴールデンウイーク明けに開かれた「サーナ」の就職フェスタで、明里はふと目に入ったＩＴ大手、大塚商会のブースにふらりと歩み寄った。名前は知っていたが、何をする会社か詳しくは知らなかった。

大して期待もせずに担当者に聞いてみた。

「そちらの会社に視覚障害の人はいますか？」

「関西支社に事務職で働いている人がいますよ」という返事に驚き、勢い込んで聞いた。

「水泳と仕事を両立できる環境はありますか？」

「僕のいる部署に車いすバスケの選手がいて、仕事と両立しているから大丈夫でしょ」

ここを受けよう。即座に決めた。

会社説明会に行く前に、会社の採用担当者に資料の拡大コピーを頼んでみた。

当日行くと、明里のために拡大コピーが揃えられていた。そればかりか筆記試験の日には薄暗くした別室が用意されていた。

感激した明里は面接のときも心を全開にして思ったままを話すことができた。最終面接に至るまで、心配していた外見について聞かれることはついぞなかった。

もし内定がもらえたら、ここに就職したい。明里は迷いなく思った。

実は大塚商会と同時期に受けた大手スポーツクラブからはすでに内定をもらっていた。明里が翌年に迫った北京・パラリンピックの出場候補選手であることを知って、採用に乗り気になった。事務以外にもパーソナルトレーナーとして働くことを求められた。けれどもそこは「うちはサービス業だから」と暗に髪を染めるよう、ほのめかした。明里は丁重な辞退の手紙を書いた。

大塚商会の「内定」の知らせを手にしたのは一週間後のことである。スポーツ契約ではなく一般社員としての採用だ。会社からは「水泳を続けることは支援します。しかし仕事をきちんとしたうえで水泳をするというスタンスでいてください。仕事もがんばってもらわないと周りも応援してくれないよ」とクギを刺されたが、それは明里が望むところでもあった。ほとんどのパラリンピック選手がそのようにしてスポーツを続けているからだ。

会社は入社前に明里が必要とする機器についても尋ねてくれた。半年に及んだ明里の就活は、働きたいと思える会社の内定を取り付け、めでたく終わった。

二〇〇八年四月一日、明里は社員八千人を擁する大塚商会（本社・東京）の一員となった。創業は一九六一年、コピー機やファクスなどＯＡ機器の専門商社からＩＴ関連へと事業を拡げて成長を遂げた大企業である。新入社員は三百五十人。全国に支店網を持ち、五十六人が関西支社に配属になった。

研修での自己紹介の折に、明里は「先天性色素欠乏症」であるため金髪で白い肌をしていることや、視力にも障害があることを隠さず伝えた。こういう場合はアルビノという言葉は使わない。色素欠乏と言った方がすぐにわかってもらえるからである。

最初に障害について言っておいたことで、研修中はいちばん前の、窓と反対側の席に「笠本さん専用席」というプレートが置かれるようになった。何のストレスもトラブルもなく楽しく研修を受けることができた。

明里の部署は販売促進につなげるためにＩＴ関連の展示会やソリューションフェアなどを企画、運営している。明里の仕事はエクセルなどを使ってイベントの集計や分析をし、データベースなどを作ることだ。

一日中、パソコンとにらめっこで、目を酷使する。会社は明里のために拡大読書器と音声パソコンを買い調えた。席は窓を背にして、窓には常にブラインドが下ろされている。

北京・パラリンピックはその年の夏に迫っていた。会社の人事担当者と話し合って、練習のために通常の退社時間である午後五時半より早い四時に仕事を切り上げることで合意した。勤務時間が短い分、支払われる給料は八割と決められた。

大阪の会社を出ると、電車とバスを乗り継いで一目散に神戸・三宮にある楽泳会の練習プールに向かう。

入念なストレッチで体をほぐし、そのあとプールへ。黒いシンプルな競泳水着が明里の白い肌を引き立てている。白いキャップの右サイドには赤で「ＪＡＰＡＮ」の文字、左サイドには日の丸が付いている。

まずは得意の背泳ぎで軽く泳ぐ。ウォーミングアップでも、みるみる遠ざかっていく。身長一六七センチ。長い手足を生かしたダイナミックな泳ぎっぷりだ。

休憩時間にはプールサイドに座り込んで、仲間たちとおしゃべりをする。笑いが絶えない。二時間、みっちり泳ぎ込んで、自宅に帰り着くと夜の九時半を回る。

楽泳会の練習がない日は自宅近くのスイミングクラブで選手コースにいる中学生や高校生に混じって泳ぐ。これがなかなかにきつい。もう少し仕事をしていたいという気持ちを振り切り、同僚からの誘いを断り、練習一筋だ。

「毎日早く帰って同僚たちに申し訳ないと思うし、もっといろいろ仕事をしたいとも思います。でも人と比べてもしんどいだけ。三十歳くらいまでは割り切って水泳に打ち込みます」

北京・パラリンピックへ

二〇〇八年九月、明里は念願の北京・パラリンピックへの出場を果たす。

世界ランキング十位以内の選手の中から、日本身体障害者水泳連盟と日本障害者スポーツ協会が医学的な面なども考慮して代表を選ぶ。世界ランク八位の明里は、異論なく選ばれた。

日本代表選手を集めた合同合宿は夢のような日々だった。全盲の金メダリスト、河合純一ら、本やテレビで知っていた著名な選手たちと同じプールで泳ぎ、食卓を共にした。

パラリンピックの期間中を入れて、会社を六週間、休まなくてはならなかった。いよいよ休みに入るという前日、朝礼のひとときを使って、急きょ、職場の上司や同僚たちが壮行会をしてくれた。他の部署からも社員たちがぞろぞろ出てきてフロアが二百人以上の笑顔で埋まった。うれしかった。

パラリンピックはそれまでに出たどの国際大会ともちがっていた。選手たちの気迫があたりに満ちて、独特の雰囲気が醸し出される晴れ舞台であった。

背泳ぎの予選を前に、高速水着レーザーレーサーに身を包んだ明里は涙をぽろぽろこぼしていた。

「以前、友だちから緊張しすぎて泣いたことがあるって、聞きました。そんなことあるわけないやろ、と思っていたんですけど、ほんとうでした。涙が勝手に出てきましたね」

生まれてから一度も味わったことのない、すさまじい緊張感だった。頭がパーンとはじけそうだった。四年間の精進を一瞬に賭ける。なんとしても決勝に残りたい。

予選のスタートを切ると、ありったけの力で泳いだ。中学校のあの名物顧問の熱い声が聞こえた。「後半、しっかり腕を回せ。とにかく、めっちゃ、回せ」。埴岡コーチの穏やかな声も届いた。「速度を上げてもフォームを崩したらあかん」

一分一四秒四三という好タイムで六位通過し、決勝に残った。

決勝のスタンドは超満員だった。アルビノである自分が泳ぐ姿を世界中の人に見せたい。明里は心底そう思った。大観衆の声援が地鳴りのように響いてくるプールで、幸せをかみしめながら泳いだ。四年間のあれこれの場面が細切れの映像となって浮かんでは消えた。

タイムは一分一四秒八五。力を出し切った明里はメダルこそ取れなかったものの七位に入賞することができた。初めてのパラリンピックは、あっというまに終わってしまった。

帰国して出勤すると、明里の机の上に「七位入賞、自己ベストおめでとう」と書かれた紙が置かれていた。会社は、有志の社員たちが毎月百円ずつ積み立てているハートフル基金からパラリンピック水泳日本選手団に三十万円の寄付をしてくれた。

「メダルは?」などと問う者はおらず、同僚たちは明里の健闘を心から祝い、ねぎらった。

北京・パラリンピック出場後、明里は四年後のロンドンを目指そうと決意した。予選より決勝のタイムがわずかながら遅かったのが悔やまれた。メダルを取れなかったことも正直に言えば悔しかった。

当初、自宅から通える関西支社で働きつづけたいと願っていた明里が、いつしか東京への転勤を考えるようになった。楽泳会の仲間や埴岡コーチと離れるのは淋しかったが、思い切って練習環境を変えたかった。

北京・パラリンピックの一〇〇メートル背泳ぎで優勝したカナダの選手のタイムは一分九秒台だ。せめて一分一〇秒台で泳がなければメダルには届かない。それには練習の仕方を抜本的に変えて技術を磨くしかない。東京では選手たちの合同練習や合宿の機会が多い。切磋琢磨して競い合うことができる。練習メニューも陸上での筋力トレーニングなどを含めて選手一人ひとりに合わせて工夫されている。

会社は明里のために大塚商会とネームが入った水着やトレーニングウエアを提供してくれている。大きな国際大会に出場するための休みは特別に出勤扱いにし、大会によっては遠征費も全額会社負担で支援をしてくれる。

パラリンピックという最高の舞台を経験したことでアスリートとしての自覚が高まった明里は、もっときびしい練習環境に身を置き、自分を鍛えたいと思う気持ちが強くなった。

仕事の面でもやりたいことが徐々に明確になってきた。

法定雇用率を満たす障害者を採用している大塚商会にはかなりの数の障害者が働いている。さらに毎年、新しく何人かが入社してくる。

就職を希望する障害者向けに合同説明会などを開くとき、明里が東京に呼ばれて話をする機会が何度かあった。関西支社も東京本社も、白い肌に金髪の明里を社内に囲い込んでおくのではなく人前に押し出してくれる。そのことがうれしかった。この会社で長く働きたいと思う。

大勢の学生たちを前に、心を開いて自分のことを話すのは楽しかった。明里の話を聞いた就活中の学生から「勇気をもらいました」などとメールが届いたりすると、しみじみやりがいを感じた。そのような体験を重ねるうちに、将来は障害者の雇用にかかわる業務に就いて、採用時と入社してからの彼らのサポートをしたいと思うようになった。障害のある人が一〇〇%、いや一二〇%の力を発揮できるよう、職場環境を整えるのだ。

人事に関する仕事は基本的には東京本社が担っている。明里は将来の希望を会社に提出する自己申告の制度を使って東京への転勤願いを出した。

十か月そこそこで東京本社への転勤がかなったのは会社が望む仕事と明里の希望がタイミングよく合ったからだ。

生まれて初めて親元を離れ、見知らぬ大都会で一人暮らしを始めることになった明里は内心、不安でいっぱいだった。

母親に同行してもらって新しい住まいをみつけ、そこから飯田橋にある本社までの道のりを一緒にたどって通勤の予行演習をした。近隣を歩いてコンビニやスーパーの場所も確認した。

勉強や仕事で目を酷使するうち少しずつ視力が落ちて、当初五級だった障害等級は社会人になって三級に変更されていた。

心配していた自炊も案外苦にはならず、練習が早く終わった日に三日分ほどのおかずを作りだめする。外食はめったにしない。

配属になった総務課で、明里は社内で使う備品や制服の発注をするなど、社員を相手にした仕事をしている。東京本社だけで千数百人の社員が働いているのでそれだけでもけっこう忙しい。

本社に来てみて驚いたのは、同じフロアで障害のある人がたくさん働いていることだ。賃貸ビルにオフィスを構える地方の支店や営業所では設備の面でバリアフリーに対応できず、車いすの人たちが本社に集まる結果になっているのだろう。

明里と同じ課には十五人が働いている。隣の席の人にもお向かいの席の人にも障害がある。平均年齢は関西支社より十歳ほど若い。

転勤してきて最初の朝礼で自己紹介したとき、明里は入社時と同じように自分の障害について真っ先に説明をした。

「私はふつうに歩いていますが、実はよく見えていないのです。廊下ですれ違ったときなど、声を聞いて初めて誰だかわかります。もし挨拶をしなくてもそれは見えてないからです。どうぞ誤解しないでくださいね」

自己紹介のあと、さっそく同僚の一人が傍らに来て気さくに声をかけた。

「ふだん、なんて呼ばれているの？」

水泳仲間からは「あかりん」だと言うと、同僚たちはすぐに「あかりん」「あかりん」と親しげに呼びかけてきた。明里も「私がどのくらい見えているか、遠慮せずに聞いてね」などと返し、見えないことを冗談にして笑わせるほど打ち解けた。

泳ぐ環境もがらりと変わった。

プール探しの苦労はあるが、コーチは明里の体力や特性を考え、オリジナルの練習メニューを組んでくれた。コーチが何かの都合で来られない日もメニュー通りの自主練習をする。全日本クラスの仲間たちとする合宿も刺激的だ。

障害者スポーツを〝福祉の一部〟から払拭する

絶対、見るもんか。悔しくて、事実、開会式は見られなかったロンドン・パラリンピック。

いざ競技が始まってみると気になってしかたがない。見ないではいられなくなった。なにしろ出場しているのは一緒にきびしい練習を積んできた八年越しの仲間たちだ。応援せずにはいられなかった。

夕方になるのを待ちかねて予選の結果をインターネットでチェックする。決勝の成績は朝起きていちばんに確認した。

日本水泳陣は不調がつづいていた。バルセロナ以来、パラリンピック六大会に連続出場し、金五、銀九、銅七の計二十一個のメダルを獲得した全盲のスイマー河合純一選手は、今回、初めてメダルに届かなかった。

しかし一〇〇メートル背泳ぎでは四位といえども一分八秒台の自己ベスト。三十七歳のがんばりが不調の流れを吹き飛ばすにちがいない。明里は確信した。

翌日、生まれたときから両腕がない中村智太郎《ともたろう》選手が一〇〇メートル平泳ぎで頭からゴールに突っ込み、銀メダルをもぎ取った。

彼とは明里がパラリンピック代表に落選してからも以前と同じ親しい付き合いが続いていた。足だけで泳ぐ中村選手は、少し泳ぎ込むと足に過重な負担がかかって故障が起きやすい。ほんとうは人一倍練習したいのに、自制を強いられる。北京・パラリンピックのあと故障した膝を手術しており、それが完全に治っていたわけではない。そのような事情を知っていただけに、胸が熱くなった。

その後も若手が次々にメダルを取った。同じ視覚障害の秋山里奈（明大大学院）ともときどき連絡を取り合う仲だ。

競技初日、秋山選手は水に慣れるために出場した一〇〇メートル自由形で、スタート直前に体が動いて失格になった。タイムも振るわなかった。

どんなに落ち込んでいるだろう。明里は思わず携帯メールを送って励ました。秋山選手からは

「やっちゃったよ。笑うしかない」と返信があって、ほっとした。

その秋山が得意の一〇〇メートル背泳ぎで金メダルを取った。全盲の彼女はメダルの輝きを目にすることができない。首にかけたメダルの重さを手で確かめながら、「きっと、この世でいちばんきれいな色なんだと思う」とインタビューに答えるのを明里はテレビのニュースで見た。

テレビ画面にはロンドン郊外のオリンピックパークにあるアクアティクスセンターの五〇メートルプールが度々映し出された。

明里が世界の強豪と闘っていたはずの場所だ。そこで泳ぐ秋山選手がうらやましかった。出られなかったことが、返す返す口惜しかった。

けれども四年前には秋山選手が涙をのんだ。北京・パラリンピックでは秋山選手が属する障害区分で一〇〇メートル背泳ぎが種目からはずされたのだ。

表彰台で輝くような笑顔を見せる秋山選手に、明里は心からの拍手を贈った。

ロンドン・パラリンピックはこれまでにない盛り上がりを見せた。

一九四八年、ロンドン五輪が開催されるのに合わせてロンドン郊外のストーク・マンデビル病院に勤務していた医師、ルードウィッヒ・グットマン博士の呼びかけで車いすアーチェリーの大会が催された。第二次世界大戦で傷ついた元兵士たちのリハビリが目的だった。参加選手は十六人で、会場は病院の庭。これがパラリンピックの始まりとされる。

六十四年を経てロンドンに戻ってきたパラリンピックの観戦チケットはこれまでで最高の二百七十万枚が売れ、約五十六億円の売り上げを記録した。百か国以上の、ざっと四十億人がテレビの前で声援を贈った。

パラリンピック選手たちが競う姿を見て、「障害があるのにがんばっている」などと思う者がまだいるのだろうか。限界に挑んでいくアスリートの努力と勇気に打たれるだけではないか。

オリンピックとパラリンピックの格差は回を追うごとに縮まっている。

何より選手たちの鍛錬や努力、加えて競技用車いすや義足などの装具類が改良されて性能が向上していることも一因だ。

ロンドン・パラリンピックは、障害者スポーツ発祥の地にふさわしく、計画段階から五輪と一体になって運営した初めての大会となった。

開催国英国では多くの競技でオリンピック選手とパラリンピック選手が同じ場所で練習する環境を整えた。競技によっては合同練習もした。その結果、中国に次ぐ計百二十個のメダルを獲得した。

メダル数二百三十一個と一位だった中国は、障害者用のナショナルトレーニングセンター（NTC）をつくって選手の強化に力を入れてきた。

二十七個のメダルを取った韓国は、二〇〇五年に行政の福祉部門が担当していた障害者スポーツを一般のスポーツと同じ部門に移して一本化した。障害者専用のNTCも完成し、メダル報奨金は五輪と同額だ。

パラリンピックのレベルが上がれば五輪同様、メダル至上主義に傾きがちだ。そのことには疑問を抱くとしても、メダリストたちの姿が子どもたちの心を奮い立たせ、障害者スポーツのすそ野を広げていることもまた事実だろう。

メダル十六個だった日本の環境整備は遅れている。二〇一一年にスポーツ基本法が制定されて、障害者スポーツの推進がうたわれた。選手強化のための予算がついたが日本オリンピック委員会への補助金の四分の一以下だ。

メダル報奨金も五輪選手が金三百万円、銀二百万円、銅百万円なのにパラリンピック選手はそれぞれ百万円、七十万円、五十万円と大きな差がある。

東京都北区にあるＮＴＣと国立スポーツ科学センターは、パラリンピック選手たちは原則として使えない。ふだんは五輪を目指す選手が優先的に使用する。

ロンドン・パラリンピックを二か月後に控えた六月、パラリンピックの水泳代表チームが日本水泳連盟の協力で二日間にわたって国立スポーツ科学センターで練習をした。そのことがわざわざ新聞で伝えられた（二〇一二年七月二十日付朝日新聞）。一般スポーツは文部科学省の所管で、障害者スポーツは厚生労働省。縦割り行政の壁は厚く、障害者のスポーツをスポーツとしてではなく福祉の一部ととらえる意識をまだ払拭できていない。

支援体制が心もとないこと以外にも、パラリンピックならではの課題もある。公平を期するために障害の種別や程度に応じてクラス分けを行っているが、毎回、選手たちに不満を残す。そして公平を目指せば目指すほどクラス分けが細かくなって、その結果、競技種目も増える。

大会ごとにクラスや競技種目が見直され、引き続き残る種目、はずされる種目が検討される。選手たちは自分が出場を目指す種目が次の大会に残るのかどうか、発表があるまで不安な気持ちで待たなければならない。

笠本明里は二〇一〇年八月に開かれた世界選手権で、得意とする一〇〇メートル背泳ぎで一分一三秒三三の自己ベストをたたき出した。にもかかわらず背泳ぎを封印して、個人メドレーに切り替えなくてはならなかったのだ。

ロンドン・パラリンピック後にも障害のクラス分けと種目の大幅な見直しがある。二〇一六年。ブラジルのリオデジャネイロで開かれる大会で、一〇〇メートル背泳ぎは復活するのだろうか。それどころか、明里の属する弱視のクラスを丸ごとパラリンピックの対象からはずすといううわさも聞こえてくる。

「あれこれ考えてもしかたない。いまの私にできることは復活を信じて泳ぐことだけです」

再開した毎日の練習で、久々に背泳ぎで泳いでみた。体は軽く、手足がのびやかに水を捉えているのを感じて、心から楽しいと思った。

二歳から始めた水泳は、いつのまにか明里の血となり肉となっている。自分という存在から切り離すことのできないものになった。

いまは泳げることに感謝して、心をこめて泳ごうと思う。その先に四年後のリオがある。

二、みんなの寺

三月十一日午後二時四十六分
奥の座敷で檀家の夫婦と向き合って穏やかに語り合っているときだった。
ゴォーッ。耳にしたことがないような地鳴りとともに、猛烈な揺れが体を突き上げた。
本堂はじめ部屋のあちこちにある十数個の花瓶が次々と倒れ、転がり、水が流れ出す。どこかで何かが倒れる音がした。

住職の天野雅亮《あまのがりょう》は膝に抱いていた生後六か月の長男をしっかり抱きかかえ、檀家夫婦を先導して外へ出た。

揺れは、治まったかと思うとまたすぐに襲いかかった。大きな揺れが、あとからあとから押し寄せた。

檀家夫婦は自分たちの車がひっくり返らないよう手で必死に押さえている。寺の二階で双子の次男に授乳しているはずの妻の和公《わこう》のことが気にかかったが、激しい揺れになすすべもない。

揺れが小刻みになるのを待って寺の二階に駆け上がってみると、妻がこわばった顔で次男を抱きしめていた。パソコンなどの機器や道具類はみな倒れ、家具の扉が開いて、部屋にはさまざまな物が乱れ飛んでいた。

二〇一一年三月十一日午後二時四十六分、三陸沖を震源とするマグニチュード九・〇の大地震が起きた。北海道から九州に至る広い範囲で大地が揺れて、巨大な津波が東北の太平洋沿岸部を呑み込んだ。

宮城県仙台市泉区北中山にある「みんなの寺」は幸い海からは遠く、津波の被害は免れた。だが、地震発生直後から電話が通じず、水も電気もガスもない生活を余儀なくされた。

住職一家は避難所へは行かず、夫婦と三人の子どももろとも寺にとどまった。誰かが助けを求めて訪ねてくるかもしれないからだ。

給水車の列に並び、食料品を手に入れるためスーパーで行列もした。しかし、道路が寸断されて物流が途絶え、生鮮食品は手に入らなかった。

暗くなればローソクに火をともし、食事は冷凍庫にあった食品を少しずつ解凍して石油ストーブの火で煮炊きした。双子の兄弟のためにふだんからおむつを大量に買い置きしていたことが気持ちをほんの少し軽くした。

すさまじい揺れだったにもかかわらず、お寺の建物本体は壁にひびが入った程度で済んだ。同じ町内には傍の崖が崩れて亡くなった人もいた。

被害の深刻さが日を追って明らかになった。時折、人が訪ねてきては、おしゃべりして帰っていった。雅亮は少しでも役に立てばとローソクなどを手渡した。

三月末にはガスが開通してライフラインがすべて復旧した。そのころから葬儀の依頼がぽつぽつと入るようになった。

葬儀といっても、むろん通常のお葬式はできない。急ごしらえの遺体安置所に変わった葬儀社の会館に出向いて棺《ひつぎ》を前にお経をあげるのだ。多くの人たちが家を失い、家族を失って、小さな葬儀社の手狭な会館にさえ百体を超える遺体が運び込まれた。遺族らでごった返していたが、不思議と泣き叫ぶ声は聞こえなかった。

仙台に隣接する名取市の閖上《ゆりあげ》地区に住んでいた檀家夫婦は、車で自宅の様子を見に戻った夫が津波に呑まれて帰らぬ人となった。地区全体が壊滅状態だった。

夫の亡骸を前に、長年連れ添った妻の表情は静かなままだった。遺体が早くみつかってよかったという安堵の気持ちもあったのだろう。

火葬場が足りず、新潟県や山形県に行って火葬してきた骨を寺に持参する檀家もあった。大切な家族を失ったはずの遺族が一様に淡々として見えた。雅亮もそうだが、みんな、夢を見ているような時間の中にいた。

ＪＲ仙台駅前から路線バスに揺られて四十分。郊外の静かな住宅地でバスを降りると、目の前に「宗教法人みんなの寺」と赤い文字で書かれた看板が見える。

看板のそばに建っているのは白い壁に格子窓の民家で、お寺というよりペンションかカフェのようなたたずまいの建物だ。

鍵がかかっていない白い格子の両開きのドアをそっと開けると、「南無阿弥陀仏」と書かれた軸が目に飛び込んできた。寺のご本尊だ。その前にはよく磨きこまれたローソク立てや花入れが置かれ、カーペットを敷いた床には背もたれのない小さな椅子が並べられている。南側の道路に面した格子窓からは太陽が降りそそぐ。寺には不似合いなほど明るい本堂だ。

「よくいらっしゃいました」

住職の天野雅亮が本堂右手にある座敷の奥から笑顔で現れた。寺に居るときであれば、誰でもこうして笑顔で迎え入れる。四十三歳。夏の終わりで涼しげに透ける墨染めの衣に、ふだん用の輪袈裟《わげさ》を着けている。黒い衣が肌の白さをいっそう際立たせ、剃髪した頭部はうっすらと金色を帯びている。

縁もゆかりもなかったここ仙台に中古の民家を買って、妻の和公とともに新たに寺を開いたのは二〇〇二年十月二十五日のことだ。

檀家ゼロでスタートした寺が、十年足らずで五百軒ほどの檀家を持つまでになった。四百人もの人々が集うお盆の法要は手狭になった本堂に入りきれず、四回に分けて営んでいる。

月命日に、それぞれの檀家を訪ねてお参りする月参りは、希望が重なる土日には住職の雅亮一人では回りきれないことがある。そんなときは和公も分担してお経をあげ、法話をするために檀家に出向く。

瞑想の指導をしたり、悩みを抱えて訪れる人たちの相談に乗ったりと、「みんなの寺」はふだんから人の出入りが多い。

実は雅亮はお寺ではなく、公務員の家庭に生まれ育った。十代の終わりになって外の世界から仏の道に飛び込んだのだ。

そんな人物が住職をつとめる「みんなの寺」が地域に溶け込み、にぎわいを見せている。

葬式仏教と陰口を言われるほど日本人の日常とかけ離れてしまったお寺や仏教の今日からすると、ちょっとした奇跡のように思えなくもない。

仏の道へ入り、髪を染めるのをやめた

一九六八年三月、雅亮は北海道で生まれた。父親は道庁の職員だった。

両親が雅亮の目が見えにくいことに気づいたのは二、三歳のころである。何度注意されてもテレビのすぐ前まで歩み寄って画面を見ようとするからだ。

近くの病院で検査をしてもらい、弱視と診断された。目に色素がないせいで、成長しても視力がよくなることはないとも教えられた。

小学校は盲学校ではなく地域のふつうの学校への入学が許可された。就学前検診で、ほかの子どもたちと一緒にやっていけると判断された。

入学すると教室の一番前の真ん中が雅亮の席と決められた。高校を卒業するまでそこが雅亮の指定席になった。

少しでも見やすくなればとメガネをかけたが、黒板の文字を読み取ることはできなかった。担任は雅亮を気遣い、大きな文字を書いた。それでも漢字はまるで読めなかった。ただの「ぐちゃぐちゃした塊」にしか見えなかった。

父親が家で雅亮に助け舟を出した。国語で新しい漢字を習うたびに、その字をチラシの裏いっぱいに大きく書いた。雅亮はそれをなぞって覚えていった。

黒板の文字を見て写すのがむずかしいとわかり、耳に届く先生の話し言葉を書き取るようにした。授業中は、とにかくひらがなで書いておく。家に帰ってそれを漢字混じりの文章に清書した。

そうした努力の甲斐があって勉強はよくできた。

「自分でいうのもなんですが、成績は常にトップの方でした」

通信簿は体育だけに5段階の2がついた。

「スポーツは小さいころから苦手意識がありました。とくに球技は距離感がつかめないのでだめでした」

いま振り返っても楽しい小学生時代だったと思う。学校の配慮があったせいか、子どもたちも雅亮をそれとなく気遣い、かといって特別扱いはせずに一緒に学び、遊んだ。

中学二年の夏になって、いじめが突然、身に降りかかる。

父親が函館近郊の町から帯広に転勤になり、すぐ隣のベッドタウン、芽室《めむろ》町に移り住むことになった。

転校してすぐに瓶の底のようなレンズがはまった雅亮のメガネが取り上げられて、クラスからクラスへと回された。もどってきたのは翌日だった。

「太陽の光を浴びると黒い髪が紫色を帯びる。顔は白いし、ひ弱にも見えたでしょう」

目立つ外見をした転校生。それはいじめの恰好の標的だ。何度か靴がなくなり、体育の授業のときは教師にわからないよう意地悪をされた。

全国各地の学校で校内暴力が問題になっている時期だった。

「中学校自体が荒れていた。アルビノがいじめの理由だったかどうか、わかりません。ただ自分のなかでアルビノであることがコンプレックスになったのはまちがいない」

好きだなと思う女の子もいたが、近づくことはしなかった。外見に引け目を感じて、自分でもてないと決めつけていた。

「スポーツ万能で頭もいい弟はバレンタインデーに袋いっぱいチョコレートをもらってきました。私はゼロです。弟がうらやましかった」

いじめは深刻なものではなかったが、いじめられているという事実がつらかった。

そのころは家に帰るのが楽しみで、家に帰るとほっとした。家という逃げ場があるのがありがたかった。

しかし、学校生活全体が暗かったわけではない。五、六人の親しい友だちがいたし、弁論大会や英語の弁論大会にクラス代表で出たり、学級委員に選ばれたりした。

いじめにも、その都度きちんと反発し、言い返した。そうしながら、あたりでいちばんの進学校へ合格するぞとひそかに決めた。いじめている連中には決して追いかけてくることのできない高校だからだ。

北海道帯広柏葉《はくよう》高校がそれである。二年上にはのちに「ドリームズ・カム・トゥルー」のボーカルになる吉田美和がいて、学校の人気者だった。シンガーソングライターの中島みゆきもここの卒業生だ。

志望校への進学を果たし、雅亮はあまり勉強をしなくなった。

「燃え尽きちゃったんでしょうね」とはぐらかしたが、同級生たちと同じスピードで勉強するのがむずかしくなったのだ。

進学校だから有名大学へ合格させることが重視され、雅亮の視力に対する配慮などは二の次だった。

「中学校までは家に帰って復習さえすればできました。でも高校生になると学習の速度でも量でもついていけなくなりました」

大学へは行くものと思っていたので「国立理系」を志望した。車や機械が大好きで、自動車メーカーに就職して車の設計ができればと将来の夢を描いていた。

ある日、校舎の一角にあった進路指導室の就職コーナーで、自動車メーカーの求人資料を見る機会があった。

車の製造にかかわる仕事に就くには〇・六以上の視力が必要だと明記されていた。あわててほかの自動車メーカーの資料を繰ってみると、どこも同じような条件をつけていた。

「夢と現実のギャップに気づかされました。無理なものは無理ですからね。方向転換を考えざるを得なくなりました」

進路を文系にも広げたものの勉強が間に合わず、第一志望の北海道大学をはじめ、受けた大学数校はすべて不合格になった。

浪人が決まると予備校に入るために、単身、札幌に出た。転校が困難で親の転勤についていけない道職員の子どもたちが入る寮があり、その一室におさまった。

予備校では志望を文系に切り替えた。しかし、やりたいことは見えてこなかった。そんなとき、函館の官舎で一緒に過ごした幼なじみと久々の再会をした。彼は北大の学生となって札幌に来ていた。友情が復活し、勉強についてアドバイスをもらったり、息抜きに互いの部屋を訪ね合ってしゃべったりした。

医師をめざしている友人は精神世界に並々ならぬ関心をもち、その種の本をたくさん読んでいた。本棚には気功について書いたものや宗教の本、仏教書などが並んでいた。

彼の話に興味をそそられ、それらの本を借りては勉強の息抜きに一冊また一冊と読むようになった。おもしろかった。雅亮はなかでも仏教の教えに強く惹かれ、もっと深く知りたいと思うようになった。

「自分を変えたい、変わりたい、という気持ちがずっとありました。高校ではいじめはなかったけれど、人間関係がうまく結べないという感覚がつきまとっていました。仏教の修行を通じて自分を変えることができればと思ったのです」

友との再会が、思いがけない人生の転機を運んできた。僧侶として生きよう。それが自分の性格や人生観に合っている。札幌に雪が舞うころには心が決まった。

仏教系の大学へ進むという選択もないではなかったが、学問をするより一日も早く実践の場に身を置きたかった。どうしたら僧侶になれるのか。サラリーマン家庭で育った雅亮にはその道筋がわからない。

三年間通った高校の近くに大きな寺があったことを思いだし、帯広に戻ってその寺の門をたたいた。浄土真宗本願寺派の本願寺帯広別院である。

寺を預かる責任者が雅亮の話に耳を傾け、京都に僧侶を養成する専門学校があることを教えてくれた。一筋の光が見えた。

仏門に入りたいと思う。

両親に打ち明けると、「おまえには合っているかもしれないね」と、静かな反応が返ってきた。父親も母親も、拍子抜けするほど寛容だった。

許されて京都市右京区にある中央仏教学院の道場に入った。十九歳の春だ。

中央仏教学院は、西本願寺が浄土真宗の僧侶を育成するために設立した勉学と修養の場である。朝の読経から始まって隅々まで清める掃除や、仏教の教義、仏事の作法を学ぶ講義などが終日詰まっている。

三学年あるが、初歩を学ぶ予科は高校を卒業していると免除される。次は本科、その上が研究科で、ここでは経典を専門的に研究する。

雅亮の入った本科には全国から百二十人ほどが集まっていた。九割が寺の子息、残りが雅亮のように外の世界から来た若者たちだ。

仏教を学ぶことはおもしろく、修行は楽しかった。寮生活も集団での修行も、つらいと思ったことは一度もない。

仏教学院に入ってすぐに、もう一つの決断をした。髪を染めるのをやめたのだ。

「染めるのは幼いころから私の日常でした。だから少しも苦痛ではなかったけれど、どこか偽りの自分で生きているような気がしていました。それに区切りをつけたかったのです」

浄土真宗は鎌倉時代初期の僧、親鸞が、師である法然の説く教えを受け継ぎ、発展させたものだ。「門徒もの知らず」。ときに他の宗派からそう揶揄されるように、僧侶であっても髪を伸ばし、肉食や妻帯が許されている。作法や教えも簡潔で、ゆえに庶民にひろく受け入れられた。

髪は伸ばしたままでいいのだが、修行に入って一か月ほどたったある日、雅亮は自分の手で頭を剃った。やがて伸びてきた髪は淡く金色を帯びた白髪だった。

それを見た僧の卵たちは、あたたかかった。

「なんで黙ってたのよ。そっちの方が似合うよ」などと口々に言う。

「自分が変わっていくのを感じました。いままで背負っていたものがなくなって軽やかになった。人目を気にすることもなくなりました」

異性にはもてないだろうと思っていたのに、髪を染めるのをやめてから好きになってくれる人が現れた。

「それでいつのまにかコンプレックスもなくなりました」

アルビノに生まれたことと仏教の道に入ったこととは関係がない。

雅亮はきっぱりと否定する。

自らを変えたからだろう、二十代は友だちに恵まれた。仏教にかかわるさまざまな活動に参加し、志を同じくする仲間と友情を育んだ。

少林寺拳法を始めてからは新たな友との出会いもあった。人の輪が広がるのがうれしかった。

中央仏教学院で定められた修行を終えると得度の資格が与えられる。寺の息子たちは自分の寺にもどって住職を助けながらさらに修行に励む。

雅亮には戻るべき寺がない。世話する人があって京都の西本願寺北山別院に勤めることになった。寺に住み込んで勤務する僧侶である。

広大な境内を掃き清め、経を読み、求めに応じて檀家を回る。本山の職員として給料をもらいながら修行に打ち込む日々は、仏教がほんとうに自分に必要なものか、人生を賭けるに足るものか、自問自答を重ねる日々でもあった。

「一緒にお寺をつくらない？」

二十八歳になったとき、もっときちんと仏教を学びたいという思いが抑えられなくなった。雅亮にはこの世界に入ったときから敬愛してやまない二人の人物がいる。河口慧海《えかい》と玄奘三蔵《げんじようさんぞう》である。

彼らが試みたように、仏陀本来の教えに近づいてみたかった。黄檗宗《おうばくしゆう》の僧侶であり仏教学者でもあった河口慧海は、漢語に訳された仏典が元の思想から遠ざかっているのではないかと疑問を持った。

仏陀のもともとの教えがわかるチベット語訳の仏典を求めて一八九七（明治三十）年に神戸港を出港し、チベットをめざす。途中インド、ネパールで数年の歳月を費やし、中国人と偽って、日本人として初めて厳重な鎖国政策をとるチベットに入国した。

『西遊記』でおなじみの玄奘三蔵（三蔵法師）は、はるか昔、唐の時代の中国で活躍した高僧である。仏典の研究は原点に拠るべきだと考え、政府に何度もインドへ行くことを願い出たが許可されず、六二九年、二十七歳のときについに密出国に及ぶ。

タクラマカン砂漠を徒歩で抜け、氷の天山山脈を越え、三年後にようやくインドにたどり着いた。インド各地の仏跡を巡礼し、サンスクリット語の仏教原典を大量に持ち帰ったときは四十歳を過ぎていたという。

帰国後は仏典の翻訳に打ち込んだ。日本でもっともよく読誦《どくじゅ》される般若心経は、このとき翻訳されたものがもとになっている。

二人とも仏教の神髄にふれるためなら苦労をいとわなかった。雅亮が二人を尊敬してやまない理由もそこにある。

旅への憧れもあった。お盆の後にようやくとれた休みを利用して自転車で九州へ出かけたことがある。体いっぱいに風を感じながらひた走り、見知らぬ土地の人々とふれあうと、自分が生き生きしてくるのが感じられた。

そろそろ潮時だ。別院に辞表を出して、背中に荷物を一つ背負って旅立った。

「玄奘三蔵も慧海さんも旅では苦労した。私もできるだけ苦労して行きたかった。そういうストイックなところへ身を置くのが好きなのです」

中国・天津からシルクロードをめざして西へ。西安《せいあん》、敦煌《とんこう》、ウルムチを通り、タクラマカン砂漠を見やりながら天山山脈へ。中国西端の国境の町から国境沿いに崑崙《こんろん》山脈を越えてチベットのラサに入る道のりだ。

ふつうの旅人は決して行かない過酷なルートで、標高六〇〇〇メートルを超えると高山病に苦しめられた。

通りすがりの村で村人らに助けられながらラサにたどり着き、さらにネパールへ。途中、ヒマラヤで遭難しそうになりながら、最終の目的地インドに入国を果たすことができた。

インド各地の仏跡をめぐり、ヨガの聖地では道場に入って修行した。

インドで滞在するうちもっと広い世界を見たくなった。再びリュックを背負ってパキスタン、イラン、トルコ、シリア、ヨルダン……と、心の赴くままに旅をつづけた。

先々で宗派を問わず寺を訪ね、瞑想にふけり、修行者と語り合った。ダライ・ラマやサイババ、亡くなる少し前のマザー・テレサらに会ったのはこの時期だ。

いつのまにか一年半が過ぎていた。

父親の還暦祝いに日本に一時帰国すると、両親に「そろそろ落ち着きなさい」と引き留められた。考えた末にとどまることに決めたのは、雅亮自身も日本をベースに仏教をもう一度深めたいという気持ちになっていたからだ。

生涯を仏教とともに歩む。いつか自分の寺を持つ。

異国を転々としながら自分の中でゆるぎなく固まったものがあった。

インドのサールナートという町で日本の老夫婦が営んでいる日蓮宗の寺に滞在したときのことだ。夕方のお勤めの時間になると地元の子どもたちが寺に詰めかけてきた。

「カーストを超えて子どもたちがわんさか集まってきて喜んでいる。飴がもらえるってこともあるけど、これがほんとのお寺だよな、と思ったんですよね」

日本の寺の内部に身を置き、外国の寺の在り方も見た。

「檀家さんと寺の関係とか、いろんな問題を感じていました。どうにかならないものかな、と」

ひとまず布教のための研鑽を積む京都の「伝道院」への入学を決めた。百日間、修行をすると「布教使」という資格が取れる。この資格があれば、各地の寺に行って説法をすることができるのだ。資格を取ってすぐに、本山の上級職員から仙台市にある本願寺仙台別院で職員を募集していると教えられた。

面接を受けるとその日に採用になった。慣れ親しんだ京都を離れ、仙台に移り住んだ。

「京都は大好きですが、転勤族の子どもだったので土地に対する執着はありません。それに人生は旅のようなものだと思っていましたし」

寺に住み込む多忙な日々が再び始まった。葬儀や法事を行い、檀家を回る。そればかりではない。パソコンの前に座って寺の事務作業を一手にこなし、時間外の電話や来客の応対もした。くるくると立ち働く金髪の僧侶が顔と名前を覚えてもらうのに大して時間はかからなかった。毎週日曜日には日曜仏教講座をすすんで引き受け、参加者を前に法話をした。

仙台に来て四年目に、一人の風変わりな女性が雅亮の前に現れた。市内の葬儀社に勤めているという彼女は、仏教講座で雅亮の話を聞いたあと、次々に質問を繰り出した。

講座は午前中で終わったが、話が弾んで二人は日が暮れるまで語り合った。雅亮は初めて言葉を交わしたその女性が生涯の伴侶になると直感した。

「この女性となら寺をうまくやっていける。最初に会ったときにそう確信しました」

次の休日、二人で会って、雅亮は思い切って夢を口にした。いつでも、誰でも、自由に来られるみんなのお寺をつくりたい。そして女性に向かってはっきりと言った。

「坊守になってほしい。一緒にお寺をつくらない？」

坊守とは浄土真宗で寺の奥さんを指す。プロポーズである。

女性からは即座に「いいですよ」という返事が返り、二人は会って二度目で結婚を決めた。この女性が雅亮の妻で、「みんなの寺」の坊守、和公である。

雅亮がアルビノであることは気にならなかったのだろうか。即座に返事が返った。

「はい。まったく。だって僧侶としてふつうに働いていましたし、彼のつくるお寺がほんとうにおもしろそうなので、一緒にやれることにわくわくしました」

和公。まるで坊守になるために付けられたような名前だが、これが本名だ。生まれて一日か二日は「タカコ」と呼ばれていたらしい。けれども父親が突然「和公」にすると言ったために和公になった。

「何度理由を聞いてもわからない」と和公は笑う。

彼女もまた寺の出身ではない。青森県十和田市の兼業農家の長女に生まれ、妹や弟ともども両親と祖母の愛情をたっぷりとそそがれて育つ。

五歳くらいのときだ。近所の家で死後の世界や地獄を描いた絵本を見てしまった和公は、あまりの恐ろしさに家に飛んで帰って父親に聞いた。

「お父さん、うちもいつか死んじゃうの？」

父親の答えは明快だった。

「んだ。みんな死ぬ」

「死んだらどこへ行くの？」

「誰もわからない」

父親は、幼い子どもだからといって、「死なないから大丈夫」などとごまかすことはしなかった。それ以来、死ぬことや、死んだらどうなるかが幼い心を占領し、年齢とともに宗教的なものに関心を深める変わった少女に成長した。高校時代に付いたあだ名は「教祖」である。

子どもを持つことへのためらいはなかった

知りたいことは山ほどあって、東北大学文学部へ進学すると宗教学を専攻した。特定の宗教というより死生観や民間信仰、宗教文化などを幅広く研究対象にした。

就職を考える時期になると葬儀社、墓石店、仏壇店に絞って就職活動をし、三年生のうちに葬儀社に内定した。けれどもこの選択は両親を大いに落胆させた。

葬儀社での仕事は興味が尽きなかった。通夜や葬儀の準備、後片付けはもちろん、出棺の手伝いに僧侶の接待と、骨身を惜しまずなんでもやった。火葬場は好きだし、遺体の世話も少しも苦にならなかった。

仏教についてもっと知りたいと思うようになったのは仏式の葬儀が多かったせいだろう。なかでも心惹かれたのが浄土真宗だった。宮城県では寺の多くが曹洞宗だが、浄土真宗は仏具も儀式も簡素で他の宗派と大きく異なっている。その理由を知りたいと足を運んだ先が本願寺仙台別院の日曜仏教講座だった。講師をつとめていたのが雅亮である。

二人にとっては運命としかいいようのない出会いであったが、あまりに唐突な結婚は和公の両親の理解を得られなかった。

雅亮が由緒ある寺に勤務する僧侶のままならまだしも、新たに寺をつくるという二人の計画は、堅実に生きてきた両親からすれば無謀以外のなにものでもなかった。

寺の建物はどうして手に入れるのか？　檀家はできるのか？　収入のあては？

一つとして確かな答えがない以上、心配するのは当然であった。

一方、雅亮の両親は結婚そのものに反対ではなかったが、和公の両親の許しがないことを悲しんだ。

二人は親たちの反対や心配を押し切った。

二〇〇二年五月一日午前零時。後輩の僧侶に司式（導師）を頼み、仙台別院の本堂で二人だけの結婚式を挙げた。

雅亮三十四歳。和公二十四歳。誰にも知らせなかったのに仲間が一人、また一人とやってきて祝福してくれた。

翌日には区役所に婚姻届を出して、正式に夫婦となった。

新居となったアパートの一室で、二人が最初に取り組んだのは自分たちのホームページをつくることだった。

和公が得意の絵を描いて、これからお寺をつくろうとしている若い夫婦の日常を絵日記にして発信した。

「誰にでも自由に足を運んでもらえるお寺をつくりたい」

「集まって仏教の勉強をしたり、気軽に悩みを相談したりできるみんなのお寺にしたい」

ホームページでは難しい仏教の話ではなく、自分たちがどんなお寺をつくりたいかを訴えた。それが功を奏して若い女性たちからも反響が届くようになった。

建物探しにも精を出した。

仙台市郊外の新興住宅地、と候補を絞り込んだのは、転入者が集まっているところでは菩提寺《ぼだいじ》を持たない家庭が多いからだ。

不動産業者に案内されてその中古住宅を見たとき、雅亮は一目で気に入った。大きな三角屋根に白い壁。三十年前に開発された住宅地の一角にあり、バス通りに面してもいる。敷地は七十三坪で、建坪はその半分ほどだ。二階建ての一階部分に広い土間があり、隣には六畳と八畳の和室があった。

もとは左官業を営む工務店の仕事場兼住居だったという。十二畳の仕事場を本堂に改造すればいい。ふすまをはずせば続き間にできる和室があるのも寺には都合がよかった。

価格は二千三百五十万円。仙台の市街地よりはかなり安い。二人はその場で購入を決めた。

そのとき雅亮は一千万円の貯金を持っていた。

「酒は飲まないし、たばこも吸わない。いつかは寺をという思いがあったので少しずつ蓄えていました」

給料は決して高くはなかったが、住み込みが長かったので出費も少なかった。改装費もふくめて足りない分はローンを組んだ。

七月に建物を購入し、八月には引っ越した。寺の名前は「みんなの寺」。ホームページの読者のアイディアである。

本堂のご本尊は、雅亮自らが心をこめて「南無阿弥陀仏」と揮毫し、表装した。

仏具は友人が住職をつとめる和歌山県の寺から古いものを譲り受けてピカピカに磨き上げた。

念願の開山にこぎつけたのは結婚から半年ほどたった十月二十五日。自分の寺を持つにあたって雅亮は大きな決断をした。これまで修行を重ねた浄土真宗本願寺派の寺としてではなく、宗派を超えた単立寺院の道を選んだのだ。

さまざまな事情を抱えての選択だったが、自分たちのやりたいようにやるという思いが強かった。お布施は施主の自由な意思にまかせたい。葬儀はいくら、法名はいくら、法事はいくらなどと金額を提示したり、「相場」をほのめかしたりしない。無理なく気持ちよく出せる額を施主に決めてもらいたいと考えた。

もう一つ。寺の維持や立て替えのための会費や寄付ももらわない。改築などの大きな出費は預かったお布施の中からこつこつと積み立て、備えていこう。二人でそう決めた。

こうしたやり方を既存のすべての寺や関係者が快く思うわけではない。面と向かって批判されたのはまだいいとして、陰で冷笑されていると知ったときは、さすがにこたえた。

雅亮たちがお寺を始めたいちばんの理由は、仏教のおもしろさをもっと多くの人たちに伝えたいということである。

「なぜ伝わらないのか。敷居が高すぎるんです。敷居を高くしているのは、残念ながらわれわれの側ですね。たとえばお金。お布施の額が桁ちがいに高かったりして庶民のものではなくなっているお寺がある。だれのためにお寺があるのか。寺のために寺があるのではなく、みんなのためにお寺があるべきだと思うんです」

お布施は仏事に対する対価ではない。施主が積む功徳であり、修行であると位置づけられている。

その原点を大切に思うから施主一人ひとりの気持ちを尊重したいのだ。

お寺の主な収入は、いうまでもなく葬儀や法事、月参りなど仏事の際のお布施である。できたばかりの寺で檀家がゼロということは、収入の道がないということだ。

まずは新しく寺ができたことを地域の人たちに知ってもらわなくてはならない。建物が少しも寺らしくなく名前も「みんなの寺」とくれば、仏教のお寺だとわかってもらえなくてもしかたがない。「みんなの寺」が目指すものや二人の経歴を載せたちらしを作り、手分けして近隣に配った。地元の新聞社やテレビ局にもダメもとで資料を送っておいた。

ちらしを見た近所の人から最初に頼まれたことは葬儀でも法事でもなく、「息子の勉強をみてほしい」ということだった。

どんな形でも人が寺に出入りしてくれるのは大歓迎だ。中学二年の男の子と、その友だちと。たった二人の生徒を相手に雅亮と和公が二人がかりで五教科を教えた。むずかしい受験勉強ではなく、日々の学習のおさらいだ。

「勉強がわかるようになった。楽しいよ」

二人の口コミのおかげで塾の生徒が七人に。文字通りの寺子屋である。ローンを抱えて当分の無収入を覚悟した夫婦には、月々六万円ほどの収入はありがたかった。

とにかく自分たちの寺を知ってもらおう、足を運んでもらおうと、毎月のようにさまざまな催しを行った。バイオリンコンサート、ネパールカレーを食べる会、お香づくり……。

地元のテレビ局や新聞が寺の開山を取り上げたことで、葬儀や法事などの依頼が一件、また一件と舞い込むようになった。本願寺仙台別院に勤めていたころの雅亮を知る葬儀社が葬儀の依頼をしてくることもあって、夫婦を喜ばせた。

　三年後には檀家が百軒ほどになり、晴れて宗教法人として認められた。雅亮がローンを組んで手に入れた土地と建物は寺に寄付され、法人のものとなった。

　宗教法人になれば任意団体だったころより社会的な信用が増すし、お寺が営む公益事業は法人税、固定資産税、不動産取得税、相続税が免除されるなど税制面でも優遇される。

　雅亮と和公は寺に入ったお布施の中から給料をもらう形になった。住職の雅亮が月に十五万円、坊守の和公が五万円。ほかに光熱費や車のガソリン代などの経費を除いて余った分は、寺の改修や大きな買い物に備えてプールした。

　これまでで大きな出費といえばお墓の建立だ。誰でも入れるお墓がほしいという檀家の声に応えて、市内にある民間の墓地の一角に「みんなの寺」の共同永代供養墓を建てた。ひとり暮らしでも後継者がいなくても、寺が末永く供養するみんなの墓だ。

　家族単位で入るなら三十万円、みんなと一緒に合祀するなら五万円。

「みんなの寺」のリーフレットには永代使用料が堂々と記されている。おそらくは市内でいちばん安価なお墓だろう。

　そのせいか永代供養墓はあっというまに埋まり、ほどなく同じ墓地に二基目を建てた。

　安いのはお墓だけではない。

「お布施も一件一件の額は仙台のほかのお寺にくらべてかなり低いと思います」

　和公が張りのある声をちょっぴりひそめて話す。

にもかかわらずこの一年の「みんなの寺」の収入はざっと二千万円にのぼる。

寺の収入が増えても和公がインドやミャンマーに修行に行くための費用はスーパーなどでアルバイトをして自分で稼ぐ。

宗教法人となって以来ずっと十五万円だった雅亮の給料は、二〇一一年の春から二十五万円にアップした。

檀家の役員が毎年のように昇給を提案するのに、雅亮は固辞しつづけた。二人とも、お寺に少しでも多く残したいと考えていたからだ。双子が生まれて子どもが三人になったことで、ようやく役員らの申し出を受け入れた。

求めがあれば決算をいつでも公開する用意がある。明朗会計だ。

「一円でもごまかしだすと、どこまでもごまかそうとするのが人間なので、お布施もきちっとするようにしています。当たり前のことですけど」

雅亮は淡々と話す。

「好きなお寺の仕事で食べていけるのがほんとうにうれしいです」

和公は満面の笑みで言う。

最近では「みんなの寺」に葬儀や法事を頼んだことのある人が知り合いを紹介してくれるケースが増えた。一回限りの依頼も快く受けるし檀家になるもならぬも自由だが、一度仏事を頼んだ家族はほとんどが檀家になる。

葬儀が年間五十件、檀家はおよそ五百軒。副業に駐車場や保育園を経営しているお寺が少なくないなかで、「みんなの寺」は本業だけでやっていける。檀家の数にくらべて寺が狭すぎるのが目下の悩みの種だ。

「みんなの寺」では住職がアルビノだということが少しも不利に働いていない。

「むしろ二十代のころはアルビノであることに寄りかかっていました。こんな私がごくふつうに生きているのを見てみなさんが何かを感じてくれたり、いつのまにか人の力になっていたりということがあったので、正直、得だなと思っていました」

雅亮はそう打ち明ける。

「でも、今はそんなものは関係ない。外見なんかでは勝負にならない。仏教の教えはおもしろいし、すばらしいのでそれを真摯に伝えていくだけです」

雅亮はアルビノであることを気にしていないし、意識にものぼらないと言い切った。

雅亮がこう言えるのは同じ道を歩む和公という伴侶を得たからであろう。

夫婦は三人の子どもに恵まれた。二〇〇六年十二月生まれの長女、如乃《ゆきの》。真如すなわち真理を知りますようにと願って名付けられた。

二〇一〇年八月には双子の兄弟、ガンジス河を意味する恒河《こうが》と、憧れの僧、河口慧海にあやかった慧海を授かった。

劣性遺伝であるアルビノは、親のどちらか一方がアルビノであってもアルビノの子どもが生まれる確率はかなり低い。

雅亮との結婚をためらうことのなかった和公は、子どもを持つことへのためらいもまた、なかったという。

「どれくらいの確率でアルビノの子どもが生まれるのか、少しは調べました。でも生まれてみないとわからない。それに、もしアルビノでも育てる自信がありました。だって身近に住職を見ていますから」

三人の子どもたちはたまたまアルビノではなく、孫の誕生は断絶状態だった和公と両親に和解をもたらした。

雅亮はアルビノに生まれたためにさまざまな経験をした。中学生時代のいじめだけではない。京都にいるころ「天野さんは結婚できないだろうから」と、障害のある女性との見合いを勧めてくれた人がいた。善意から出たことだったが、結婚できないと決めつけられたことが悲しかった。

かつて付き合っていた女性の両親には結婚を猛反対された。「アルビノの孫が生まれたらかわいがる自信がない」と面と向かって言われたときは、さすがに傷ついた。

そのような経験を重ねながら住職という仕事に就き、結婚をし、父親になったいまの自分がある。

「いじめられている子、不登校の子、人間関係がうまくいかない人。お寺にはさまざまな悩みを抱えた人が来ます。私にはその人たちの痛みが少しはわかります。そういうところから抜け出した者としては、あなたもきっと抜け出せるよ、人生これで終わりじゃない、と自信をもって言いたいのです」

「みんなの寺」は特別なことはしていない。心をこめて仏と向き合い、つらい思いをしている人の話にゆっくり耳を傾ける。

死後の世界のためでなく、今を生きる人たちのために心を砕く。檀家五百軒はその積み重ねの上に実った果実なのだ。

三、歌があれば

おまえら障害者は……


人はみな、人生の途上でいくつかの選択をしながら生きていく。

結婚をするのか、しないのか。

子どもを持つか、持たないか。

誰にとっても重要な選択が、アルビノに生まれた人にとってはとりわけ重い問いとなる。

好きな仕事と水泳に打ち込む笠本明里は、将来について考え始めると気持ちが揺れると不安げに言う。二十代後半に入って結婚や出産が現実のものとして視野に入るようになった。

「結婚はしたい。でも、子どもを生むのは怖いんです。それについては人生でいちばん悩みそうな気がします」

アルビノであることは、結果オーライだと思えるようになった。パラリンピックに出場するなど、ふつうの人にはできない経験を積むことができたから。

「でも、自分の子どもが私と同じだったら……。正直言って、キツイかも。私のせいだと、自分を責めると思います」

そのときになってみなければわからない。今の自分の力ではまだ答えを出せないと、明里は口をつぐむ。

「みんなの寺」の住職、天野雅亮は伴侶に恵まれ、三児の父親となった。とても自然な成り行きだった。

ジャングル大帝レオのように強く、と育てられた相羽大輔は「おめでた婚」、いわゆる「できちゃった婚」でパパになった。三十歳のときだ。

二〇一一年十一月二十八日、立ち会い出産で妻とともにわが子を迎えた。妻より先にフワフワと黒っぽい髪の生えたわが子を目にしたときは、「あ、白じゃないんだ」と単純に思っただけだ。

子どもを持つことに毛ほどの迷いもなかった大輔にとって、赤ん坊のへその緒を切り、あわただしく体重や身長を測る時間は、ひたすらうれしさをかみしめるひとときだった。

五歳年下の妻は、同じ筑波大学大学院の博士課程で研究する後輩で弱視である。それでもヘルパーと双方の親、ときには大学の学生たちの手も借りて、夫婦で研究生活と子育てを両立させている。日々の料理は大輔が。子どものおむつ替えもするし、風呂へも入れるイクメンぶりだ。


大阪市の職員として区役所に勤める寺田利子はシングルマザー。五十歳を少々超えた。

周囲の反対を押し切って結婚したのは二十六歳のときだ。相手とはアマチュア無線の愛好家同士として知り合った。職業も偶然、利子と同じ公務員だった。

しばらく交際したあとプロポーズされた。うれしかったが利子が危惧した通り、彼の家族は大反対だった。

「あの娘と結婚するなら二度と敷居をまたがせない。子どもが生まれても孫とは認めない」

父親は息子に言い渡した。

それを知った利子の両親もまた、結婚に反対した。相手の家族の理解がなければほんとうに幸せになることなんかできないと。

　どんなに反対されても若い二人の気持ちは変わらなかった。利子はせめて自分の両親には祝ってもらいたかった。新婚旅行は九州へ。その旅の途中で結婚式を挙げる計画をたて、二人分の飛行機のチケットを母親に預けて旅立った。

　結局、両親は姿を見せず、二人は小さな美しい教会で二人だけで愛を誓い合った。

　新婚生活が始まった。共働きでも夫は家事を手伝おうとはしない。利子は職場から帰る途中でスーパーに寄り、夫のために手料理を調えた。

　妊娠したことがわかると、利子の母親は眉をひそめた。

「ほんまに生むんか？　生まれた子どもにあんたと同じ障害があったらどうする？」

　父親も出産には反対だった。産婦人科の医師までが「どうします？　いまなら中絶できますよ」などと平然としたそぶりで言った。

　迷うことなどなにもない。

「生むよ。育てるよ。どんな子が生まれてきても」

　しかし新たな命が育ちつつあった利子の体内で、同時に不安の芽も少しずつふくらんでいた。生まれてくる子どもについての心配ではない。夫への不信である。

　胸の中で何度も頭をもたげ、その度にあわてて打ち消してきた疑問が、とうとう無視できないくらいに大きくなった。

「もしかしてこの結婚はまちがいだったのかもしれない……」

　最初にそう感じたのは同居を始めていくらもたたないころだった。外では「温厚でいい人」で通っている夫が、お酒を飲むと大声を出し、物を投げ、利子に手をあげた。

つわりが重く、ひどい吐き気に襲われて食事の支度ができなかったことがあった。おなかをすかせて帰った夫がいきなり怒鳴り出した。

「妊娠は病気とはちがう。おまえが食べられなくても俺は食べる。どうして晩めしを作ってないんだ！」

青い顔で横になっている妻に、いたわりの言葉ひとつなかった。

予定日からかなり遅れて生まれてきたのは障害のない元気な女の子であった。病院へ飛んできた利子の母親は、生まれたばかりの孫を見て、「赤ちゃんに後光が差しているようや」と手放しで喜んだ。

正直に告白すれば、ふつうの子どもが生まれて利子もほっとした。

「親になってみれば、子どもにはなるべくしんどい思いをさせたくないと思うものなんです」

利子が慣れない育児で子どもにかかりきりになっていると、夫は邪魔するようにわがままなふるまいに出た。

父親になっても自己中心的なところは改まらなかった。四〇度の熱を出した幼い娘に添い寝をしていたある晩、夫から「友だちを連れて帰る」と電話があった。利子が事情を話して「今晩は断って」と頼むと、帰宅するなり夫は荒れた。大声で怒鳴りながら利子になぐりかかり、頭からビールをかけた。

恐ろしさのあまり、利子は娘を連れて実家に逃げ帰った。

一か月ほどたったころ、無線仲間にさとされた夫がしぶしぶ頭を下げた。

夫は父親の手ひとつで育てられた。父母が早くに離婚したからだ。父親のしつけはとてもきびしかったと、以前、夫が話したことがあった。こぶしも頻繁に飛んできたらしい。

彼は愛情をふんだんにそそがれて育ったわけではない。だから愛し方がわからないだけだ。これまでよりもっとやさしく接すれば変わってくれるにちがいない。実家の両親からも子どものために夫のもとにもどるよう強く促されていた。利子は夫の謝罪に望みをつなぎ、子どもを抱いて家にもどった。

しばらくして次女が生まれた。二児の父親となっても夫は変わらなかった。それどころか大声で怒鳴り、暴力をふるう回数が増え、毎日のことになった。「怒らせるようなことをするお前が悪い」と、荒れ狂った。

ドメスティック・バイオレンスという言葉が社会に広く知られるより前のことだ。

どうすれば今日一日、殴られずに済むのだろう。利子の頭はいつもそのことでいっぱいだった。ふだんの態度もどこかおどおどしたものになり、自分がちっぽけな、まるで虫けらのような存在に思えた。いつしか大好きな歌を口ずさむこともなくなっていた。

次女が三歳になったころ、離婚の決意が決定的になる出来事が続けざまに起きた。

何かのはずみで腹を立てた夫が、飼っていたマルチーズを二階から投げ落としたのだ。子どもたちや私もいつか大けがをするのではないか。そう思うと心底恐ろしかった。

もう一つは、やはりアルビノで生まれた利子の妹、こずえたちが遊びに来た夜の出来事だ。一緒になごやかに食卓を囲んだあとで、「遅くなったから駅まで送ってあげて」と夫に頼んだところ、耳を疑うような言葉のつぶてが飛んできた。

「おまえら障害者はあちこち出歩かないで家に引っ込んでいればいい」

夫の本音はこうだったのか。忍耐の糸がぷつんと切れた。もう一緒には暮らせないと思った。利子は冷え冷えとした心を抱えて、知り合いの弁護士を訪ね、「離婚したい」と打ち明けた。

弁護士は、走り書きでもいいから夫の暴力や暴言を記した日記をつけるようアドバイスしてくれた。暴力をふるわれたら必ず医師の診察を受け、診断書をもらっておくようにとも指示された。

体のあちこちにあざは絶えず、奥歯が折れて、診断書はたちまち五枚になった。診断名が書かれた紙切れをながめていると、自分がつくづくみじめに思えて、以後、診察を受ける気がなくなった。

ある夜、大声で呼ばれてあわてて二階に上がってみると、血相を変えた夫が仁王立ちで待っていた。その場に座った利子は太ももにいきなり箸を突き立てられた。激痛が走り、血が噴き出して畳に落ちた。うっかり暖房用のファンヒーターを消し忘れていたことが夫の逆鱗にふれたのだ。

なさけなくて声を忍ばせ泣いた。幼い娘たちが階段の途中まで上ってきて様子をうかがう気配がした。子どもたちからしだいに子どもらしい表情や行動が消えていく。大人の顔色を見るようになっていた。そのことに気づいていた利子は切なかった。

神さまは声という贈り物を忘れなかった

このままでは自分ばかりか子どもたちもだめになる。夫がちょっと腕を動かしただけで、おびえたような眼をして物陰に隠れる子どもたちを何としても守ってやりたかった。

暑い夏の昼下がり、利子は小学三年生の長女と四歳の次女、飼っていた犬を連れて家を出た。弁護士に教えられた通り、近所に散歩に出かけるように、何も持たず普段着のままで。

ひとまず実家に落ち着き、利子の方から家裁へ離婚の調停を申し立てた。調停は難航した。夫は「怒らせるあいつが悪い。まちがっていることを正してやっているだけだ」と、暴力行為を認めようとしなかった。調停は不調に終わり、裁判の舞台は地裁へと移った。

正式に離婚が成立したのは別居から二年後、利子が三十六歳のときだ。慰謝料は一円もなかったけれど、二人の子どもさえ渡してくれればそれで十分だった。

「仕事を持っていて、ほんとうによかった。仕事があったから今日までやってこられたんです」

利子はしみじみと言う。

実家に身を寄せ、働きながら二人の娘を育てる母子の暮らしが始まったとたん、病魔に襲われた。気がかりだった子宮筋腫が、手術をしなければならないほど悪化していた。

病院で、手術に備えて検査を受ける度に激しい炎症反応が出た。肝臓の機能が相当に衰えているということだった。長年にわたって強力な染毛剤を使いつづけたせいではないかと担当の医師は言った。

一歳にならないころから髪を染めてきた。染めるという行為も、染めている時間も、苦痛だった。体に余計な負担をかけることはもうしたくない。しかし思春期を迎える長女は白い髪の母親をどう思うだろうか。

おそるおそる考えを聞いてみると、長女はあっさり言った。

「お母さんがしたいようにしたらええよ。それがほんまのお母さんなんやから」

同居している両親は大反対だった。とくに母親は子どもの利子を連れて歩いたときの体験を引き合いに、「みんなの視線が背中に突き刺さった。どんな目にあうかわからん」と譲らなかった。両親の心配はありがたかったが、「もう好きにさせてもらうわ」と威勢よく啖呵を切って突っぱねた。

それでも退院してありのままの姿で職場に復帰する初日は、さすがに勇気がいった。

黒髪のポニーテールから白い髪のベリィショートへ。

「病気のせいでいっぺんに白髪になってしまったの？」などと尋ねる同僚もいたが、新しいヘアスタイルはおおむね好評だった。「いまの方がずっとかっこええわ」と、わざわざ伝えに来た後輩もいる。白い髪は公務員の硬い職場でもさしたるトラブルもなく受け入れられた。

こうして職場に行っている間、両親が子どもたちを見守ってくれているのが利子には何よりありがたかった。

振り返ってみれば、弱視の母親が夫の協力なしに担う子育ては気苦労と悩みの連続だった。

二人の娘が赤ん坊のころは、お尻の皮膚を赤くただれさせたことが何度もあった。うんちなどで汚れた部分がくっきり見えず、きちんと拭い切れないせいだった。その度に申し訳ない気持ちでいっぱいになった。

ミルクを作るにも、体温を測るにも、目盛が見えず苦労した。子どもの顔に赤い発疹が出ているのをほかの人から教えられたときは、悔しく恥ずかしかった。

前方の障害物が見えず、ベビーカーごと勢いよくぶつかったことも一度や二度ではなかったと思う。自分の体で子どもを守れるように、かなり大きくなるまでおんぶで出歩いた。

しかし工夫で乗り切れたことも少なくない。保育園の連絡帳には読みやすい大きな文字で書いた。一冊があっというまになくなり、担当の保母が追加のページを補充してくれた。片手で持てないほど分厚い記録は、大切な宝物になっている。

歩けるようになった子どもたちと外出するときは洋服の肩に鈴をつけた。動くとリンリンと音がして、走り回る子どもの居場所を教えてくれた。

利子にとって、授業参観はもっとも苦手なことだった。学校の門に近づくと、鼓動が速くなって冷たい汗が背筋を伝う。なかなか校内に足を踏み入れることができなかった。

子どものころに学校でいじめられたことが走馬灯のようによみがえって、利子を苦しめた。

弱視のクラスがあるというので両親が転居してまで入学させてくれた大阪市立盲学校（現・大阪市立視覚特別支援学校）小学部に利子は溶け込むことができなかった。弱視の子どもたちは、なまじ見えるだけに利子の見た目がちがうことを問題にした。クラスはいつまでたっても五人と一人のまま、利子の仲間外れは中学部を終えるまで続いた。

高校は自宅近くの府立高校への進学を決めた。広い世界へ出れば期待を込めて決断したが、その考えが甘かったことを、入学から幾日もたたずに思い知ることになる。

腕時計、通学かばん、上靴……。あらゆる物がなくなった。それらは隠されたり、捨てられたり、別のからかいの対象になっていたもう一人の生徒の物と一緒に机に括り付けられていたりした。

朝、登校すると、教室の黒板にチョークでのっぺらぼうの白塗りの顔が描いてあることはしょっちゅうだった。

大小はあれ、悲しいことが起きない日は一日たりともなかったと言っていい。利子は二学期から学校へ行けなくなった。

留年が決まると、もう一度、一年生からやり直そうと決めた。クラスメートたちは二年生になる。新しい一年生とならやっていけるのではないか。

だが、その期待はすぐに裏切られた。まるで以前の級友たちが戻ってきたかのように、同じようないじめが繰り返された。三か月耐えたがそれが限界で、再び学校から遠ざかった。二度も不登校に陥った体験は、利子に学校とかかわるうえで深刻なトラウマをもたらした。

二人の娘たちは「お母さん、学校には来ないで」ではなく、「来てね」と言ってくれる。それがうれしい。なんとしても行ってやりたかった。

子どものためだと言い聞かせ、校舎が目に入らぬように、うつむいたままで一目散にわが子の教室を目指す。

学校が恐ろしい場所でなくなったのは、長女が高校二年のときにＰＴＡの役員を引き受けてからだ。

利子に歌がもどったのは離婚からしばらくたったころだ。もう殴られることはない。安心して暮らしていける。そう確信がもてるようになったとき、好きな歌を口ずさんでいるのに気がついた。

歌の種がまかれ、育まれたのは母校である大阪市立盲学校小学部の音楽室である。

四年生のとき音楽教師に職員室に呼ばれ、日本ヘレンケラー財団が主催する音楽コンクールに出るよう勧められた。

思いがけないことだった。他の教師たちからは反対の声が出た。一人の生徒を東京まで連れて行く。そのような特別扱いをするのはいかがなものか、というのが反対の理由だった。

しかし音楽教師は引き下がらなかった。それから三か月の間、給食を早く食べ終え、昼休みの残りを利用して音楽教師と一対一の特訓が重ねられた。歌う曲は「砂山」と「ペチカ」だ。勧められるままに軽い気持ちで出たコンクールで、利子は唱歌の部の出場者二十人を退けて優勝に輝いた。

この出来事はどれほど利子の自信になったことだろう。物心ついて以来、ずっと小さくなって生きてきた。そんな自分にも、神様は声という贈り物を忘れなかった。

コンクールのあと、音楽教師は利子の自宅にまでやってきて、両親に深々と頭を下げた。

「この子に音楽をさせてやってもらえませんか」

両親はすぐさま利子のために三十万円以上もするアップライトのピアノを買った。利子は声楽とピアノの練習にのめり込んだ。

音楽大学への進学が目標になった。ところが神から贈られたはずの声には少々、難があった。声帯や扁桃《へんとう》が弱く、少し歌い込むと声が枯れ、扁桃腺が腫れて熱が出た。

練習に明け暮れていた高校時代、利子の個人指導を引き受けていた音楽大学の教師から、ある日とうとう「プロの声楽家として活動するのは無理でしょう」と宣告された。

ピアノ専攻に切り替えて受験するには明らかに時間も力も足りなかった。音大の受験はあきらめるしかなかった。

挫折と絶望。何をする気も起きなかった。資格でもあればと、しぶしぶ保育科のある大学を一つだけ受験したが、受験勉強には身が入らず受かるはずもなかった。

失意の日々が過ぎていった。勧めてくれる人があり、電話交換の技術を身に付けるため日本ライトハウスに通うことになった。

半年後に資格試験に合格すると、大阪・道修町《どしょうまち》にある小林製薬の求人に応募して電話交換手として採用された。二十歳になっていた。

二年半たち交換手として腕をあげたころ、退職を余儀なくされた。会社が進める合理化の一環で、職場の電話がダイヤルインに切り換えられたのだ。

失業保険をもらい始めて間もなく、大阪市が一般職員とは別枠で障害者の採用に乗り出したことを知った。募集業務の中には電話交換がふくまれていた。試験を受けてみると合格した。市の職員となり、区役所の電話交換室に配属になった。小林製薬のころは月々十三万円ほどもらっていた給料が、十万円そこそこに減った。が、安定した職場はありがたかった。

区役所では小さな部屋に、女性の交換手三人が詰めていた。お局《つぼね》のごときベテランからは、ことあるごとに「あなたは別枠採用だから」と、ちがいを強調された。

人間関係のストレスは、中学時代に資格を取ったアマチュア無線と大阪市の職域合唱団で歌うことで発散した。たとえ音大には行けずとも、利子にとって歌はいつでも大きな慰めであり、あすへの活力の源だった。

歌曲もシャンソンも、宝塚歌劇の「ベルサイユのばら」のテーマもお得意だ。話す声は低いのに、歌うと伸びやかな高音が出る。声楽をやっていたときソプラノで鍛えたせいだろう。

とりこになったゴスペルとの縁は、妹のこずえが結んでくれた。

こずえは利子とちがって専門的な音楽教育を受けたことがない。子どものころは、歌がうまいなど思ったこともない。けれども姉と同じ声質の美声に恵まれた。

こずえはさまざまなジャンルの音楽の中で、ゴスペルにもっとも心を惹かれている。

ゴスペルは、アメリカ大陸へ連れて来られ、奴隷として苦難の日々を強いられたアフリカの人々が紡ぎ出した祈りの歌だ。

ゴスペルの響きと成り立ちが、毎日泣きながら学校に通った自分の心情に重なった。

寺田家の三姉妹の長女が利子。母親が二度の流産を乗り越えて十年ぶりに産んだ次女はアルビノではなく、その三年後に生まれた三女、こずえはアルビノである。

こずえは利子と同じ盲学校ではなく地元の小学校へ行くことを自ら選んだ。

男子からのいじめは執拗で、学校へ行くのはつらかった。

利子は年の離れた妹の打ちひしがれたランドセル姿をよく覚えている。それでも、こずえは学校を休もうとしなかった。

「いやじゃないの?」「全然」

こずえは清楚でおとなしそうな見かけによらず、負けん気が強い。

根性の悪いやつらになにかされたからといって、なんで私が休まなあかんねん。自らに言い聞かせて意地で皆勤を貫いた。

中学でもいじめは付いて回った。こずえが廊下を歩くと、まるでモーゼの十戒のように、真ん中がさっと開いてこずえのための通路ができた。

隣の席の生徒は「見たらうつる」と机の真ん中に手製の衝立を立て、こずえを視界からさえぎった。

いじめられる理由ははっきりしていた。自分という人間に乗っかっている「見た目」である。それは自分には責任がないことだ。努力が足りないわけじゃない。いじめられるのはつらいけど、どうしようもないことだから死にたいとは思わなかった。

虐げられた人々が生きる支えとした歌に、気持ちがぴたりと寄り添った。ゴスペルを歌っていると、言い表せない解放感で満たされた。

念願の私立の外国語大学に進学したことで、こずえの考えや生活は一変した。世界の言葉を学ぶために集まった学生たちは、こずえの外見など気にも留めなかった。大学では多くの友だちを作り、心を通わせることができた。

さらに、単身、米国へ短期留学したことが、閉じ込められていたこずえの積極性を引き出した。シアトルに隣接するワシントン州の小さな町では、振り返ってまじまじと見られたり、人の視線を意識したりすることが一度もなかった。常に見られながら生きてきたこずえにとっては味わったことがない感覚だった。実際、小さな町には皮膚の色も髪の色も実にさまざまな人たちが暮らしていた。

「地球上にはいろんな人がいる。わたしの悩みなんて、ちっちゃい、ちっちゃい」

思った通りに生きていけばいい。こずえは自信を取り戻して帰国した。姉の利子が毛染めをやめたことを知ると、こずえも後を追って染めるのをやめた。

好きな英語を生かして外国人に日本語を教える仕事がしたい。

入学当初に夢見ていた職業は、きびしい条件の海外にしか就職口がなく、いったんはあきらめざるを得なかった。関西のある自治体で公務員として働いている。

寺田家にとって、近年いちばん明るいニュースはこずえの結婚である。三十五歳のときに四歳年下の曽我部光則と結婚し、曽我部こずえとなった。

こずえを光則に紹介したのは、二人の共通の女友だちだ。「考え方が似てる。きっと気が合うと思う」と、二人を居酒屋で引き合わせた。

光則はそれまでこずえのような人と会ったことがなかった。女友だちが「白いよ。とにかく白いからね」と繰り返す意味がわからなかった。

こずえが居酒屋の入り口に姿を見せたとき、「ああ、そういうことか」と理解した。同時に不思議な思いにとらわれた。

「うそだと思われるでしょうが、こずえを初めて見たとき、一生この子と生きていくんやろな、と予感がしたんです」

アルビノという言葉も、それがどういうことかも、のちにこずえから聞くまで何も知らなかった。その夜は、ただ心地よくうまい酒を飲んだ。

こずえは「やさしそうな人だ」と感じながらも、心を開けなかった。子どものころに男の子からいじめられた記憶が根深い男性不信となって、こずえを恋から遠ざけていた。

二人の交際は、ゆっくりと前進した。光則からメールが来ても、こずえはすぐには返信しなかった。わざと三日、ときには五日、と間隔を開けて返事を書いた。付き合う、ということを軽く考えてほしくなかったからだ。

すると彼からも三日か五日開けて次のメールが届く。自分の気持ちやペースを一方的に押し付けてこないところにこずえを思いやる彼の気持ちが汲み取れた。

一度、こずえの方から延々と長文のメールを送ったことがある。職場でつらいことがあって、つい愚痴のはけ口にしてしまったのだ。

光則は大阪市の郊外の私鉄駅前にある喫茶店の店長をしている。朝は四時半に起き、七時の営業開始に備えて早めに出勤する。主な客層は近くの住宅街の主婦や学生なので、夕方は六時に閉店する。しかし翌日の買い物と仕込みを済ませると、帰宅は午後九時を回る。

自分の店を持つ夢を実現するまでは、睡眠時間が五時間を切るきびしい生活だ。

「しんどいんやね」

彼からの返信メールの一行目を目にしたとき、睡眠時間を削って長い文章を読み、真剣に考えて返事をくれたことが伝わってきた。ああ、この人は信頼してもいい。こずえはようやく鎧を脱いで彼と向き合った。

初めてデートをしたときのことは忘れない。

繁華街を並んで歩いていると、すれ違う人たちが二人をじろじろ見たり、振り返ったりしているのがこずえにもはっきり感じとれた。

「ねえ、見られてるでしょ。いやじゃないの？」

こずえは尋ねた。

「全然。どうして？」

光則の返事にこずえは面食らった。これまで見られることを気にして生きてきた。

「どうして、と聞かれて、拍子抜けしました」

一緒に食事をしたり、遊びに行ったりする機会が増えて、光則の口から自然と「結婚」という言葉が口をついて出た。

こずえは喜ぶどころか怒り出した。

「そんなに簡単に言わんといて。私には色素欠乏の遺伝がある。家族にちゃんと話してくれたんか。

そうでないならそんな簡単に結婚なんて言わんといて」

　こずえの特性を深刻に考えていなかった光則は驚いた。アルビノについて、こずえから詳しく聞き、インターネットなどで自分なりに調べもした。

　詳細を知っても光則の気持ちは変わらなかった。両親は「わざわざそのような人を選ばなくても」と戸惑いを隠さなかった。

「賛成してもらえないなら親とは縁を切ってもいいと思っていました。でも、こずえがそれでは困る、と言い張って」

　もし、自分が結婚するようなことがあれば、ふつうに結婚式を挙げて、みんなに祝福してもらいたい。

　こずえはずっと、そう願ってきた。姉の利子が結婚するとき、相手の家族の反対で結婚式を挙げられなかった。

「その理由は私にもあるものだから、ひとごととは思えませんでした。花嫁姿の姉を見られず、とても寂しかった」

　二番目の姉は、婚約者と二人でさっさとハワイへ行って挙式した。

　娘が三人いても両親は一度も結婚式に出られない。それではあまりに切なすぎるではないか……。

　こずえの気持ちを知って、光則は両親と弟に真摯に訴えた。すでに結婚して子どももいる弟は、あっさりと「ええんやない」と言ってくれた。両親は、ほんとうに納得したのかどうかわからない。けれども「本人がよければ」と最後は折れた。

　一方、こずえの家族に光則は大歓迎された。がっしりした体格の光則は、いかにも頼もしげに映る。髪を短く刈った、一見すると強面《こわもて》の風貌だが、話すと温厚な性格がにじみ出る。こずえに交際相手ができたことを両親は心から喜んだ。

　こずえが光則との結婚を決めるまでに、二年あまりの歳月が流れている。こずえが心を開いて人を受け入れるまでにそれくらいの時間が必要だった。光則は辛抱強くその日を待った。

　光則とその両親、こずえと両親。二組の親子が正式に会い、婚約が調った。

　それからは式に向かって心躍る準備が進んでいった。花嫁衣装選びには、母親だけでなく姉の利子もやってきて楽しげに口をはさんだ。自分のときにはできなかったことだ。

　二〇〇九年爛漫の春、四月。花嫁花婿の親類縁者と友人たちが二人を祝うために集まった。待ち望んだ結婚式は、「ふつうの式にはなりませんでした」と光則が苦笑する。花嫁がマイクを離さなかったからである。

　花嫁衣装を着けて結婚式を挙げられたのがうれしくて、披露宴の最初から最後まで、花嫁は一人で歌いつづけた。

　結婚以来、こずえと光則は、子どものことで何度も話し合ってきた。アルビノの子どもが生まれる確率は極めて低いがゼロではない。

　あれこれ話し合って行きついたのは、心配してもしようがないということだ。アルビノかどうかだけでなく、どのような子どもを授かるか、それは誰にもわからない。

「生まれてきた子をただ愛するだけです」

　それが二人の結論である。

初めて会った障害者が……

二〇一〇年一月十六日、底冷えのする昼下がり。神戸市長田区にある兵庫県立文化体育館に続々と人々が詰めかけた。

一九九五年一月十七日に阪神・淡路大震災が起きたあと、文化体育館は何か月もの間、避難所として被災者たちの生きる場となった。

その場所を会場に、追悼の思いと復興を遂げた神戸の元気を発信するメモリアル・コンサートが開かれるのだ。

ゴスペルの聖歌隊のほか、公募で集まった市民ら総勢六百人が、復興を願って作られた曲「しあわせ運べるように」などを歌う。

寺田利子もある聖歌隊の一員として舞台に立つことになっていた。

利子は白い杖を携えて壇上に姿を現した。全員が並び終わると、そっと杖を床に置く。

前奏が始まった。舞台の上にはこぼれ落ちんばかりの歌い手たち。バンドがたたき出す大音響のリズムに誘われ、オレンジ色のおそろいのTシャツを身に着けた男女が弾けるように全身を右に左に揺らす。

舞台後方のスクリーンには震災直後の街の様子が次々に映しだされた。列をなして倒れているビル群、折れ曲がった高速道路、いたるところに積み上げられたがれきの山、呆然とたたずむ人たち、あるいは笑い合っている人たち……。

やがてライトに利子が浮かび上がった。ゴスペルを始めたのはほんの数年前だ。このコンサートで初めてソロのパートを任された。大勢の中の一人ではなく、オンリーワンの歌い手として歌う。

五十年の人生で、自分が主役だと思えたことは一度もなかった。

いまはちがう。私の人生は私のものだと胸を張って言える。歌がそれを教えてくれた。

いちばん前の列に立って、ひときわ大きな振りで客席に向かって両腕を差し出し、広げ、声を張った。

死者たちへの鎮魂の思いを込めて、利子は歌った。ほんの少しハスキーな、あたたかみのある声が、広い体育館の隅々にまで響き渡り、照明に照らされたショートカットの白い髪が金色に輝いた。

千人の観客で埋まった客席の最前列で、七十二歳になる利子の母親は、コンサートの始まりから終わりまで泣いていた。両親を阪神・淡路大震災で一度に失った。そのころ兵庫県西宮市で暮らしていた彼女の両親は、倒壊した一戸建ての自宅で梁《はり》の下敷きになった。二人とも即死だった。

けれども、母親の涙の理由はそれだけではなかったはずだ。ありのままの姿で堂々と舞台に立っている娘の姿がまぶしく、誇らしかったにちがいない。

こずえも最近、人前で歌うようになった。パーカッションとピアノをやる二人の音楽仲間とチームを組んで、入場料なしで知り合いの飲食店などで歌わせてもらう。

こずえが詩を書き、仲間が曲をつけたレパートリーも十曲ほどに増えた。

雨の日の　少し重い光
ベッドの中で　そっと目を閉じる
あなたが昔　泣いていた
切ない記憶を思い出す

あなたが大好きって　せいいっぱい叫んでるのに
うまく伝えられず　結局あなたを傷つけた
（「あたりまえの空間」より）

これは親たちとの葛藤を乗り越え、両親がいたから自分がいるということを胸に刻み込むような思いで作ったものだ。

上っ面ばっかり気にしてごちゃごちゃうるさいあなたに
とうとう我慢できずに　言葉のナイフを投げつけた
痛みに顔をゆがめるあなたを想像してたのに
うまくかわして　面白そうに私を見てる
なんだか納得いかない
投げたナイフはむしろ　私の胸の真ん中に突き刺さって
脈うっている
（「ナイフ」より）

この詩は職場の窓口に来た見知らぬ市民の心無い言葉をきっかけに生まれたものだ。大人になって久しぶりに面と向かって言われた蔑みの言葉。それは子どものころの辛い日々の記憶を手繰り寄せ、ひとつづりの詩となった。

生い立ちや心情を色濃く投影したこずえの歌は聴く人の胸に迫るものがあるのだろう、「たましいのこもった歌やね」などと感想が届く。

姉の利子は、歌唱力を買われ、ソロで歌う機会が増えた。あるとき利子の歌い方について、「重すぎる。もっと軽やかに歌う方がいい」と批判めいた意見が出たことがある。利子は立ち上がって二十六人の仲間を前にきっぱりと言った。

「アフリカから来た黒人たちは学校へ行くことも許されず、教会で歌うことを命の支えに生きてきた。私も障害があるからさんざんいじめられ、自分の中にある歌を光に生きてきました。そやから軽く歌うことはでけへんのです」

二〇一一年秋からは中川誠十郎が主宰するゴスペル聖歌隊「ソウル・オブ・ソレイユ」に活動の軸を移して歌っている。一回でも多く舞台に立ち、一回でも多く歌いたいと思う。

「私はどうも、老化が早いような気がするんですよ」

利子はそっと両手を差し出した。

「ほら指の関節が曲がっているでしょう。すごく痛いんですよ。七十歳くらいの人の手みたい」

膝も痛む。声帯の衰えも早いのではないか。歌えるうちに、精いっぱい歌いたい。仕事が終わると少々疲れていても連日のように練習に駆け付けるのは、そんな焦りに駆られてのことだ。

電話交換業務が廃止になり事務職に配置転換になった利子は、この三十年の間にいくつかの職場で働いた。現在は区役所の生活保護にかかわる課の総務担当だ。

生活保護を受ける人が年々増える中、全国屈指の保護世帯を抱える大阪市の渦中の職場では、職員全員が日々、神経を擦り減らすように仕事をこなす。申請に来た市民が窓口で大声を出し、職員ときびしいやりとりになることも少なくない。

怒鳴り声を聞く度、利子は夫に怯えながら暮らしていたころがフラッシュバックし、しばらく震えが止まらなくなる。

それでも疲れ果てたような表情の同僚を気遣い、チョコレートやキャンディーを手に、笑顔で近づいていく。

「文句言いながら仕事しても一日。楽しく働いても一日や。チョコレート食べるか？」

同僚たちも、疲れがたまると利子の席にやってきて引き出しを覗き込む。

「なにかない？」

「あるよ。はい、アメちゃん。あんたもたまには買うてきてな。食べるばっかりやなしに」

大阪のおばちゃんぶりを前面に押し出すムードメーカーだ。

「うるさい障害者」だと煙たがられることもあるが、不思議と周りに人が寄ってくる。利子自身がなにより人を好きで、にぎやかなことが大好きだからだろう。

友だちも多い。とくに、かつて同じ区役所で同僚同士だった仲よし五人組とはことあるごとに集まって飲みに行く。たまには一泊旅行するほど親密だ。年齢はバラバラで、年長に属する利子は「ねえちゃん」と呼ばれて慕われている。

一回り年下の久村由香は電話交換室時代の後輩だ。

由香は、利子のことを「視覚障害者がいるよ。ちょっとうるさい人やで」と耳打ちされていた。障害のある人と身近に接するのは初めてで、どうふるまっていいかわからなかった。

利子が由香を手取り足取り指導した。由香は少しずつ利子の考え方や人柄を理解するようになった。「こういう条件が整えば私もみんなと同じようにできる」。利子はただそう言っているだけだ。

「うるさい」のは市職員として一人前に働き貢献したいと思っているからだ。由香はしだいに利子に信頼を寄せた。二人は丸八年にわたって顔を突き合わせて働いた。

「初めて会った障害者が寺田さんで、ほんまによかった」

由香はそう言って利子を喜ばせた。

交換業務がなくなり、それぞれ別の職場に配置転換になると、たまに会って一緒に飲んだ。配転組には配転組でなければわからないしんどさがある。会って元気づけ合う回数が増えた。

利子より少しだけ年上の阪本由美子とは長い付き合いになる。区役所に勤めてまだ日も浅いころ、「働きづらいところがあったら言って。改善したいから」と声をかけてきた。

利子は電話交換室の窓にブラインドがほしいと申し出た。外からの着信を知らせる電話器のランプの色が見分けにくいことも訴えた。

由美子は願いに応えるべく奔走する一方で、利子の要求がすぎていると思えば、「それはあかん。わがままや」と、はっきり言った。それが利子には気持ちよく、また、ありがたくもあった。

利子が職員になったのは市が障害者の別枠採用を始めて二年目のことである。職場では働きを期待されず、腫れ物に触るような扱いを受けて淋しい思いをしていたからだ。

由美子が話す。

「寺田さんとは本音でやりとりができます。ズバッと言われてムッとくることもあるけど、お互い相手を信頼しているから受け止められる」

利子が大病の後、髪を染めないと決めたとき、やっぱり由香や由美子らの反応が気がかりだった。

「わたしの方から友だちをふるいにかけるんや」と悲壮な覚悟で顔を合わせたが、五人組は全員「その方がええ」と利子の決断を支持した。

一緒に飲みに行けば、隣の席の客たちにじろじろ見られることがある。

「それでも飲みに行こう、と誘ってくれる。わたしにはそれがありがたい」

ときには酔っぱらった客が「なんで髪の毛、白いんや？」などとぶしつけに聞いてくることがある。

若いころの利子は、どうか人の目に留まりませんように、と身を縮めるように生きていた。近ごろはちがう。

「おっちゃん、ビール一杯おごってよ。そしたらしゃべるわ」

笑っていなすすべを身に付けた。

利子は大学生になった次女とともに、いまも両親と同居している。下の娘に手がかからなくなり家を出ようと考えていた矢先、父親が先物取引に手を出し大きな損失を被った。急に老け込み、一回り小さくなった父を残して出て行くことはできなかった。両親を二人きりにすると、明るく社交的な母親まで落ち込んでしまいそうなことも心配だった。

エリート意識が強い父とはぶつかることも多々あった。三菱電機に勤務するサラリーマンだったころ、子どもの誕生を待って一家で海外へ赴任することが決まっていた。利子を見た父親は、海外勤務を断った。野心をくじかれた無念な思いがくすぶっていたのだろう。

あるとき父が「よりによって、うちに障害者が二人もいるとは」とこぼすのを聞いて、「ぶち切れた」利子が言い返した。

「お父ちゃんのそんな考えを改めさせようと思って、神様がうちに私とこずえが生まれるように仕向けはったんや」

気丈だった父親は、定年退職後、糖尿病に加えてパーキンソン病を発症し、外出がままならなくなった。耳も遠くなっている。遠い昔、日差しがそそぐ公園に遊びに行けない利子のために、自宅の庭の木陰にブランコを据え付けてくれた父でもあった。

離婚して実家に戻ったときに、利子は両親のめんどうは自分がみようと覚悟を決めた。そのときが、いよいよ近づいているようだ。

「いまの世の中で、弱っていく親たちの傍にいられるのは幸せなことかもしれんなあ」

利子は思う。

学校へ行き、登校拒否をし、それでもちゃんと卒業した。

就職口をみつけ、働きつづけて母子の暮らしを支えている。結婚し、二人の子どもを生んで離婚した。

歌を歌うし、お酒が好きだ。自転車に乗っていて交通事故にもあった。これからは親の介護の負担も増していく。

「ふつうの人が経験しそうなことは一通り経験しました。わたしの人生、フルコース。楽しぃに生きてまっせ」

四、老いじたく

米兵との間にできた子ではないか?

鵜飼正行《うかいまさゆき》は眠れないままラジオのスイッチを入れた。ＮＨＫラジオ第一の「ラジオ深夜便」が、すっと眠りに入れないときに聴く定番になっている。

二〇〇九年一月二十八日。その夜も、うとうとしながらラジオから流れてくる声を聴くともなしに聴いていた。

時刻は午前零時を回っていた。一人の青年へのインタビューが始まった。「アルビノ」という単語が耳に届いて、眠気から一気に引き戻された。青年は穏やかに語り出した。

「わたしは色素をつくれない遺伝性疾患のために肌や髪が白いんです」

小学生のときは学校でいじめられて悔しかったこと、そのような外見ゆえに家族からも疎まれた時期があったこと。弱視なので免許が取れず、大好きな車に乗れないこと。でも友だちに恵まれたこと……。

彼は、女性アナウンサーに問われるままに、生い立ちやこれまでの人生について率直に語りつづけた。

鵜飼は心臓がどきどきするのを感じながら話に耳を傾けた。何十年か前の自分が話しているような気さえした。自分と同じ、アルビノの人間がラジオでしゃべっている……。すっかり目が覚め、気がつくと寝床に起き上がっていた。

石井更幸と名乗るラジオの青年が、「アルビノでよかった」と、はっきり口にしたときは耳を疑った。

「もしアルビノでなかったら、こんなに大勢の人たちとかかわりを持つことはできなかったでしょうからね」

彼は心からそう言っているようだった。鵜飼は軽い衝撃を受けた。

番組の終わりの方で、更幸が開設しているホームページが紹介された。タイトルを「白い旅人」といった。なんだかチョコレートみたいな名前だな。独り言を言いながら、あわててメモをとった。

翌日。さっそくホームページを見て、「ラジオ深夜便を聴きましたよ」と、メールを出してみた。自分も五十九歳になるアルビノで、高齢者福祉の仕事をしていることなど、簡単な自己紹介を添えた。

すぐにていねいな返事が来て、メールのやりとりが始まった。二週間に一度くらいの割で近況を語り合った。

どちらも鉄道ファンで、写真が大好きだということがわかって、意気投合した。石井更幸が土方歳三の熱烈なファンであることも知った。

土方歳三は幕末に活躍した新選組の「鬼の副長」として知られ、いまも一部に高い人気を保っている。滅びゆく幕府を支えて最後まで戦い抜き、三十五歳のときに箱館（現・函館）戦争で戦死した。

土方は武蔵国多摩郡石田村、現在の東京都日野市に生まれ育った。彼の短い生涯をしのぶ土方歳三資料館が子孫の手によって二〇〇三年夏に市内に開設された。愛刀や、池田屋事件の折に使ったと伝えられる鎖帷子《くさりかたびら》、書簡など、ゆかりの品が展示されている。

鵜飼は東京都東久留米市に住んでいる。日野市なら近い。更幸を資料館に案内する役を買って出た。

五月の連休の一日、二人は待ち合わせて資料館を見学した。初めて顔を合わせてゆっくり時間を共にした。

「彼も僕も、のほほんとしていて、あけっぴろげで共通点が多い。愉快なひとときでした。でも、どうにもちがうところが一つだけあります。石井さんはアルビノでよかったというけれど、僕はどうしてもそう思えないのです」

鵜飼は表情を曇らせた。

アルビノであることを忘れては一日たりとも過ごせなかった。いまも生活全体をそのことに支配されているという思いが強い。

鵜飼は敗戦後の混乱がつづく一九五〇年十二月十七日、父方の実家がある横浜市本牧《ほんもく》で生まれた。祖父母の家は手広く漁を営む旧家の網元で、海岸にあった住居は進駐軍に接収されていた。

鵜飼が生まれたとき、あまりの白さに真っ先に疑われたのが母親だった。米兵との間にできた子ではないかと口さがないうわさが立った。はっきり口に出して非難する親戚もいた。

両親は、戦時中、それぞれ別の会社で働いていて取引先同士として知り合った。

当時はまだ珍しかった恋愛結婚で、戦後ほどなく東京・品川に蛍光灯を製造する従業員十人ほどの小さな会社を起こし、事業が軌道に乗り始めたところだった。

夫は姑や小姑のいやみや白い眼から妻をかばいとおした。

のちに両親から聞いたところによると、二歳ごろから病院通いが始まったらしい。なにか治療の手だてがないものかと、両親はすがるような思いで二か月に一度、東京大学医学部附属病院に連れていった。

鵜飼自身も大勢の医学生に囲まれて全身をくまなく見られたことを鮮明に記憶している。行くたびに見に来る大人の顔ぶれは変わったが、毎回ただ観察されるだけで帰ってきた。

幼いころは、よく「しろんぼ」「アイノコ」と悪童たちにはやされた。たとえ相手が四、五人いても、鵜飼はひるまず飛びかかっていった。負けん気は強かった。

幼稚園への入園をきっかけに髪を黒く染めた。その習慣は二十八歳まで続くことになる。

小学校は近くの品川区立の小学校へ入学した。絵を描くことが好きだった。題材は家の前に止まっているバスや近所のパン屋、焼き芋屋など、もっぱら身近なものに限られた。

日中はまぶしくて目を開けていられない。じっくりあたりをながめられる夕暮れに絵筆をとった。雨の日と夕暮れが大好きだった。鵜飼の描く風景は、いつも空が夕焼けに染まっている。

母親を描いた絵が美術の教師の目に留まり、校舎の玄関に飾られることになった。高いところに掲げられた絵を、鵜飼自身は見ることができなかったけれど。

遊びはメンコにベーゴマ、縄跳び、魚釣りと、どんなことでも級友たちに付き合った。野球で球を取るときはワンバウンドで投げてもらう。投げる方は父親にサイドスローの特訓を受けて、ストライクを投げられるようになった。

鵜飼たち男の子の遊びに六つ下の妹が時折、加わった。彼女もアルビノだった。しっかり帽子をかぶって、三つ編みの髪をゆらゆらさせながら兄の後を追ってきた。

年をとる権利

慶應義塾大学病院で「弱視」と診断されたのは四年生のときだ。視力は左右ともに〇・〇七と測定された。

中学校も引き続き地元の区立富士見台中学校へ進学した。一年生の最初の学力テストは三百二十名のうち二十番と、自分でも驚くような好成績を取った。

学校生活で困っていたわけではないのに、突然、二年生から盲学校へ転校することになった。一年生の三学期、校医だという人物が自宅に現れて、両親に鵜飼を盲学校へ転校させるよう強く勧めたのだ。

転入先の都立葛飾盲学校は自宅から片道一時間半もかかる遠方にあった。鵜飼は家族と離れて寄宿舎に入ることになった。

寄宿舎は最悪だった。男子六人が一部屋に共同生活をする。それだけでも窮屈なのに、外出がきびしく制限されるなど、規則があまりに厳格すぎた。夜寝る前には入り口に並んで正座をし、見回りの教師に一人ずつ順番に「異常ありません」と報告をする。万事がその調子で、まるで少年院のようだった。

もともと望んだ転校ではない。大人たちが勝手に決めたのだ。鵜飼は一か月半で覚悟の登校拒否をした。

両親の尽力で盲学校を二か月で去り、再びもとの富士見台中学校に復帰した。

「一学期途中からの転入を、級友たちが当然のように受け止めてくれたのはほんとうにありがたかった」

都立芝商業高校へ入学したのは父親の勧めだった。息子の将来を案じ、簿記を学ばせ自分が営む蛍光灯工場の会計担当にと考えたのだ。

しかし、この計画は実現しなかった。鵜飼が高校在学中に父親が病に倒れたからだ。やがて工場は閉鎖され、鵜飼は高校卒業と同時に東京都の一般事務職員の採用試験を受けた。

試験はマークシート方式で行われたために、歯が立たなかった。答えがわからないのではない。小さな四角を枠から出ないように塗りつぶす作業ができなかったのだ。

新聞の求人広告を見て首都高速道路の料金を徴収する会社に応募した。すぐに正社員で採用された。

入社していく日もたたないうちに、社会というものに失望させられた。使用済み通行券を再びこっそり販売する社員がいたり、所長は愛人とのごたごたを職場に持ち込んだりした。十八歳の潔癖な青年にはそんな職場の雰囲気が耐えがたく、二か月で辞めた。

やっぱり勉強して福祉関係の仕事に就こう。

そう考えた鵜飼は一年浪人して一九七〇年四月、明治学院大学社会学部の夜間部に進む。学生運動の余波が残っているころで、キャンパスはどこかざわざわしていた。

大学生になってすぐに障害者手帳を取得した。判定は5級。所得税の控除があり、JRを利用するとき一〇〇キロ以上の長距離料金が半額に、都バスが無料になるのは助かった。

学友と組んで、重度障害者の通所施設でボランティアをした。知的障害者の施設にも行った。自分は障害者の狭い世界に逃げ込んでいるのではないか。何度も自問自答しながらも活動にのめりこんだ。

就職は、ある教授の勧めで知的障害者更生施設、東京都小平福祉園の指導員になった。視力障害のある十八歳以上の知的障害者三十九人が入所していて、軽い作業や趣味を楽しみながら生活していた。

職員四十五人が三交代で二十四時間勤務する。週に一度は夜勤がある重労働だった。それでも入所者とは兄弟のような関係を築き、親身になって倒れるまで働いた。

バブル崩壊後は都の福祉関連予算が大きく削減されて、職員の負担が増えた。園内にぎすぎすした空気が流れ、夜勤をめぐって職員間にいさかいが起きた。

労働組合は夜勤を全面的にアルバイトにゆだねるという決断をした。

つらい仕事を、より待遇の悪い職員に押し付けることは大きな葛藤を生んだ。鵜飼はアルバイト職員らの顔を見るだけでストレスがたまり、突発性難聴を発症した。

勤務表をつけるとき、夜勤の欄にどうしてもアルバイトの名前を書けなかった。鵜飼の中で張りつめていた糸がぷつんと切れた。

一九九二年早春、七百八十万円になっていた年収を捨てて、十八年勤めた施設を辞めた。燃え尽きたのだ。

七百万円の退職金をもとに、次に手がけたのがオーストラリアからTシャツを輸入して販売する仕事だった。

季節が逆なので、鵜飼の計算ではうまくいくはずだった。しかし、赤字ばかりがかさむ。事業から撤退したあとは、貯金を取り崩して暮らす日々が始まった。

見かねた友人が東久留米市の嘱託職員の仕事を紹介してくれた。市では二〇〇〇年春から始まる介護保険に備えて、申請者の要介護度を認定する人材を探していた。

大学の福祉コースを卒業し、社会福祉士の資格を持つ鵜飼は即戦力だ。勤務は週四日、給料は手取りで十五万八千円。昇給もボーナスもない日給月給の処遇であった。

市内の高齢者から介護保険の申請があると自宅を訪問し、どのような支援が必要か、面接して詳しく調査する。話し好きの鵜飼にはこの仕事が性に合って、もう十二年もつづいている。その間に介護福祉士とケアマネジャーの資格も取った。

体が不自由になった一人暮らしの高齢者に未来の自分の姿が重なるときがある。

子どものころに、「この子は長くは生きられない。寿命はせいぜい四十年」と誰からともなく聞かされた。いつのまにか自分でもそんな気になっていた。

還暦を過ぎたいま、鵜飼にとって老後をどう過ごすかは切実な問題だ。心の支えだった父親が八十七歳で亡くなり、母親も老いた。

付き合った女性は何人かいたし、その都度、結婚も考えた。けれども交際が結婚に発展しそうになると、その話題を避けたり、わざと連絡をとらなくなったりした。そのうち相手が去っていった。

「結婚を本気で考えるとつらすぎて……」

考えても考えても堂々巡り。いつも行き止まりだった。

のちに脳性まひの女性が出産するのを知った。結婚を尻込みした臆病が悔やまれてならなかった。

「自分に対する偏見を乗り越えられなかったんですからね」

六畳二間にダイニングキッチン、家賃五万八千円の2DKに一人暮らしている。家を持とうという気はなく四、五年ごとに引っ越しを繰り返す。

午後六時ごろに職場から戻ると夕食を作る。冷蔵庫には冷凍野菜が常備されており、それを使ってカレーや煮物を作る。

行きつけのスーパーでいいマグロが安く売られていると、買って帰って鉄火どんぶりにする。豚肉の生姜焼きもよく作る。栄養のバランスを考えて、野菜をたっぷり添える。外食は昼だけだ。

夕食のあとは、テレビでプロ野球などを楽しむことがある。横浜ＤｅＮＡベイスターズのファンである。夜は十一時半には寝るよう心掛けている。朝は七時に起きる。規則正しい生活だ。

最近、暮らし向きのことを処理する力が落ちているのを感じるようになった。とくに掃除が苦の種だ。

「ガスコンロの周りに油が飛んでも、よく見えないからきれいにできない。細かい汚れを探す根気がつづかない。きっとあちこちにほこりもたまっているでしょう」

友だちを家に呼びたいんだけれど。そう話す鵜飼の口調に切なさがにじむ。

体力の衰えもある。

この十年、市役所での仕事がない日、鵜飼はボランティアで重度の障害がある友人、ケンちゃんのガイドヘルパーをつとめてきた。車いすを押して、ケンちゃんの行きたいところに付き添っていく。

六十歳を超えると、車いすを押して遠くへ出かけることが苦痛になった。週一のボランティアは辞退せざるを得なくなった。

ケンちゃんは日中こそ作業所に出かけるが、暮らしのすべてを母親に頼って四十歳になった。母親は年を重ねて、そろそろケンちゃんの世話が重荷になっている。

長い間、ケンちゃんを見守ってきた鵜飼は彼の老後をわがことのように心配している。

行く末が気にかかる障害者や独り者が、ほかにも五、六人いる。人とのかかわりを必要としている人が、それぞれアパートを借り、ばらばらに独りで暮らしている。

去年の三月、親しい友人のアパートを訪ね、酒を酌み交わしながらゆっくり互いの老後のことなど話し合った。一人暮らし同士でネットワークを作り、助け合っていこうよ、と盛り上がった。

その友人が自宅で急死したのはその夜、未明のことだ。六十四歳だった。

彼とはよく電話でしゃべりあった。一時間くらいは平気で鵜飼の仕事の愚痴を聞いてくれたものだ。

一人身だと病気で入院するにもたちまち困る。大切な友の死で、いよいよネットワークづくりを急がねばと思う。

施設という形ではなく、足りない部分を補い合って、住み慣れたまちで暮らしていく方法はないものか。鵜飼は思案を巡らせている。

料理が得意な者は食事を作り、掃除が好きな者は掃除をする。「めし、できたよ」と声がかかると、みんなが一室に集まってくる。ワイワイと食事する。行く場所、話し相手がいる幸せ。

「年をとる権利が、彼らにも僕にもあると思うんです」

六十歳になって、年に八十万円ほどの年金が振り込まれるようになった。満額ではないが、共済年金と厚生年金の二階建て部分を受け取ることができるのだ。

やりくりがちょっぴり楽になり、好きなジャズのCDを買うペースが速くなっている。自室にはLPレコードが八百枚、CDが二千枚ほど所狭しと積み上がっている。

結婚はしなかった。子どももいない。いまの仕事が好きだから、六十五歳まではしっかり働こうと決めている。

働きながら、気になる仲間とともに生きる道を探るのだ。

石井更幸が語る「ラジオ深夜便」を聴いていた者が、ほかにもいた。

その夜、芳賀《はが》一恵は眠りに就いていくらもたたないうちに目が覚めた。まもなく午前一時。NHKのニュースを聴こうとラジオのスイッチを入れた。

若い男性の話に耳を傾け、一恵は驚いた。

わたしとまったくおんなじだ。

三歳から髪を黒く染めて生きてきた。動物に白い子どもが生まれると、ニュースになることがある。だから人間の世界にも自分と同じような人がほかにもいるのだろうと想像することはあった。まさかこんな形で仲間の存在を知ろうとは。

「アルビノ」という言葉は六十二年生きて初めて耳にするものだった。

放送を聞くうち、違和感がふくらんだ。鮮明に見えない目は困った目だとは思う。けれども自分の特性を障害だとか病気だとかいうふうに考えたことは一度もない。障害者手帳の申請は思いつきもしなかった。いじめられた経験もない。

自分と同じような人間に会いたいとも思わずにきた。だからラジオの青年のことも聞き流してしまいになるはずであった。

そうならなかったのは偶然が二度、重なったからだ。

石井更幸の放送を聴いた翌月の、ある眠れない夜。ラジオから再び彼の声が聞こえてきた。一月の番組への反響が大きく、再放送されたのだ。

これは何かの縁かもしれない。一恵は石井更幸という名前と彼のホームページ「白い旅人」のアドレスを書き留めた。

その年は、なんだかんだと忙しく過ぎた。春先、〇・〇六の視力がさらに落ちた気がして病院へ行ったところ、白内障と診断された。

九十七歳で逝った父の三回忌の法事を営み、親しくしているいとこの子どもの結婚式にも出席した。

パソコンを使わない一恵が、「白い旅人」のことを思いだしたのは再放送から九か月もたった十月になってからだ。

日頃から仲よくしている友人が六人いる。一恵を入れて七人組だ。パソコンが得意な一人に「白い旅人」のページをみつけて、印刷して送ってほしいと頼んでおいた。

すぐに分厚い封書が送られてきた。

全部で三十枚あった。友人は、「白い旅人」だけでなく、一恵の役に立ちそうな情報をあれこれ集めてくれていた。

その中に一恵の注意を引いた一文があった。千葉大学医学部附属病院遺伝子診療部に勤務する小児科医、石井拓磨が書いたものだ。

石井拓磨は何人ものアルビノの赤ちゃんを診察し、親たちの相談にも乗っている。

人を介して更幸らと知り合ってからは、幼いアルビノの子どもを持つ若い親たちに、積極的に更幸ら成人したアルビノの人とふれあうように勧めている。

社会人として、あるいは大学生として、堂々と生きている先輩たちの存在に若い親たちがどれほど力づけられているか。傍で見てきた実感をつづっていた。

読み終えた一恵の口元に笑みがこぼれた。還暦を過ぎ、そろそろ老い支度を考えている者がいると知ったら、この先生は、あるいはアルビノの子を持つ親はどう思うだろうか。

「私でお役に立つことがあれば」

一恵は石井拓磨の勤務先にあてて手紙を書いた。

拓磨が手紙を受け取ったのはアメリカへ出張する前日だった。準備に追われてすぐには読めず、封をしたままの手紙をかばんに入れて日本を飛び立った。

しばらくしてから一恵のもとに返事が届いた。毎年十一月下旬に千葉市内で開かれる石井更幸主催のオフ会に出席するよう、強く勧める内容だった。

自分のような年齢の大人が出席することにも意味があるかもしれない。

一恵は行ってみることにした。

オフ会当日の二週間ほど前、東京都昭島市にある自宅から千葉の会場まで、本番そっくりの予行演習をした。

乗るべき電車、乗換駅、駅からの道順、かかる時間などを確認するためだ。これまでも大事な予定はすべて予行演習をすることでつつがなく乗り切ってきた。

そうして迎えた十一月二十二日のオフ会当日、公共施設の会議室を借りた会場には二十人ほどの当事者や家族が集まった。

一恵はラジオ深夜便で知った石井更幸と対面し、手紙を送った医師、石井拓磨と会った。

ゆっくり会場を見渡すと、黒いサングラスをかけた、よちよち歩きの子どもがいる。母親の腕に抱かれた赤ん坊がいる。どの子も髪は白や薄茶のままで、染めている子は一人もいなかった。きれいな色使いの洋服を着て、精いっぱいのおしゃれをしていた。

部屋の隅の机には、いろいろなお菓子が並べられ、子どもたちは、たちまち仲良くなってじゃれ合っていた。

そうした光景を、一恵は新鮮な気持ちでながめていた。

椅子を丸く並べて座り、自己紹介が始まった。親元を離れて一人暮らしをしているアルビノの青年は、「若いお母さんたちに、ぼくがどういうふうにやってきたか、伝えられればと思って来ました」とあいさつをした。

弁護士になったばかりだという二十代のアルビノの女性が「趣味はスキューバダイビング」と言ったとたん、驚きの声が広がった。当事者はみな、日焼けでは苦い体験があり、海はタブーと思っているからだ。

オフ会に顔を見せていた鵜飼正行が話すのを聞いて、自分と同年配だと知った。

すぐに一恵の番がきた。

二十二歳からピアノを教えて生きてきたこと、還暦を過ぎたので、そろそろ引退を考えていることなどを手短に話した。

若い母親が、ひときわ大きな拍手を贈った。

親たちは少しでも安心をもたらしてくれる情報や交流を求めて、遠く福島県や静岡県あたりからも集まっていた。

彼らにとって、自分の人生をまっとうしている年長者を知ることは、何よりの励みなのだ。

何歳まででも生きてやる

芳賀一恵は一九四六年九月に昭島市で生まれた。

父親が旧電電公社に勤め、母親は専業主婦という穏やかな家庭で育てられた。

四歳になるのを待ってバイオリンを習い始めた。ちょうどその夏、国立《くにたち》音楽大学に附属幼稚園が設立されたので、年少組に入園した。

二学期からの編入希望者はほかにもいたが、一恵が選ばれた。弱視であることは、なぜか問題にならなかった。

小学校も、できたばかりの国立音大附属小学校へ入学した。一年生は全部で十五人しかいなかった。

バイオリンを学ぶ者にもピアノは必修であった。一恵はやがてバイオリンよりピアノの方を好きになり、専攻をピアノ一本に変えた。

まことにのびやかな学校で、宿題はなし。毎日、絵日記を描くことだけが義務付けられていた。

一年生から三年生まで担任は持ち上がり。四年生から六年生もまた持ち上がりで、生徒同士も先生と生徒も、いやでも親密になる。

一恵は、やせっぽちで体が小さかったので、教室ではいちばん前の席だった。黒板に五線譜を書かれると見えないこともあったが、友だちからノートを借りることができた。

楽譜は譜面に顔をぐっと近づけると読めたが、いちいち見ないで済むよう誰よりも早く暗譜した。

十五人のクラスメートのなかで、自分に格別の才能があるわけではないことは、すぐにわかった。しかし努力で補うことはできる。

学校が週五日制だったのを幸いに、土曜日か日曜日はピアノの先生の自宅に個人レッスンを受けに通った。

小学生のころ、一恵の自宅にあったのはオルガンで、ピアノはなかった。オルガンとピアノでは鍵盤のタッチがちがう。

どうしてもピアノで練習したかった。家にピアノがない生徒は早く登校して始業前に学校のピアノで練習をする。

一恵は毎朝、五時に起きて学校へ行った。いちばん先に練習の順番をとるためだ。

目が悪いのにがんばっている。

友だちからも教師からも、そのような目で見られたことは一度もない。

「振り返ってみれば、とてもいい小学校に出合うことができました」

一恵はしみじみと懐かしんだ。

中学校へ進学すると同時にピアノを買ってもらった。

中学時代はピアノに明け暮れた。

朝、登校前に一時間の朝練を課した。学校の授業で七時間ほどピアノに向かい、家に帰ってからもまた練習だ。周りが畑で音を気にせず練習できることがありがたかった。

めきめきと腕をあげ、選抜されて発表会で演奏する機会が増えた。

友人たちは親しみを込めて、「かずえちゃん」ではなく「かえちゃん」と呼んでいた。

中学生のときについたあだ名が「バッハのかえちゃん」。バッハを弾かせたら右に出る者がないと、級友たちからも一目置かれていた。

国立音大に進学すると、すぐに将来の進路の選択を迫られた。

音楽の教師になるか、自宅で教えるか。

「この目で採用試験に合格するのはむずかしい。どう考えても就職は無理だろうと思いました」

自宅でピアノを教えて生きていこうと決めた。幸運なことに道路を挟んでお向かいは小学校だ。

一九七〇年代は、高度成長のおかげでちょっとしたピアノブームだった。一般家庭の女の子たちがこぞってピアノを習いたがった。親たちもわが子の願いをかなえようと、ピアノを買うために踏ん張った。

両親に頼んで自宅の敷地の一角を借り、小さなスタジオを建てることにした。グランドピアノとアップライトピアノを一台ずつ壁に沿って並べ、あとはトイレと簡単なキッチンがあるだけの十八坪の平屋の建物だ。建築費用の二百万円は両親から借りた。

一九六九年五月八日。大学を卒業した春、ささやかなピアノ教室の看板を上げた。とくに宣伝をしたわけでもないのに生徒が二十五人も集まった。小さな子ども。音大をめざす受験生。保育士の資格をとりたい大人もいた。みな口コミである。

一恵は生徒たちの上達を願って、懸命に指導した。その日に来る生徒の練習曲は、あらかじめ弾いて、的確に教えられるよう予習をしておいた。

二十六歳のとき、市の合唱団が団員を募集しているのを知って、入団した。家が仕事場なので外の空気も吸いたかった。

大勢の人と声をそろえて歌うのは楽しかった。ときに伴奏も引き受けた。

ある日、団員の一人が話しかけてきた。

「芳賀さんって、まるでさらしたように色が白いんですね」

驚きをそのまま言葉に乗せた率直な物言いだったせいか、さほど不快には思わなかった。

「黙っている人がいい人で、何か言う人が悪いとは限りませんからね」

一恵は茶目っ気たっぷりに言った。これが外見を話題にされた唯一の経験だ。

物心ついて以来、アルビノのことで病院へ行った記憶はない。両親からも近所の人たちからも特別扱いされず、かわいがられた。勝手に隣のうちに上がり込み、その家の家族と一緒にごはんを食べたり風呂に入ったり。そんなことが何度もあった。

親類縁者は多い方で、しょっちゅう行き来し、結婚式のような晴れの場にも必ず招かれた。疎外感や孤独とは無縁で大人になった。

「困った目」を補う方法はいくらもあった。

家で過ごすときには窓から差し込む光の具合を見ながらまぶしくない日陰を選んで勉強し、本を読んだ。

外出するとき駅で運賃の料金表は見えないが、一区間か二区間の少額切符を買って、降りた駅で精算すれば済んだ。

紫外線対策には気を遣っている。子どものころに奥多摩の清流で泳ぎ、ひどい火傷を負った。以来、帽子や日傘は欠かさない。

日傘をさして安全に歩くため、買い物には手提げバッグではなくリュックを利用する。

一恵の肌が白いから、目が不自由だから、といってピアノ教室をやめる生徒は一人もいなかった。ピーク時には五十人以上の生徒を抱え、日曜日も朝八時からレッスンをした。

生徒たちのために二年に一回、発表の舞台を設け、そのときは一恵も大曲を弾いて華を添えた。

一九八二年当時の家計簿が残されている。月謝は教える内容によって五千円、五千五百円、六千円の三段階。それを最終的には六千円、六千五百円、七千円に値上げした。

両親から借りたスタジオの建設費は、予想より早く完済することができた。

「時代が味方してくれました。ほんとうにピアノブームでしたから」

さっぱりと簡素なスタジオのしつらえや、流行より質にこだわった服装などに、一恵の堅実な性格や考え方が表れている。

「私の老後は人より少しお金がかかるかもしれない。そう思って準備してきました。ブランド物など買ったことがありません」

国民年金に加入したのは二十歳。大学生のときだ。アルバイトでピアノを教えた謝礼で毎月の保険料を支払った。

将来の年金を少しでも増やそうと、ピアノ教室を始めてからは国民年金基金にも加入した。さらに三十五歳で郵便局の個人年金保険に加入し、五十五歳までの二十年間に毎月十万円の保険料を払って老後の安心を積み立てた。

九〇年代に入るとピアノ教室の生徒は少しずつ減っていった。バイオリンやチェロ、フルートなど、子どもたちはさまざまな楽器を楽しむようになり、ピアノ人気に陰りが出た。

二〇〇一年春の発表会は、出演する生徒が十七人で、これが教室最後の発表会となった。一恵は五十五歳になっていた。

教室が暇になるのを待っていたかのように、九十歳を超えた父親が体調を崩しがちになった。

二〇〇七年、父親は九十七歳で息を引き取った。一恵と母親と、二人がかりの介護は丸五年に及んだ。

母子だけで担った介護は心身ともにきびしいものだった。母親は鬱状態になり、一恵も頭痛と目の痛みに悩まされた。

夫を見送ったあと、母親は娘を思いやって自ら望んで介護付きの有料老人ホームへ入居した。自宅には一恵が一人残された。

ピアノの生徒を積極的に増やそうとしなかったのは父親の介護をしながら自分自身の老後について考え始めたからだ。

ピアノ教室に幕を下ろす時が来た。

小学一年生から出産間際まで通ってきた生徒がいたし、母校の国立音大を三番で卒業した教え子がいる。親子二代にわたって通ってくれた生徒たちもいた。

生き生きと、おもしろくやってきた。充実した日々だったなと、あらためて思う。

生徒はとうとう三人になった。

二〇一〇年三月二十七日、教室最後のレッスンを終え、ピアノのふたをそっと閉めると深々と頭を下げた。一恵は四十一年間のピアノ教師を卒業した。

両親とともに過ごした家は、なんだかがらんとして、一人には広すぎた。

結婚を、一度も考えなかったと言ったらうそになる。好ましく思った男性もいた。けれども想いが深まる前に面影を追い出した。

自分の人生に結婚はない。

そう見切りをつけたのは十六、七歳のころだ。

「相手の親や親族からはきっと反対される。結婚をめぐるごたごたで私の存在が否定されるような思いをしたら、立ち直れない。それよりピアノを一枚看板に、正々堂々と生きようと決めたのです」

二〇一〇年も押し詰まった十二月一日、スタジオから愛用のピアノが運び出された。

アップライトピアノは二台弾きつぶして三台目。グランドピアノも二台目だ。

いずれも下取り価格がつかないほど使い込まれた古いピアノ。けれどもよく手入れしていたせいか、光沢を放っていた。

十日のちにはスタジオの解体作業が始まった。四十年の間に外壁を三度塗り替え、最後は黄色。壁が重機によって砕かれ、黄色の廃材が積み上がるのを一恵は黙って見ていた。

明けて二〇一一年。一恵は近くの工務店に小さな住まいの設計を依頼した。

育った母屋はずいぶんと古くなり、傷みも目立つ。スタジオの跡地に高齢になっても暮らしやすい簡便な家を建てて引っ越す計画を立てた。

イエローハウスがシルバーハウスに変身するのはなんとなく愉快だった。

しかし、この計画は実行されず、スタジオ跡はいまも更地のままだ。

三月十一日に東北地方一帯を襲った地震と津波が一恵の気持ちを変えたのだ。

あの日は昭島市あたりでも棚から物が落ちるほどの揺れだった。あっというまにスーパーやコンビニから水や食料品が消えてゆき、買い物に苦労した。

小さな家の建築は、契約書を交わす寸前で中止の決断をした。

「こんなときに不要不急の建築は慎むべきだと思ったのです。必要な資材は全部、東北に回し、力強い復興の槌音を響かせてほしいから」

古い、使い勝手の悪い家に、新しいアップライトのピアノだけは買うことにした。ピアノのない毎日は考えられないからだ。

秋になって、懸案の白内障の手術を受けた。手術を受けても視力がよくなるわけではないと、事前に医師から聞かされていた。

それでも、術後は心なしか視界が明るくなった。結果は上々だ。

弱視ゆえ、がんばろうと思う気持ちを武器に生きてきた。

今日がんばらなければ明日はない。

そんな思いは六十年間、一度も途切れたことがない。

「あふれるほどあったがんばろうの気持ちもさすがに底をつきそうです。これからは私の人生に欠けていたゆったり、のんびり、を楽しみながら生きていこうと思います」

幸い友に恵まれた。仲良し七人組のうち四人は独身だ。一人を楽しむ心得も、助け合うやさしさも持ち合わせている。

毎週一回は老人ホームに母を見舞う。施設で過ごす晩年もそう悪くはないものだ。

六十六歳。朝六時半に起きて、夜十一時に寝る平和な暮らし。

一恵はまた茶目っ気たっぷりにこう言った。

「何歳まででも生きてやる」

第四章

国境を越えて

ニューヨークへ乗り込んだ橋本京子さん。
誘われてダンスの輪の中に。
こんなにはしゃいだのは何年ぶりだろう。
(石井拓磨さん撮影)

一、姉、妹

ヘルマンスキー・パドラック症候群

新谷照美《しんたにてるみ》は迷った末、勤務先に介護休暇を願い出ることにした。

照美が働いているのは住宅・住生活を総合的に扱う大企業の、大阪にある支店である。

介護休暇の前例は、家族の終末期の看取りをする社員がとった一例があるだけだった。照美のように嘱託社員という身分の者が長期の休みをとれるのかどうか、わからない。けれども、つきっきりで姉の看病ができそうな者はほかにいなかった。

姉の夫の会社には介護休暇の制度がない。一人娘は小学校を卒業したばかりで、自身の身の回りのことをするのが精いっぱいだ。両親も年をとって体力が衰えている。

なにより姉の正子が「一生分のわがままをきいてほしい」と、照美がそばにいることを強く望んでいた。

三人きょうだいのうち、真ん中の長男をのぞいて正子と照美はアルビノで生まれた。

肺線維症《はいせんいしょう》を患う姉の病状は日に日に深刻さを増していた。

休暇を認めてもらえなければ辞めるしかないか。覚悟を固めかけたところ、会社は寛大なことに半年間に及ぶ介護休暇を許可した。

二〇〇八年四月六日から九月三十一日まで、照美は介護専従の生活に入ることになった。

病床にある姉の様子をつづった記録をとることにした。姉の病状を見届けること。それは将来の自分に起きるかもしれないことを正確に知ることでもあった。

【四月二十八日】

（略）昼いつもの様に食事が運ばれてきても、なかなか姉は起き上がろうとはしなかった。起き上がるだけでも、脈が一二〇位に上がり、ましてや食事をすると体の酸素運動も活発になり、呼吸が荒くなり息が詰まり胸が苦しくなるようだ。うどんをすする手も次第に止まりがちになり半分くらい食べ終わると苦しそうに横たわり、背中をさすってやる。落ち着き、息を整え再び食べるという行為が続く。それは、激しい戦場の最前線に向かう戦士のようにも見える。

「はぁ。はぁ」という荒い息遣い。苦しみに歪む表情。私はそれでも静かに凝視するしかなかった。あんな元気だった姉がたった一杯のうどんを満足に食べきることさえもう出来ない。その一口一口に明日の命をつなげようとしている姿を目の当たりにして胸が痛くなる。（略）

ほどなく正子は病院から夫と娘のいる自宅に戻りたがった。自分の病が進行性のもので、人生の残り時間が少ないことを知っていた。

肺線維症になると肺全体が固くなる。肺のふくらみが悪くなるので肺活量が落ち、酸素と二酸化炭素の交換がうまくできなくなる。

病気の進行につれ、肺全体の機能がさらに弱って血液中の酸素が不足し、日常生活にも支障をきたす。ちょっと動いただけでも息切れがして呼吸が苦しい。この病気の特徴である咳も出る。

肺の組織に特定の物質がたまることが原因で、いまの医学では決定的な治療法がない。病気の進行を遅らせる薬があるだけだ。

正子はゴールデンウイーク明けに退院し、自宅で療養することになった。動脈血中の酸素飽和度を測定するパルスオキシメーターと酸素吸入器を携えての退院である。

照美は介護のために姉の自宅に通った。

毎朝、正子のその日の様子を知らせる携帯メールが出勤前の義兄から届く。

機嫌のいい日と落ち込んでいる日の落差は激しい。照美は姉の家の玄関先で深呼吸をし、気合を入れて戸を開ける。

【五月九日】
（自宅で）姉の介護が始まったが、さっそく鬱が強く出た日に当たった。（略）酸素も脈拍も悪いながらも安定していた。安静時でも酸素は九八、脈拍一一〇、いつもと同じだった。つぎつぎと口をついて出て来る言葉を受け止めて流した。生きているのが辛い。なんでわたしだけこんな目に合うのか？　早く心臓が止まって死んでしまいたい。生きていても何もいいことは無いみんなに迷惑かけるだけだ。ただ泣き続けていた。
姉はしきりに義兄に対してすまないすまないという。家事・子供の世話・仕事・姉の世話と家計簿を付ける。弁当を五時起きして姉・子供・義兄の分を作り休む暇が無い。自分は何ひとつ手伝うことが出来ないと。（略）
発作的に何かをしでかすのではないか。一瞬たりとも目を離さずに姉を見守っていると、肩が凝り、頭の奥の方がジーンと痛んだ。

咳が立て続けに出て一時間近く止まらなくなることがあった。たちまち酸素の量が下がって息が吸えなくなる。

照美は正子の胸の肋骨付近を懸命にマッサージした。そうすると横隔膜が開いて少し呼吸がしやすくなるようだった。

義兄が帰宅し、あとを託して帰るころには得体のしれない疲れが押し寄せる。負けてはいけないと、自分で自分を奮い立たせながら姉の家を後にした。


【五月十二日】

朝から、タンが出てセキが頻繁に出ている。酸素は普通通りなのに、頻脈が安静時でも一一〇ほどある。トイレへ行って十歩も歩かないのに今日は脈が一三〇近くまで上がり、今日は違う意味でしんどい日なのだと判った。

十時過ぎ頃から疲れたように眠り始めた。浅い眠りで何度も目が覚めるようだった。（略）先週の鬱の日は、この先のことを思いやられるとわたし自身不安や辛さがあったが、今日は眠ってくれていて内心ほっとした。この間と同じ状況なら今日もわたしが精神的にきっと参っていただろうな。姉の寝息をたてて眠っている姿を見たとき、最後の日が来るときは安らかに苦しまず逝ってほしいと強く思った。


正子は誰の目にもわかるほど衰弱していた。ベッドに体を起こし、自力で支えて食事をすることが苦しくなってきたのだ。

医師から栄養補助飲料を一日最低一本は飲むよう指示が出る。二五〇ミリリットル入り一本で二五〇キロカロリーが摂取できる。

少なくとも一日一二〇〇キロカロリーの栄養をとるよう言われていたが、一〇〇〇キロカロリー確保するのがやっとであった。退院するとき三八キロあった体重は、三五キロになっていた。


【五月三十日】


（略）今日姉が病気をして初めて携帯ビデオを撮らせてくれた。今まで病気で患った自分の顔を見たくないと言い鏡さえ見ることを拒否していたのに、先日訪問看護師の小谷さんにきれいにカットしてもらった髪を櫛で丁寧にとかしてカメラの前に座り、話し始めた。

「私のこと忘れないで、ありがとう。ありがとう」「ありがとう。私が死んだ時は楽になってよかったねって言って。長い事苦しんで来たからそう必ず言って」

私は明るく返事をした。「必ずそうする。うん。うん」

帰りがけ姉に夏服を何枚も買った。ピンク・紫・赤・白のTシャツやブラウス。これを着て少しでも華やいだ気分にさせてやりたい。いつも姉はこう言う。酸素に紐に繋がれて、毎日毎日天井を見つめるだけの地獄の苦しみ。だからほんの一瞬でもいい笑ってほしいから。明日きっと部屋には華が咲くだろう。


五月は照美も胃腸の調子が悪かった。姉の家からの帰り道、十年あまり通っている内科医院へ薬をもらいに立ち寄った。

胃腸炎の症状が出ていた。ヘルマンスキー・パドラック症候群によるものではないか。照美はかかりつけの医師に自分の気がかりを話してみようかと迷ったが、結局、話さなかった。原因がなんであれ、慢性胃腸炎の対症療法をするしかないからだ。

その日の日記にこう書いた。


ビオフェルミン・酸化マグネシウム・リサンチウム。これを組み合わせて胃腸の調整をする。


新谷照美が長期休暇を取ってまで姉の傍らにいようと決めたのは姉への深い愛からであるが、もう一つ理由があった。

自分もまた姉と同じ、ヘルマンスキー・パドラック症候群なのではないかと密かに疑っていた。もしそうであるなら姉がどのような経過をたどって最後の時を迎えることになるのか、自分の目で確かめておきたいと思ったのだ。

通常のアルビノは目と皮膚と毛髪などに症状が現れる。弱視で光がまぶしく、白い肌は紫外線に弱い。髪や体毛は白や薄茶色になるが、これらの症状が進行して重くなるようなことはない。

しかし、アルビノと同じ遺伝性疾患の仲間であるヘルマンスキー・パドラック症候群は少しやっかいだ。

目と皮膚と髪の症状以外に、ちょっとしたことで出血しやすく、出血すると止まるまでに時間がかかるという症状を併せ持つことがある。血小板がうまく働かず、かさぶたができにくいのだ。

チェコの二人の血液学者、ヘルマンスキーとパドラックによって見出されたためその名を冠した病名が付けられた。

ごく一部ではあるが、症状が強い場合は肺線維症など肺や腸、腎臓、心臓などに特徴的な異変が起きる。なかでも肺線維症は重く、根本的な治療の方法はまだみつかっていない。

正確に診断できる専門医が少ないせいか、山形大学医学部皮膚科学講座の鈴木民夫教授によると、日本で報告されている診断例は百例ほどだ。

世界を見ても症例は少ないが、なぜかカリブ海のプエルトリコでは千八百人に一人と、例外的に多くの患者を出しているという。

六月五日、姉の介護の隙間を縫って、照美は両親を伴って大阪市立大学医学部附属病院の皮膚科を訪ねた。両親ともども採血して、ヘルマンスキー・パドラック症候群かどうか遺伝子診断を受けるためだ。

いつまでも宙ぶらりんで気をもんでいるより、はっきりさせたかった。両親が黙ってついてきてくれたのがありがたかった。

正子はその年の夏を自宅で乗り越えることができず、再び入院することになった。

【九月十五日　敬老の日】

最近では呼吸が苦しいと物も食べたくないと言っている。（略）最近は流動食になり、それさえも、半分も口にしていない様子。一日中眠っていることも多く、とにかく呼吸が苦しいと言っている。昨日はわたしに、呼吸が苦しいから、鎮静剤を使って眠らせてもらおうかと言っていた。

それは最後の時に行う行為だと、看護師にとがめられても担当している看護師に明日新井先生を病室に呼んでほしいと、鎮静剤のことを直接頼みたいと言って聞かなかった。（略）なんて姉だ……。

呼吸が苦しくて生きていけないと、貝のように口をつぐんで眠りにつくなんて。生きているのに、自分から死に向かうなんて馬鹿だ。なんて心が弱い人なんだ。ケーキもスプーンでつぶせばまだ、美味しいって食べれるのに、おしっこだってまだ、自分の力で出来るのに。まだ生きてるのに。生きられるのに。自分で生きることをやめていこうなんて……。

【九月十七日】

鎮静剤はやはり、死の直前の時にしか使えないと新井先生から言われたらしい。

（略）

姉はほとんど食べようとしないが、自主的に食べることが一番。（略）肺移植を考えていると新井先生が言ったそうだが、費用とリスクがかかり、本人には伝えていないと言っていた。わたしの肺を移植したいと言われたら、わたしは、どう答えるだろうか……。

きっと断るだろう。

在宅（療養）が終わる時、変なこと言った。肉をくれ。腕をくれ。肺をくれ。と姉が私の体をつかんでいったとき、すごく恐ろしかった。

自分の体が、あの世に持っていかれそうな、そんな錯覚を覚えた。

二度も父親に捨てられた
　ひと月のちに、正子は息を引き取った。照美より四歳年上の享年四十六。中学生の娘と夫が残された。

　二十六歳で結婚し、七年後に子どもを授かった。あとになってみれば確かに出産時の出血が通常より多く、産後の回復も遅かった。しかし、とりたてて病弱というわけではなく、主婦として夫と子どもの世話に追われる平穏な日々だった。

　体の異変に気づいたのは四十三歳の春だ。階段を上がるとき、それまでにない息切れを感じるようになった。年のせいで体力が落ちてきたのだろうと、鍛えるためにわざわざ遠くまで歩いて買い物に行ったりした。

　しかし息切れは激しくなるばかり。呼吸器専門の病院に検査入院してヘルマンスキー・パドラック症候群による間質性肺炎肺線維症と診断された。すでに肺の機能の二割近くが失われていた。


　姉の傍らにいて死を見届けた照美は、悲しいのに涙が出なかった。

　照美の携帯電話には「ありがとう」を繰り返しながらほほ笑んでいる白いおかっぱ頭の正子の動画と、笑っているように見える死に顔が収められている。

　長い休暇を終えて元の職場に復帰した照美は、はた目には死ぬまで姉を見守ったやさしい妹に映っていたかもしれない。

　けれども本人は苦しくてたまらなかった。

「私を忘れないで」と手を差し伸べた姉の顔、息を引き取る瞬間の表情などが、ことあるごとにフラッシュバックして照美を苛んだ。

「なんであんたじゃなくて私なのよ」

夜叉のような形相で摑みかかられたこともあった。死と向き合う無念や恐怖が言わせたのだと頭ではわかっていたが、深い闇に引きずり込まれそうで、恐ろしかった。

苦しいときはいつもそうするように、大阪市立大学医学部附属病院神経精神科の松永寿人医師のもとに駆け込んだ。これまでもたびたび窮地を救ってもらった主治医である。

「かけがえのないパートナーを亡くしたんやからね。つらいよね」

照美の話を黙って聞いた松永はやわらかく声をかけ、長期間にわたった看病をねぎらった。

姉と妹は家族というだけでなく、アルビノ同士として情でも深く結ばれていた。

それればかりではない。照美は姉の看病をしながら、いつか自分も発病するのではないかという恐れとも戦わなくてはならなかった。

松永は少量の薬を処方した。そして言った。

「フラッシュバックはこれからも起きる。それを繰り返しながら一生かけて回復していくんや。僕が健康でいる限り、ずっとサポートしていくからね」

照美は松永の言葉にどれほど救われたかわからない。

姉が亡くなって二か月後、心配していたことが動かしがたい現実になった。

大阪市立大学医学部を通じて山形大学医学部の鈴木民夫教授に依頼していた遺伝子診断の結果が出た。やはり照美もヘルマンスキー・パドラック症候群だとわかったのだ。

さほど動揺しなかったのは自分でも意外であった。年に一、二度、激しく痛む腸は気がかりだが、いまは問題なくおいしいものが食べられる。先々を気に病んで落ち込むことはない。事実を知っていれば症状が出たとき早めに手を打つことができるではないか。

一つ、いいこともあった。

正子と照美を生んで、ふるさとの村人たちから「先祖のたたり」と陰口を言われつづけた母が、遺伝子のせいだと知らされ肩の荷を下ろしたことだ。

姉が亡くなり、自分の病を知ったことで、照美は少し生き方を変えた。

次の年の四月、会社の勧めに応じて正社員になった。

二〇〇一年に入社した時は嘱託社員であった。仕事ぶりを認められ、人事部からは正社員に昇格するための面接を受けるよう何度か声がかかった。にもかかわらず、頑なに応じようとしなかった。

「姉は突然、人生を断ち切られました。どんなに悔しかったことでしょう。目の前のチャンスを生かさなかったら精いっぱい生きているとは言えませんから」

照美は話す。いまは他の職場でも働いてみたいと異動の希望も出している。


八年間も嘱託社員にとどまっていたのは前の職場での体験が深い傷になっていたからだ。

盲学校の高等部を卒業したあと、学校の紹介で大阪市内の大手百貨店に電話交換手として就職した。

女性ばかり四十人ほどの職場は先輩後輩の上下関係がきびしかった。

同僚たちとは視力に差があり、手元の内線番号一覧などを見るスピードがどうしても遅くなる。

先輩から「仕事しなくていいから」などと面と向かって言われ、悔しかった。

勝気な照美は千百もあった各職場の内線番号をすべて覚えて業務に臨んだ。人事異動があると、すぐに新しい番号を頭に叩き込んだ。

電話交換室には毎年、新人たちが配属される。見習いとして内線の取次ぎを三か月やると外線も担当し、やがては事務部門へと仕事の幅を広げていく。

照美は視力のハンディを感じさせない職人技で業務をこなし、新人たちを指導した。彼女らは一定期間が過ぎると新しい仕事を覚えるために去っていった。しかし照美だけはいつまでたっても交換業務一本だった。

仕事ぶりでは明らかに照美より未熟な後輩たちが次々に優秀社員賞を受けるのに、照美を推そうとする上司はいなかった。

同じ職場に長くいるうち、いつしか同僚たちから煙たがられる存在になった。

責任ある仕事を任せてもらえず十三年が過ぎたころ、風船の空気が抜けるように仕事への意欲を失った。

一九九九年一月四日。突然、会社に行けなくなって、そのまま辞めた。

なぜか体が動かない。ひと口も食べられない。眠れない。

二日後、はうようにして助けを求めた先が大阪市大医学部附属病院だ。神経精神科外来に座っていたのがその後長い付き合いになる松永寿人であった。

松永は初めて照美を診察したときのことをよく覚えている。

「典型的な鬱状態でした。几帳面で責任感が強く、がんばり屋。対応能力が高く、人間として強さがあるのでどこまでもがんばってしまう。しんどかったやろな、がまんしてきたんやろな、といとおしくなりました」

がんこさも相当なものだったらしい。

「僕の患者の中では一番か二番やろな」

松永は声をあげて笑った。

仕事上の悩みだけではない。照美はこの時期、家族とのあいだにも大きな葛藤を抱えこんでいた。

大阪市内のこぢんまりした一戸建て住宅に両親と暮らしていたが、ある朝、父親がテーブルの上に包丁をバンと音を立てて置き、照美に向かって言った。

「お前がいると安心して眠れない。じいさんにそっくりだ。出て行ってくれ」

照美は恐ろしさのあまり着の身着のままで家を飛び出した。実家近くにマンションをみつけ、翌日あわただしく引っ越した。

以来、実家に近寄ることはなく、母親とだけときどき連絡を取り合った。母親は弁当を作って届けてくれたり、たまに短時間、雑談をしたりした。

この出来事は照美を深いところで痛めつけた。

二度も父親に捨てられた。

そう思うと心の底からしんしんと冷えるような淋しさがこみあげた。

父親が毛嫌いしていた「じいさん」とは母親の実父、照美の祖父である。父親は結婚当初から義父と折り合いが悪く、なにかといがみ合った。

現在七十二歳になる父親は鹿児島県枕崎市で芋やたばこを栽培する農家に生まれた。

次男に受け継ぐべき田畑はなく、中学校を卒業すると集団就職で関西へ。建設作業員として働いた。

奈良県の現場で働いていたとき知り合ったのが三つ下の母親だ。十代の二人が恋愛し、母親が十九歳のとき、父が婿養子に入る形で結婚がまとまった。

母親の実家は奈良県吉野郡十津川村で林業を営んでいた。家の歴史は古く、大小ある先祖代々の墓には「寛政」や「天保」の年号が刻まれている。

祖父は、「裏表があるやつだ」と入り婿に心を許さなかった。

十津川村は奈良県の約五分の一を占める、日本一面積の広い村である。

しかし大半は山林だ。大峰山脈など標高一〇〇〇メートル級の山々の谷底を縫う十津川沿いに、小さな集落が点々と散らばっている。

六百種以上の植物が自生する自然林。高さ五四メートル、長さが二九七メートルもある谷瀬のつり橋。源泉かけ流しの温泉。

最近でこそ秘境を逆手にとって観光客を呼び込んでいるが、長い間、陸の孤島であった。

それゆえだろう、村は特異な歴史を歩んできた。

村の伝承によれば、六七二年の壬申の乱では天武天皇の吉野御軍の下で参戦し、その戦功によって租税を免除された。その特権が明治の地租改正までつづいたというから驚きだ。

南北朝時代は南朝方とともに戦い、幕末は尊王方に、と十津川村は一貫して皇室を敬う気風が強く、年号が明治となってほどなく郷民全員に士族の身分が与えられた。宮廷の警護を任されたのは薩摩、長州、土佐の三藩以外では十津川郷士だけだ。

村人たちは結束が固く、誇り高い。

二〇一一年の秋、東日本大震災で甚大な痛手をこうむったばかりの日本列島に、台風十二号と記録的な豪雨が追い打ちをかけた。

紀伊半島一帯で土砂崩れや河川の氾濫などが相次ぎ、多数の死者が出る大きな被害をもたらしたことは記憶に新しい。

道路や水、電気を失い、一時は丸ごと孤立した十津川村の被害も深刻だった。

そんな窮状に遠く北海道からいち早く支援に駆け付けたのは新十津川町の人々だ。

雨が多く、V字型の渓谷に命をつなぐ十津川村は、過去にもたびたび災害に見舞われてきた。

なかでも一八八九（明治二十二）年の大水害では村人百六十八人が死亡した。

大規模な山崩れで生活基盤を失った二千五百人が北海道のトック原野（現・新十津川町）に集団移住を余儀なくされた。

荒れ地を切り開いて住み着いた人々は、百二十年以上たったいまも十津川村を「母村」と呼んで大切にする。

二〇一一年十月十三日付の朝日新聞夕刊は、新十津川町長自らが町からの見舞金五千万円と道内から集めた義援金千二百万円を携えて、かつてのふるさとにはせ参じたと報じている。

「ガイジン」と呼ばれて

村で育った照美の祖父も、国に忠誠を尽くす気持ちが人一倍強かった。太平洋戦争では憲兵として進んで「お国のために」戦った。

捕虜を処遇するのは憲兵の任務と定められている。そのため敗戦後にB級戦犯として裁かれた。しばらく公職には就けなかった。

「日本軍が戦争に負けたのに、もらうわけにはいかない」と、祖父は死ぬまで恩給の受け取りを拒みつづけ、家計をやりくりする祖母を嘆かせた。

山深い村の若い夫婦に白い肌、金髪の女の子が誕生し、一家は衝撃を受けた。

正子と名付けられた女の子のことは、たちまち村中に知れ渡った。

「先祖のたたりにちがいない」

「あの家は戦争中に中国で悪いことをしたらしい。その報いじゃろう」

狭い世界に生きる村人たちは、まことしやかにささやき合った。

祖父は婿に向かって「こんな子が生まれた以上、離縁してもかまわない」と言い放ち、婿は婿で「そっちのせいだ」と反発した。二人の対立はいよいよ険しくなった。

三年後に生まれたのは、誰もが待ち望んだ元気な男の子だった。両親も祖父母も長男を溺愛し、彼だけがおもちゃや菓子など、さまざまな物を買い与えられた。

次女の照美が生まれたのはその二年後だ。長女の正子同様、肌の白い女の子だった。

母親が近所の雑貨店で働いていたこともあって、照美が物心ついたとき、いつも傍にいたのが祖父である。

山の暮らしはきびしく、新鮮な魚介はめったに口に入らない。種々の野菜を漬物にして保存する。たまに食卓にのぼる缶詰がごちそうだった。

祖父は幼い照美を連れて山へ柴を刈りに行き、風呂の焚き方を教えた。器用に小麦粉を練って、ドーナツのようなおやつをこしらえ食べさせた。砂糖がほんのり、甘かった。文字を一字一字、教えてくれたのも祖父である。

照美が五歳になったとき、父親が突如、家族を置いて家を出た。

頼みの材木がしだいに売れなくなった。単調で楽しみの少ない山の日常は若い父親には耐えがたく、祖父との対立も抜き差しならないものになっていた。

その年三月、照美は母親に手を引かれ、大和郡山市を訪れた。視覚障害と聴覚障害のある子どものための養護施設、奈良県立筒井寮に入るためだ。

真新しい黄色いワンピースを着せられて、初めて遠くまで電車に乗った。

母親の手を握りしめながら、これからのことを考えて悲しみがこみあげた。

寮のそばの小学校の校庭に象の形をしたすべり台があった。鮮やかすぎるほど青く塗られていたのをいまも不意に思い出す。

筒井寮に着くと、先に預けられていた姉が姿を見せた。それでも夜になると家に帰りたくてたまらなかった。

泣いて、泣いて、まだ足りずに一晩中、泣きつづけた。ピンクのパジャマで泣きじゃくる照美を、職員が朝になるまで抱いて添い寝してくれた。

寮生活が二年になるころには泣かなくなった。泣いてもどうにもならないことがわかったからだ。夏休みや冬休みを十津川村の家で過ごしたあとは、さすがに筒井寮にもどるのがつらかった。

家があるのに自分の居場所が、なぜ施設なのか。

子どもの照美はそのことにどうしても納得がいかなかった。

寮での集団生活は規則ずくめで息苦しかった。一日の時間割がこと細かに定められている。毎月五十円の小遣いの使い道まで、小遣い帳に書いて報告しなくてはならなかった。

一方で、寮の職員たちとのかかわりの中で自分を肯定することができた。

筒井寮には時折、近所の子どもたちが遊びにやってくる。男の子たちは金髪の照美を見かけると「ガイジン」「ガイジン」とはやし立てた。

小学生の照美は心の内では「私は日本人だ」と叫ぶものの、上手に反論できなかった。確かにみんなと見かけがちがう。

人とはちがう自分を受け入れられず、好きになれなかった。

しかし職員たちは「きれいな髪ね」と頭をやさしくなでて、「お人形さんみたい」とほめてくれた。寮の大人たちや教師からかわいがってもらったおかげで「これでいいんだ」と思えるようになった。

親とはちがう大人に守られながら、仲間を大切にする気持ちや思いやりを育んだ。

ある日、出奔《しゅっぽん》したまま二年も行方不明だった父親の消息が思いがけないことから知れた。兵庫県尼崎市の鉄工所で働いていて足にけがを負ったと母親のもとに連絡があったのだ。

それを機に、母親は長男だけを連れて村を出た。親子三人、大阪でやり直すためだ。

正子と照美が施設から両親のもとに引き取られたのはずっとあとのことで、照美は小学六年生になっていた。

「なぜかうれしいという感情がわきませんでした。家に帰れてよかったと思えなかったのです」

照美は妙に冷静だった小学生の自分を思い出す。

六年間離れ離れだった家族の空白は、簡単には埋められない。中学生の兄は荒れて髪を金髪に染め、夜な夜な盛り場をうろついて補導された。

「お前らのせいや」

正子と照美をののしった。

「それまで母親を独占していたのに急に子どもが増えた。兄はきっと淋しかったのでしょう」

大人になった照美には、当時の兄の気持ちがよくわかる。

久しぶりに会った父親は、よく働きはしたが酒を浴びるほど飲んだ。日本酒一升がみるみるうちになくなった。酔っては「誰のおかげで飯が食えると思うんじゃ」と暴れ、暴言を吐いた。

通学していた大阪府立盲学校（現・大阪府立視覚支援学校）ではいじめられることはなかったが、外の世界でからかわれ、いじめられた。

なかでも「ガイジン」というはやし言葉がいちばんこたえた。

そのせいか照美はいまでも横文字が嫌いで外国映画は一切、見ない。欧米の有名ブランド品には目もくれず、日本人であることにこだわりを持っている。祖父譲りの十津川郷士の血が流れているからだろうか。

「ガイジン」といじめられて帰り、炬燵で丸くなって泣いていた夕方、わけを尋ねる母親にいじめられたことを打ち明けた。

母親は何も言わなかった。

「ケロッとした表情を見ていると、ああ、この人は私と姉の苦しみなんかまるでわかっていないんだと思い知りました」

飲んだくれの父親と、子どもの気持ちに寄り添おうとしない母親と。

「どちらも親としては失格ですね。早く働いて自立したいと、そればかり考えるようになりました」

「誰のおかげで」という父のせりふを聞くのがいやで、高等部へは育英会の奨学金で進学した。

そして得た仕事が有名百貨店の電話交換手。十三年勤めた最初の職場を鬱病寸前で去ることとなった。


照美になにより必要なのは、自分自身をいたわって元気を回復することだった。

府立盲学校の恩師が「うちに来たら」と呼び戻してくれた。

情報処理科でパソコン操作やＩＴについて一から学びながら、生活のリズムをつくり、生きるためのエネルギーを蓄えた。

市大病院へも足しげく通った。

診察室で、照美を迎える松永がいつも笑っていることに助けられた。

二年もすると、自分で就職活動を始めるほど働く意欲がもどってきた。

三十歳を過ぎた弱視の女性に開かれた職場はそう多くない。

二十社の入社試験に落ちたあと、合格したのが旧財閥グループの一角をなす現在の会社であった。

障害者雇用枠で嘱託社員としての採用だったが持ち前の生真面目さで陰日向《かげひなた》なく働いた。

四年目、人事部から正社員になるための昇格試験を受けるよう勧められたにもかかわらず、即座に断った。これからも正社員になる気はないと公言して回った。最初の職場で認めてもらえなかった失望は、それほど大きかった。

嘱託にとどまっていることが「逃げ」であると気づかせてくれたのは姉の死だ。

嘱託ならば責任ある仕事を任せてもらえなくても当然だ。能力が低いわけじゃない。

そんな言い訳を自分に用意し、全力を尽くさない。それでは生きたくても生きられなかった姉に顔向けができないではないか。

二〇〇九年四月、照美は正社員になった。

「障害があるから査定は低いですよ」と念を押す面接官に、「仕事ぶりを見てからにしてください」ときっぱり告げた。

怖くて叫びそうになる夜

実家を追い出されて以来、長い間会うことのなかった父親ともかかわりを持たざるを得なくなった。

母親が「お父さんがおかしくなった」と助けを求めてきたのは四年前のことだ。

酔っぱらって平気で道端に寝込んでしまう。ありもしない幻影や幻覚におびえて暴れ回る。母親は、子どもたちや友人の家を転々とした。近くの交番に逃げ込んだこともある。

母親が語る父親の様子は尋常ならざるものがあった。アルコール依存症であることは明らかだった。

めんどうばかりかける親だ。

照美はため息をついた。

一度は家族を捨てて家を出て行った人だ。一緒に暮らすようになってからも酒を飲んでは暴れ放題だった。やさしい言葉一つかけてもらった記憶がない。

それどころか祖父に似ているからと照美を追い出し、祖父の写真を踏みつけた。

父も母も早く死んでくれればいいのに。心の中で何度そうつぶやいたことか。

どうしたものか……。

考えあぐねた照美の視線は、ひとりでに部屋の隅にかけてある祖父の図嚢《ずのう》に吸い寄せられた。

祖父が軍隊時代に使っていた革製の小さなかばんは、兵隊が作戦地図や筆記用具を入れて持ち歩いたものだ。祖父が亡くなったとき、照美は日本陸軍の星印がついた古ぼけた図嚢を形見として貰い受け、大切にしてきた。

使いこんだ革には墨で祖父の名前が書かれている。迷ったとき悩んだときに図嚢を見たり手に取ったりすると、心が落ち着き、考えがまとまってくる。まるで祖父に守られているような気がした。

祖父は目の前に困っている人がいれば捨てておけない人だった。情が深かった。

照美もやはり、父親のために動かずにはいられなかった。

アルコール依存症の治療ができる専門病院を探しだし、もうろうとしている父を説得して連れて行った。

治療には少なくとも三か月の通院が必要だと診断された。むろん酒は金輪際、口にできない。

つらい治療に父親は耐えた。

亡くなったはずの人たちが亡霊のように次々に現れては父親を脅かす。依存症が引き起こす幻覚に父も苦しみ、解放されたいと願っていたのだ。

七十歳を目前によみがえった父親は、照美に向かってぼそりと言った。

「おまえのおかげで助かった」

照美は、「やっと親らしくなりました」と苦笑する。

物心ついて以来、四十年近くも憎みつづけた父親とようやく話ができるようになった。

依存症を克服した父親は、当分の間、郷里の鹿児島へ帰ることになった。九十代半ばで認知症を患う実母の介護をしながら畑を耕し、焼酎の原料になる芋を作って暮らしている。

父方の祖母は、照美にとっても特別な存在になっている。

初めて会ったのは六歳のときだった。はるばる鹿児島から奈良にやってきて、冬休みを実家で過ごす照美たち姉妹を入所していた施設まで迎えに来てくれた。そのまま十津川村の家に滞在し、二週間をともに過ごした思い出がある。

それ以来、毎年、盆と正月に祖母から照美と正子に一万円ずつの小遣いが届くようになった。早くに戦死した夫の遺族に支払われる恩給をやりくりして送ってくれることを、照美は大人になって知った。

正子に子どもが生まれてからは、受取人を正子から子どもに変えて四十年たった今も送金がつづく。

照美や正子に「遊びに来い」とも祖母の方から「遊びに行く」とも言わなかったが、一万円は途絶えることなく送られてきた。遠くの姉妹を気にかけているという祖母なりの愛情表現なのだろう。

実母を見守る父親は、大阪にはときどき戻ってくるだけだ。安眠できるようになった母親は、体重が五キロばかり増えた。

めっきり穏やかになった父を、姉の正子にひと目、見せたかったと照美は思う。

正子は父親の変化を知らないままだ。「わたしのお葬式には絶対お父さんを出席させないで」。そう言い残して死んだ。


姉は亡くなる直前に、かけがえのない友を得た。千葉県袖ケ浦市に住む石井更幸《のぶゆき》である。

正子と更幸を結びつけたのは手のひらほどの大きさの新聞記事だ。記事には更幸がありのままの姿をインターネットなどで発信し、アルビノのネットワークを広げようと、全国各地に仲間を訪ね歩いていることが紹介されていた。

病床でそれを知った正子は迷わず更幸に連絡をとった。人から見られることを避けるように、いつもうつむき加減に生きてきた正子からは考えられないような振る舞いだった。

更幸が千葉から飛んできた。

正子は初対面の更幸に心を開き、夫にも話さなかった胸の奥をさらけ出した。

更幸の勧めもあって、正子は闘病の模様をつづった手記を医療専門誌に寄稿する決心をした。

正子が絶え絶えの息の間から少しずつ絞り出す言葉を、照美が一字ももらさず書き留めた。

アルビノに生まれ、比較的元気だった子ども時代。盲学校を卒業して就職した直後から始まった執拗な空咳《からぜき》。出産したおかげでわかった血小板機能の異常。進行性の間質性肺炎と診断されたときの驚きと絶望。

そして手記は次のように結ばれていた。

ベッドに横たわり毎日天井だけを見つめ酸素の機械に繋がれて動きたくても動けない辛さで気持ちが後ろ向きになり「死にたい」と何度思ったかしれませんが、子供の「お母さん強く生きて」という言葉に後押しされて「生きて行こう」と心に誓いました。苦しい闘いの日々が続き周りのみんなに迷惑や心配をかけ続けることになりますが、わたしが病気と向き合って精一杯頑張って生きていることをどうか忘れないで下さい。

短い手記には正子の無念な思いがにじみ出ていた。

この病気のことを知っていたら。もっと早くに発症に気づいていたら。なにか手だてがあったのではないか。

ほかの患者に自分のような後悔はさせたくない。症例の少ないヘルマンスキー・パドラック症候群の症状を広く伝えることで、早期の診断と治療法の研究が少しでも前進してほしい。そんな思いが正子を手記へと向かわせた。

更幸は旅をするとき必ず一枚の写真とサングラスを身に付けていく。

写真は正子が念願のオーストリアを訪れたときにある街で撮ったスナップだ。お気に入りの茶色のスーツを着て生真面目な顔でポーズをとっている。

正子はヨーロッパが大好きだった。そこではわざわざ振り向く人などいないからだ。

サングラスは正子が生前、愛用していたものである。更幸が形見として貰い受けた。

写真とサングラスを持ち歩いていると、正子に後押ししてもらっているようで心強い。

二人が直接会ったのは一度きりだが、病床の正子からは短い携帯メールがときどき送られてきた。

「石井さん、ありがとう。もう私はこの冬は越せないでしょう。私が出来なかった分まで多くの人たちにアルビノのことを伝えてください」

正子から更幸への、これが最後のメールになった。

照美は三十代の終わりに二千五百万円で大阪府内にマイホームを買った。2LDK、六一平方メートルのマンションだ。月々のローンの負担は重いが、帰る場所がある安心感はなにものにも代えがたい。

ヘルマンスキー・パドラック症候群とわかってからは、会社から帰宅するまで少しの間、一人で街をぶらぶらすることが増えた。ショーウインドーをながめ、喫茶店に入ってゆっくりお茶を飲む。姉が好きだったケーキを注文して食べることもある。

奮発してエステやマッサージ、岩盤浴などにも行くようになった。自分のために使う時間がいとおしい。

発病のリスクを抱えて生きていることに変わりはない。

夜中にふと、目が覚めたとき。腸がキリキリ痛むとき。

怖くて叫びそうになることがある。

しかし、そのことばかりにとらわれていてはもったいない。

松永寿人は兵庫医科大学病院精神科神経科主任教授へと転身したいまも、以前と変わらず支えてくれる。

デパート時代からの友人もいる。

姉が出会いをもたらしてくれた石井更幸とは信頼で結ばれた同士となった。ときどき会って食べ歩きなどを楽しむ仲だ。

振り返ってみれば、人には恵まれていた。

照美の中にたまった恨みや悲しみを、さまざまな大人たちが仲間となにかをやり抜く喜びに変えてくれた。

「やりたいことはやりました。なにがあっても、もういいんです。家族は作れませんでしたけれど」

二、いのちのペンダント

自らが動かなければ何も変わらない

二〇一〇年三月十九日、橋本京子はニューヨークのジョン・F・ケネディ国際空港に降り立った。四十七歳にして初めての海外である。

英語は医学的な論文でも読めるが、話すのは苦手だ。千葉大学医学部に勤務する小児科医、石井拓磨と二人連れなのが心強かった。

二人はヘルマンスキー・パドラック症候群（ＨＰＳ）の当事者や家族が、十九日から三日間の予定で開く国際会議に出席するためにやってきた。

米国に拠点を持つＮＧＯ「ＨＰＳネットワーク」が主催して毎年開いている会議は、すでに十七回を数えている。

空港に着いて驚いたのは、飛行機の到着が遅れたにもかかわらず、会場までの送迎ボランティアが乗用車とともに待ち構えていたことだ。

ニューヨーク郊外、ロングアイランドにあるマリオットホテルの会議センターまで二人を送り届けると、「バイバイ」と笑顔で帰って行った。

宿泊も同じホテルなのでまずはチェックインすると、広々とした部屋に案内された。ふだんは一泊千ドルだが、会議の出席者は百五十ドルで泊まることができる。ホテルが会議に協賛しているからだ。

会議場の受付で「ようこそ」と大柄な女性にいきなり親しげに抱きしめられた。どうやら主催者側の役員らしい。

アジアからは初めての参加だからと、大会参加費六十五ドルが免除された。

会場は、すでに大勢の人で埋まっていた。百人か、二百人か。

こんなに……。京子は絶句した。

京子が代表をつとめる日本の「ヘルマンスキー・パドラック症候群患者会」（東京）は会員が全部で七名しかいない。

ここにいるのは全員、アルビノやヘルマンスキー・パドラック症候群の当事者なのだろうか。あるいは家族も混じっているのか。米国内の各地やヨーロッパから集まった人たちは、もともと肌が白くて髪の色も淡く、一見しただけではわからない。

自己紹介が始まると、京子の驚きはいよいよ大きくなった。親子での参加が少なくなかったからだ。「最高の息子だよ」とか「最愛のママです」などと、HPSの家族を誇らしげに紹介する。なかには祖母と孫という組み合わせまでいた。米国では何十年も前からHPSでも子どもを生んでいるということだ。産婦人科、血液内科、呼吸器科などの医師たちが連携して患者の出産に対応しているのだろう。

それを目の当たりにしただけでも、はるばる来た甲斐があったと京子は思った。

日本では、HPSと診断されている「患者会」の女性が、「子どもを生みたい」と産婦人科の医師に相談したところ、即座に「勘弁してよ」と断られた。

ひと口にHPSといっても肺の機能や血の止まりにくさは一人ひとりちがう。十分にリスクを知ったうえでそれでも出産を望むなら、どうすればそれが可能になるか、医師たちにはそこを一緒になって考え、支えてほしい。

けれども「勘弁してよ」が日本の現状なのだ。

患者の発生率が高いといわれるプエルトリコからは五人の参加者がいた。一人の女性は車いすに乗って、酸素ボンベを携えていた。そんな体調でも飛行機に乗って外国に行くことをいとわない。彼女らにはスペイン語の通訳と、手厚い介助をするに十分なボランティアが用意されていた。

会議のオープニングで米国人の双子の歌手が透明感のある美しい声で「HPSネットワーク」のテーマソングを披露した。

澄んだ歌声が会場の隅々にまで響き渡る。姉妹ともHPSの当事者で、肺の機能は健康な人の七割ほどしかないと聞かされた。

ふだんは「エンジェルズ・イン・ボイス」という名前でコンサート活動をしたり、ＣＤを販売したりしてＨＰＳの研究資金を集めている。

分科会では当事者、家族、支援者たちというふうにグループに分かれて話し合った。京子は当事者のグループに加わった。

日本人とちがって外見で差別されることはあまりない。しかし、いちばんの悩みはどの国でも同じ、仕事にまつわることである。

中年の米国人男性は、肺の機能が落ちたために勤務先をリストラされたと打ち明けた。彼が抱える不安や悩みは誰にとってもひとごとではない。だからこそ仲間の前では安心して本音を語ることができる。

毎回、参加者の関心を集める話題の一つが新薬についての情報交換である。病状の進行をいまより効果的に遅らせる薬が開発された。ほんとうに効果があるのかどうか。しばらくその話でもちきりだった。

日本ではＨＰＳの患者の数さえはっきりしない。診断できる医療機関も医師も、ごく少ないからだ。ＨＰＳについて詳しく研究しようという専門家も新薬を開発しようという製薬会社も現れない。京子は話の輪に入れず、ただうらやましく聞くだけだった。

親睦を兼ねたディナーの席で、京子はまた驚くことになった。

大音響の音楽が部屋中に鳴り渡り、照明がきらめくフロアで参加者が踊る、踊る。

双子の姉妹は、一曲踊るごとにハアハアと肩を上下させていた。激しいリズムで踊ると息が切れるのだ。それでも少し休むと頬を紅潮させてフロアに飛び出していく。

そういえば今回の会議のテーマは「あなたの夢を信じよう」だ。肺の機能が少々落ちていようが、踊りたいときは踊る。危険を避けて家にこもりがちな日本の患者とは考え方が根本的にちがう。京子は「ＨＰＳネットワーク」のメンバーが自分たちを「患者」と言わずに、「ＨＰＳを持っている人」あるいは「ＨＰＳとともに生きる人」と表現していることに気づいて目からうろこが落ちる思いだった。

京子もフロアに引っ張り出されて、いつのまにかはじけるように踊っていた。

夜が更けても、誰も踊るのをやめようとはしなかった。

最終日は終日、専門家による講演がつづいた。遺伝子学、肺、腸、血液などを専門とする九人の医師が、それぞれ最新の知見をわかりやすく講義する。

患者や家族が開く会議に九人もの医師が表に立って協力している。日本とのちがいが大きすぎて、京子は何度もため息をついた。

京子は日本からささやかなお土産を用意していた。病院の待合室で、あるいは診察を待つ間に、千代紙で折った折鶴や手作りのぽち袋に入れた五円玉だ。袋のなかには「五円」と「ご縁」のごろ合わせを説明した英文のカードをしのばせておいた。

立派なホテルの会議場で持ち出すには気後れがしたが、勇気を出して、果たし状でも突きつけるように近くの人に突進して手渡した。

手作りのお土産は大好評で、五十人分があっというまになくなった。

「ＨＰＳネットワーク」には欧米を中心に九百人の会員がいる。今回の会議には三歳から六十代まで、二百人以上が参加した。

三日間の濃密な時間をともに過ごしたことで、京子にも友だちができた。

カルメン、ドナ、ヒルダ……。

「来年も必ずここに戻ってくるのよ」

「仲間がたくさんいるってわかったでしょ。日本の友だちのためにできることを言ってね」

別れのとき、彼女たちは入れ代わり立ち代わり京子を抱きしめながら、耳元で力強く言った。

週に二日しか働いていない京子にとって、二十二万円の旅行代金を工面するのは容易ではない。それでも来てよかったと、つくづく思った。

同じ病を背負う人たちが明るく前向きに活動している。

日本へと戻る飛行機の中で、京子は「ＨＰＳネットワーク」副会長、ヘザー女史の閉会の言葉をかみしめた。

彼女はこう言ったのだ。

「自らが動かなければ何も変わりません」と。

教室の、いちばん前の真ん中に

橋本京子は東京都足立区で理学療法士として働いている。高齢者や障害のある人たちに、一人ひとりの状態に沿ったリハビリの指導をするのが仕事である。

フルタイムから週に二回のパート勤務にしたのは一九九七年、三十六歳のときベーチェット病を発症してからだ。

小さいころからの既往歴は自分でも覚えきれない。パソコンに記録し、入院や手術などの際には印刷して医療機関に渡す。

三ページに及ぶ既往歴の一部を抜き出すと、こんな具合だ。

三歳・急性腎炎、七歳・気管支炎、十歳・急性心不全、二十四歳・腎盂《じんう》腎炎、膵炎《すいえん》（一か月半の入院を三回）、子宮内膜症、激しいめまい、二十五歳・メニエール病、二十六歳・右足関節骨軟骨腫症、二十七歳・血尿（止血手術と膀胱粘膜一部搔爬《そうは》）……。

三十一歳のときには右股関節滑膜炎《かつまくえん》で滑膜の部分切除手術を受けるため三か月半も入院した。三十四歳になると乳輪下膿瘍を繰り返し、三十五歳、三十六歳はメニエール病に悩まされただけでなくベーチェット病を発病した。

東京女子医科大学病院の主治医のアドバイスに従って、働き方をフルタイムからパートタイムに切り替えた。休養をとりながら、無理せず働く必要に迫られたのだ。

その後も複数の病気で年に二度か三度は入院し、三十九歳で白内障の手術を受けた。

ヘルマンスキー・パドラック症候群と診断されたのは四十二歳のときである。

本人は「まるでブラック・ジャックみたいでしょ」と笑っているが、満身創痍とはこのことだ。

京子は大阪で生まれ、六歳のときに北海道の函館市に転居した。両親はともに北海道がふるさとである。

小学校に入学するため就学前検診を受けて、「先天性アルビノ・眼球振とう」と診断された。両親は初めて京子の目が悪いことを知らされた。

視力は〇・一と比較的よく、四級の障害者手帳を交付された。

それでも地元の小学校へは行けず、盲学校への入学となる。

同級生は九人で、うち半分は知的障害もある重い重複障害の子どもたちだった。しっかりしていて視力のある京子は、幼稚部の子どものおむつを替えたり、世話をしたりする役を振り分けられた。

授業の進行スピードはあまりに遅く、一年生が終わったときに教科書は三分の二が手つかずのまま残っていた。

京子が通う盲学校には、二年に一度くらいの割合でアルビノの子どもが入学してきた。京子が六年生になるころにはアルビノの下級生が三人になった。

京子は薄茶色にところどころ金色が混じった髪を念入りにカールさせ、紫やピンクのリボンをつけて登校していた。

フランス人形のようないでたちで黒いサングラスをかけた目立ちすぎる少女は、近くの小学校の子どもたちの恰好の標的だった。

下校時に何度も石を投げつけられた。アルビノの下級生と一緒のときもあった。そのたびに「この子たちは私が守ってみせる」と石が飛んできた方を気丈ににらみつけた。

盲学校を「どこかおかしい」と物足りなく感じるようになったのはいつごろからだろう。

「温室なんです。そこにいる限り大人に守ってもらえる。将来のレールも敷かれている。でも、どんな温室だっていつかは出なければならない。自分の力で生きていけるようになりたかった」

中学部に進学するころには、ふつうの高校に行きたい、ふつうの友だちがほしい、という思いが抑えきれなくなった。

「どうせ行くなら遺愛《いあい》だ」

負けん気がむくむくと頭を持ちあげた。

遺愛女子高校といえば、男子校である函館ラ・サールと並んで知らぬ者のない私立の名門校である。米国人建築家、ジェームズ・マクドナルド・ガーディナーが設計した美しい本館校舎は国の重要文化財に指定されている。

明治時代、キリスト教の布教にやってきた米国人宣教師、ハリス夫妻が母国に戻って日本の将来のために女子教育の必要性を強く訴えた。それに共鳴した米国人資産家が資金を提供して函館に女学校を建てた。一八八二（明治十五）年に開校したカロライン・ライト・メモリアル・スクールがそれである。

三年後には校名を遺愛女学校と改めた。キリスト教精神に基づいて、「信仰・犠牲・奉仕」を三本の柱に掲げた女子教育が今日まで行われている。

京子が遺愛女子高校を受験したいと言いだしたとき、盲学校の教師たちは驚き、こぞって反対した。「学力が追いつかない」「入っても苦労するだけ」というのが理由だった。

周囲の反対は予想していたことだ。ただ、両親は「思う通りにやりなさい」と背中を押してくれた。

父親は自動車修理工場を営み、母親は専業主婦である。京子の受験のために家庭教師をつけたり進学塾へ行かせたりする経済的な余裕はなかった。

盲学校からもどると、参考書を頼りに自分なりのやり方で勉強した。

受験当日は試験会場にルーペを持ち込み、問題文を一字一字拾って、解いた。もともと国語が得意な京子には、記述式の出題が多かったことが幸いだった。

大方の予想を裏切って合格を勝ち取った。発表の日には、盲学校の校舎全体に晴れがましい校内放送が流れることとなった。

「橋本京子さんが見事に遺愛女子高校に合格されました。おめでとうございます」

もちろん、盲学校始まって以来の快挙であった。

あとになって聞いたところによると、京子を入学させるかどうかをめぐって、高校の判定会議で賛否が真っ二つに分かれたという。学力は合格ラインに達していたが、弱視であることが問題になったのだ。

クリスチャンである一人の教師が「チャンスを与えるべきだ」と強く入学を支持し、議論の末に、職員全員が受け入れを決めた。

しかし京子は高校に入学した直後のオリエンテーションで、「特別なサポートはしません」と学校側から言い渡された。

憧れの遺愛女子高校は進学校でもある。どんなところか承知のうえで飛び込んだ以上、文句は言えない。入学できただけでもよしとしなければ。そう自分に言い聞かせた。

教室の、いちばん前の真ん中に座らせてほしい。学校にはそれだけを願い出た。

ところが前方の黒板はゆるやかに湾曲していた。平たい黒板より見づらくて、前の席にいる恩恵は乏しかった。

米国人の創立ということもあり、公立高校より英語の授業数が多かった。黒板に書かれた内容が見えない状況で、進むのが速い授業についていくのは困難だった。

京子のふだんの生活ぶりからは、目が悪いことがなかなかわかってもらえない。弱視だということを隠さず級友たちに伝えることにした。

「なあんだ、そうなの」

事情を知った級友たちは、丁寧にノートをとって、気前よく貸してくれた。素直に「助けて」と言えば力を貸してくれる友だちがいくらでもいた。借りたノートを持ち帰り、復習に力を入れた。英文を読む能力はこの三年間で培われたものだ。

薄茶に金色が混じった髪は、厳格な女子高で、しばしばトラブルの種となった。担任が変わるたびに「校則違反」と叱責される。そんなときは教師に向かってはっきり言った。

「私は白子です。色素が作れないのです。この髪は生まれつきです」

白子、と言うのは抵抗があったが、自分を説明する言葉をほかに知らなかった。

同級生らにも自分の状態を包み隠さず話し、聞かれたことにはできるだけ詳しく正直に答えるよう心がけた。

一般採用で働く

ありのままの自分を見せれば級友たちと心を通わせることができる。自ら働きかければ友だちにもなれる。社会の縮図のような高校で、人間関係の基礎を学びとった。

視力は子どものころに比べて少しずつ落ちていた。高跳びのバーが何本にも見える一方、球技の球はまったく見えずといった按配《あんばい》で、体育では努力をしようにも限界があった。

けれども勉強は、ほかの人たちの二倍、三倍、努力すれば補える。学校側が冷淡だったことは、ある意味、ありがたかった。いずれサポートなど期待できない社会に出なければならないからだ。

アニメが好きだったので「イラスト部」に入ってクラブ活動も存分に楽しんだ。

掛け値なしに豊かな高校生活だったと断言できる。

「大変だったけど、ほんとうに充実していた。あの三年間があったから、いまの私があるんです」

京子は、人生の転機となった母校への愛着を隠そうとしない。

将来の進路についても真剣に考えた。ふつうのＯＬにはなれないだろうとわかっていた。情報を集めて、理学療法士として自立するという堅実な計画を立てた。そのために勉強をして必要な学力をつけるのだ。

折よく北海道大学に医療技術短期大学部が設立されたばかりだった。理学療法学科へ願書を提出したら、即座に送り返されてきた。

「試験を受けさせてももらえない。ああ、私は障害者なんだ、と思い知らされました」

ここで負けん気を発揮するのが京子である。ならばと、筑波大学を受験したが、合格できなかった。一般の受験生と同じ土俵で勝負し、難関校の狭き門をくぐるのは、やはり簡単ではない。

だからといって理学療法士になる計画は捨てられない。地元のデパートでアルバイトをしながら浪人し、目が悪くても不利にならない養成校を目指して勉強をつづけた。

当時、理学療法士の養成コースを持つ盲学校は全国に三つだけ。筑波大学附属盲学校、大阪府立盲学校、徳島県立盲学校だ。

迷う京子に父親の言葉がふるっていた。

「徳島？　阿波踊りのところかい？　いいんじゃない」

十四人の定員に、詰めかけた受験生は百五十人あまり。二日にわたった入学試験に合格し、北海道から遠く離れた徳島での三年間が始まった。

「寄宿舎に入って、死ぬほど勉強しましたよ」

夜十時の消灯後は、二人の同室者の邪魔にならないように、小さな電球一つのスタンドを灯して教科書にかじりついた。

冬は火事を防ぐために、午後九時に火を消したストーブを部屋から廊下に出しておく決まりになっている。体の芯まで凍るような部屋で、気がつくと夜がしらじらと明けてくる。そんなことも度々だった。

三年生になると実習が始まり、寄宿舎に帰るのが常より遅くなった。時間によってはガスの元栓が閉められてお湯が使えなくなる。思い切って街中にアパートを借り、寄宿舎を出た。

仕送りをしてもらっている身には、月々一万六千円の家賃は痛い。代わりに同室の級友に気を遣わずに徹夜する自由を手に入れた。節約に次ぐ節約で、一回分の食事をりんご一個で済ませたこともある。

三年生の秋には級友たちとともに就職活動を開始した。

視力のいい人から順に就職先が決まっていく。〇・〇四の京子は、なかなか内定をもらえなかった。

できれば関西の病院で働きたいと考えていた。リハビリに力を入れているところなら言うことなしだ。

しかし、「女はいらない」「盲学校出はいらない」と、面接さえしてもらえない。

ようやく面接にこぎつけることができたある病院は、労働条件があまりに劣悪で、とても働き続けられそうになかった。

卒業の春を目前に、就職先が決まらないのは京子一人であった。

あれこれ選ぶ余地はない。採用が決まったのは、結局、北海道札幌市郊外にある定山渓温泉の民間病院だった。

リハビリを必要とする患者を二百人以上抱えているのに、五人いた理学療法士が次々に辞めてしまい、残っていたのは一人だけだった。助手がいたとはいえ、京子と元からいる理学療法士の二人で五人分の仕事をこなさなければならなかった。一人で一日に五、六十人の患者を担当する。夜十時より前に帰れる日はめったになく、病院でカップラーメンをすすりながらカルテを書いた。

京子は障害者の枠で採用されたわけではない。ほかの職員たちと同じ一般採用だ。障害を理由に受け持つ患者を減らしてもらい、その結果、請求する保険点数も下がるという事態は避けたかった。働き始めたその日から自分にノルマを課した。なんとしても障害のない職員と同じだけの保険点数をかせぐのだ。

上司も京子の仕事ぶりには一目置いていた。車で行かなければならない出張先には免許を持たない京子に代わって他の職員を回すなど、気配りを見せた。

患者は途切れることなく押し寄せる。夜遅くまで働いていても残業代は出なかった。激しいめまいに襲われたのは勤めて二年ほどたった二十四歳のときだ。体が明らかに悲鳴をあげていた。

それには目をつぶって患者に向き合いつづけ、いつしか理学療法科の主任を任されるまでになった。

しかし、そこまでだった。経験を積み、職場の柱となっても昇給も昇格も頭打ち。勤続十年目の給料は、新卒の新人より一万円ほど高いだけだ。

そろそろ管理職にという声が上がると、事務長は「女には勤まらない」とばかりに別の病院から男性を引っ張ってきた。

「なんだか、ばかばかしくなっちゃって」

一九九六年、二十二歳のときから十一年勤めた病院を辞めた。

病院や施設で患者を待つリハビリではなく、自宅で過ごしている人のもとへ出向いて支える地域リハビリに取り組みたい。それは以前から考えていたことである。

北海道は町から町までが遠く、移動に車が欠かせない。視力が壁になって運転免許を取れない京子にとって、北海道で地域を駆け回るのはできない相談だった。

大好きな札幌は離れがたかったが、交通機関の発達した東京で新たな一歩を踏み出すことにした。いくつか試験を受けて、墨田区の外郭団体、福祉保健センターの職員に採用された。区からの委託で、おもに通所リハビリと住宅改修の仕事を担当している。

京子は自転車に乗って利用者の家から家へと駆け巡った。不自由なところも生活のありようも異なる一人ひとりを暮らしの場で支える仕事はやりがいがあった。

しかし、ここもまた居心地のいい職場とは言えなかった。職員の間に公務員のような横並び意識が染みついていて、張り切って働く京子は同僚たちから疎まれた。

利用者のためにできることがいくらでもあるのに、ほどほどが歓迎される。

がんばり屋の京子には承服しがたい環境だった。

全力でぶつかれず、同僚たちの顔色をうかがわなくてはならない職場に身を置くのは苦痛でしかない。せっかく正規の職員として採用されたが、一年ほどで去ることにした。短い期間に支援した家庭は、ざっと百三十軒にのぼる。

高齢者や障害のある人の家を一軒一軒訪ね歩くうち、在宅福祉の仕組みや実情をもっと詳しく知りたいと思うようになった。

手始めに介護保険のマネジメントをするケアマネジャーの資格をとろうと、講習会に参加した。そこで親しくなった受講生の一人が、函館に新しく開業する病院で理学療法士を探しているという情報をもたらしてくれた。

院長と理事長に会ってみると、どちらも信頼できそうな人物であった。

住み慣れた函館にUターンした京子は、新規に開業する病院でリハビリ用具を整えていくところから腕を振るった。リハビリ部門を白紙から作り上げていく作業に胸がはずんだ。年収も五百万円弱と、経験や能力を評価してもらえたのがうれしかった。

開業の準備に打ち込んで一か月。またも激しいめまいに襲われ、メニエール病で一か月半も入院するはめになった。

退院後も体調が悪化するたび職場を休んで点滴治療を受けた。

悪いことに翌年にはベーチェット病も発病し、三週間の入院となった。

いくつもの病を抱えて暮らすには、函館は寒すぎる。暖かく、医療環境が整った東京で、まずは治療を優先してはどうか。東京ならパートや非常勤でも働ける。

それが勤め先の病院長の親身なアドバイスであった。

ようやく巡り合った、働き甲斐のある病院を辞めるのは、後ろ髪をひかれるようにつらかった。だが健康には代えられない。職場や同僚たちにも迷惑がかかる。長く勤めたいと思っていた病院をわずか一年で後にして、再び東京へと住まいを移すしかなかった。

座敷牢の世界から出ていくために

メニエール病やベーチェット病だけでなく、次から次へと病気に見舞われながら、パートタイムで働いた。

四十歳を目前にしたころ、思いがけなく結婚の機会が訪れた。アニメが好きな京子がインターネットの交流を通して知り合った相手は、漫画家志望の、六歳年下の男性だった。

主治医に相談すると、もろ手を挙げて結婚に賛成した。一人より二人の方が生活面での負担が軽くなる。万一、倒れたときも家族がいる方が安心だった。

北海道が花であふれる二〇〇一年五月、京子は純白のウエディングドレスを身にまとい、家族や友人たちに見守られながら函館のトラピスト教会で結婚式を挙げた。

幸せな日々は、短かった。

年下の夫は、こまごまとした日常の家事はもとより、やがては生活費まで京子に寄りかかるようになった。漫画家志望と言いながら、いつごろからか漫画も描かなくなっていた。

「一緒にいることがどちらのためにもなっていないと気づいたんです。ある日、出ていけ！　って追い出してやりました」

京子はハハハと声を上げ、一瞬、泣き顔のような笑顔になった。

二〇〇四年九月に離婚が成立し、結婚生活は三年あまりであっけなく終わりを告げた。

四十二歳でヘルマンスキー・パドラック症候群と確定診断されるに至ったきっかけは、ふだんから出血しやすく、いったん出血すると、なかなか血が止まらないという状況が続いていたからである。

徳島の学校を卒業後、札幌で働き始めてほどなく腎盂腎炎や膵炎で入院が重なった。点滴や中心静脈栄養のために管を入れると、その部分の出血が数日たっても収まらない。当時の主治医がそれに疑問を持った。

彼の勧めで胸骨から骨髄を採取し、北海道大学へ検体を送ったところ、医学部の血液内科医が下した診断が「ヘルマンスキー・パドラック症候群の疑いあり」。それは初めて耳にする病名だった。退院の際には病院長が顔を見せ、「日本では報告例が極めて少ない。専門に研究している医師がいる本州の大学病院で、ぜひ一度調べてもらうように」と、わざわざアドバイスをした。それほど一般に知られていない症例であった。

京子も医療に従事する身である。家に帰ってさっそく手元の症候群辞典を繰った。むずかしい文章で記された症状は、どこか自分の日常とはかけ離れていて、ぴんと来なかった。ただ一か所、人によっては出血しやすい傾向を持つという説明は思い当たる節があった。

子どものころから体に青あざが絶えなかった。うっかり机に肘をつくと、知らないうちに内出血してあざになっている。ぶつけた覚えのないところがいつのまにか青くなっていることがよくあった。鼻血が出ると、丸一日、ときには二日も止まらず、救急車で病院に運ばれたこともある。

初潮を迎えると症状はいよいよ顕著になって、月経過多に苦しめられた。貧血を心配する母親に伴われて婦人科を受診したが、原因はわからずじまい。

歯科医院で歯石を取ってもらうと血が止まらずに二時間も診察台に寝かされていたり、月経が重かったりと、不自由はあった。

けれども、格別、重大なことにはならずに過ごしてきた。

院長の忠告は、日々のあわただしさにまぎれて、やがて忘れ去った。

院長の言葉が再び重みをもってよみがえったのは十数年後、三十代後半でベーチェット病になったときだ。

体中にあまりにも青あざが多いことを不審に思った膠原病内科の主治医が、紫斑病などを疑っていくつかの検査を行った。

結果はどれも異常なし。かつてヘルマンスキー・パドラック症候群（ＨＰＳ）と診断されたことを思い出した京子は主治医に持ち出してみたが、専門外のせいか反応はにぶかった。

三十七歳から右、左、また左と、立て続けに乳輪下膿瘍になった。大学病院の乳腺外科で全身麻酔による手術を一年半に三度、そのあいだを縫うように局所麻酔の手術を何度か受けた。

乳輪下膿瘍とは文字通り乳輪の下に膿がたまった袋ができる病気で、乳房が固く腫れて熱が出る。全治までには四年の歳月を要したが、治療にあたる医師たちを悩ませたのが止血の手段であった。

手術のたびに血が止まらず、大量の止血剤を点滴したり服用したりしなければならなかった。通常の血液検査を何度行っても異常が見当たらない。血小板の数も足りている。

膠原病の主治医や手術を担当する外科の医師らは、「ステロイドを飲んでいるせいだろうか」「いや、ステロイドのせいではない」などと検討を重ねるものの、なぜ血が止まりにくいのか、肝心なその点をなかなか究明できなかった。

京子はかつてＨＰＳの疑いがあると診断されたことを、自分を取り巻く各科の医師たち一人ひとりに伝えたが、聞きなれない病名だったせいか無視された。

いったいどこの病院へ行けば、ＨＰＳかどうか、きちんと調べてもらえるのだろう。

目の前の医師たちからは、はかばかしい情報が得られない。業を煮やした京子は自分でＨＰＳについてインターネットで調べ、「ヘルマンスキー・パドラック症候群患者会」にたどり着いた。

血小板を詳しく調べるには電子顕微鏡がいる。患者会で紹介された血液内科の専門医を通じて順天堂大学医学部附属順天堂医院で精査してもらった結果、ＨＰＳであることがはっきりした。

おかげで止血についての正しい知識や処置を学ぶことができた。交通事故などにあって、一刻を争うような状況に陥ったとき、すばやく止血できるかどうかは命にかかわることだ。

ふつうの人にとってはなんでもないことでも命とりになることがある。

たとえば抜歯。血が止まりにくいために歯の治療がつい先延ばしになって、あるとき歯を抜く必要に迫られた。抜歯の前と後の三日ずつ止血剤を飲んで準備し、抜歯当日には血小板輸血をして事なきを得た。そういう備えができたのも、自分の病気を正確に知っているからだ。

京子の胸で、金属製の平たいペンダントが鈍い光を放っている。日々の装いが変わっても、アクセサリーはいつも同じ、このペンダントである。

よく見ると両面に京子の名前のほかに病名であるＨＰＳ、かかりつけの病院の名前と電話番号、主治医の名前、カルテ番号が刻まれている。輸血のときは血小板輸血との注意書きも。

アクセサリーにしか見えない小さなペンダントは、京子の命綱でもある。外回りの仕事なので気をつけていても事故にあう可能性はゼロではない。もし、けがでもしたときは適切な手当てをしてもらいたい。

ＨＰＳであることが確実になったとき、京子は必要な医療情報を記したものを常時身に着けようと、ペンダントにすることを思いついた。よく知られていない病気を抱えて一人暮らしをする者のせめてもの危機管理である。

最初のペンダントをアルミで作ってみたが、表面がこすれるたびに文字が削れて、すぐに消えてしまった。いま使っているのは硬くて丈夫なチタンで特別注文した三代目。これは長く持ちそうだ。

ニューヨークで開かれた「ＨＰＳネットワーク」主催の国際会議で配られた資料の中には、医療情報を入れて持つブレスレットや腕時計、ＩＤタグのカタログが含まれていた。米国では自分が工夫したようなものがすでに多様な商品として出回っている。その事実が京子にはうらやましくてならなかった。

日本にいるＨＰＳの患者の多くは自分がＨＰＳであることを知らずにいるのではないか。これまでに報告された症例の少なさを見ると、京子にはそうとしか考えられない。

アルビノの人たちの主治医はほとんどが皮膚科や眼科で、ＨＰＳという疾患自体を知らない場合が少なくない。「患者会」が把握している、すぐに診断をつけられる血小板の専門医は全国に十人といない。

アルビノのうちの何割くらいがＨＰＳか、きちんと調べた統計はない。内外の遺伝研究者らが一割ほどと推測しているだけだ。

アルビノの発症率がおよそ一〜二万人に一人。仮に一割がＨＰＳだとすると、人口が一億二千七百万人の日本では相当な数の患者がいてもおかしくない。

自分がＨＰＳの患者とは知らない人たちが万一、事故にあったり、けがをしたりしたら。

京子にはそれが心配でならない。体調を崩した患者会の先代代表から代表の座を受け継いで、インターネットのホームページでＨＰＳの概要や参考になりそうな情報を発信しているのは、一人でも多くの人に患者であることに気づいてほしいと願うからだ。

最近ではアルビノの子どもを持つ親たちから質問などが寄せられる。余計な恐怖心を持たずにすむよう経験や情報を伝え、適切な対処の方法をアドバイスしている。

困るのは、「患者会があるよ。ここで聞けば」と医療機関が丸投げしてくることだ。

医師や看護師がアルビノやＨＰＳについて、あまりにも不勉強だと落胆させられることがしばしばある。

医師を養成する大学の医学部で、一般的に使われている皮膚科の教科書にはアルビノについての説明が半ページもない。ＨＰＳにいたっては、わずか三行だ。しかも、「紫外線を浴びると皮膚がんになりやすい」などと正確性を欠く記述が混じっている。

交通事故などにあう可能性や出産時のリスクを考えると、ＨＰＳの人には自分が患者であることを知っていてほしいと思う。しかし、病院の側に診断のシステムがなく、いまのところ近くの大学病院の血液内科から血小板専門医へ、というルートをたどるほかない。

いずれはアルビノ・ＨＰＳの専門外来を、というのが京子たち患者の願いであるが、実現する日はくるのだろうか。

患者たちのもう一つの願いは厚生労働省によってＨＰＳが特定疾患に指定されることだ。厚労省は現在百三十ある特定疾患の範囲を広げようとしている。もし指定されればその病気についての調査・研究が進み、医療施設も整備される。医療費の自己負担が軽減される場合もある。実は子どものＨＰＳ患者は小児慢性特定疾患に指定され、医療費の補助がある。しかし、ＨＰＳの多くは成人してから症状が出る。十八歳未満の子どもだけを対象にしたのでは不十分なのだ。指定を受けるには患者の数が問題になる。ところがＨＰＳに関しては、おかしいと思いながらも患者であることを自覚せず、確定診断を受けた人が少ないためにおよその人数さえわからない。出血を抑える治療の方法がまったくないわけではない。ある血液凝固因子を使うと効果があることがわかっている。ただ、一回の治療に要する費用は約三百万円と高額で、それを一週間にわたって打ちつづけなくてはならない。保険は適用されず全額自己負担だから、とても実用性がない。現状では患者は止血剤と、それが効かない場合はリスクを承知で輸血に頼るほかない。

寄付を募り、Ｔシャツなどの物品販売をして、自立した活動をしている米国の患者たちも、最初から組織としてまとまり、社会の共感と支援を得ていたわけではないだろう。当事者たちが長い時間をかけて努力を重ね、周りの人々が病気や患者への理解を深めるよう働きかけてきたにちがいない。

京子たちも、国内で患者を掘り起こすことから始めたいと考えている。アルビノやＨＰＳという疾患、その患者について、一般の人たち、医療関係者を問わず知ってもらわなければ対策が進まない。偏見や、まちがった情報に基づく差別も残る。

「自分たちで動けるだけ動こうと思います。私より少し上の世代のアルビノの人たちは座敷牢の世界でした。大げさではなく、家からほとんど出ないで一生を終える人もいた。これから生まれてくる子どもたちには、そんな思いだけはさせられません」

京子は通院の便を考え、駅に近いマンションに住んでいる。月々の家賃が月収の半分強を占めている。昼は弁当を持ち歩くつつましい生活だ。

視力はさらに悪化して、耳の聞こえも悪くなっている。未来は必ずしもバラ色とは言えないが、世界に目を転じれば、大勢の患者と仲間がいてくれる。その人たちと手を携えて歩いていければいい。

三、アルビノ狩り

アルビノはコインの裏表である

こんなときに外国へなど行ってもいいものだろうか。

石井更幸は迷っていた。

二〇一一年三月十一日に発生した東日本大震災は、福島の原発事故も加わって、刻々と被害の深刻さが明らかになっていた。

更幸が働く千葉県袖ケ浦市の化学工場も地震で大きく揺れた。幸いなことに建物には目立った損傷はなかったが、関連会社の被災で原料の調達ができず、目下のところ製造中止に追い込まれていた。

出発予定日は三月十八日と、目前に迫っていた。ヘルマンスキー・パドラック症候群（ＨＰＳ）の当事者や家族のために、アメリカのＮＧＯ「ＨＰＳネットワーク」が毎年ニューヨークで開く国際会議に出席するのを更幸は楽しみにしていた。

前年に会議に参加した「ヘルマンスキー・パドラック症候群患者会」（東京）代表の橋本京子が、帰国後、興奮気味に感想を語るのを聞き、来年は自分も行こうと決めていた。多忙な年度末に休暇を取れるよう、早くから職場の理解を求めて準備をしてきた。

しかし、いまは、未曾有の大災害に日本中が立ちすくみ、悲しみのただなかに沈んでいる。

今回、国際会議に出席するのは四人であった。前年につづいて橋本京子、初の参加がＨＰＳの当事者である新谷照美とその付き添い人、そして更幸である。

日ごろからアルビノの子どもや家族を支援している小児科の医師、石井拓磨が再び介添え役を買って出た。総勢五人のツアーである。

中止すべきか行くべきか。

四人はメールや電話でやりとりしながら答えを出せず、迷っていた。

アクセルを踏み込んだのは石井拓磨であった。

「こういうときだからこそ、自分のやるべきことを粛々とやるべきだ」

とりやめたところで喜ぶ者はいない。それより世界の当事者たちと交流し、日本の仲間に最新の情報を持ち帰るのだ。

石井拓磨の言い分には説得力があった。

飛行機が欠航にならない限り、予定通り行こう。

四人の考えはまとまった。

出発当日、早退する更幸に職場の同僚たちは「がんばってきなよ」と激励の言葉を贈り、同じ会社に勤める長兄、健一は「なにがあるかわからねえから」と、更幸の手にそっと小遣いを押し付けた。

スーツケースを取りに自宅にもどると、母親のたみが、あんこをたっぷり入れた鯛焼きを焼いて出立を祝ってくれた。計画停電の影響で、成田空港にたどり着くにはいつもの三倍の時間が必要だった。

そうしてニューヨークにやってきた日本からの参加者五人を迎えたのは、国際会議の会場に早々と据えられた東日本大震災被災者のための募金箱だ。更幸たちは胸がいっぱいになった。三日間の会議への参加費六十八ドルも、被災国であることを理由に無料になった。

主催団体の「ＨＰＳネットワーク」は一年の間にさらに世界に拠点を広げ、イギリスとインドに新たな支部ができていた。

更幸をびっくりさせたのは、前の年に橋本京子が見たのと同じ、広い会議場をＨＰＳの患者や家族二百人あまりが埋めている光景だ。

なにしろ更幸が日本で会ったＨＰＳの患者はこれまでたった六人だ。当事者たちが群れをなしているところなど目にしたことがなかった。

それは新谷照美も同じであった。知っているＨＰＳの患者といえば亡くなった姉、正子と橋本京子の二人だけだ。

入り口付近でためらっていると、京子が前の年に知り合った双子の姉妹歌手が、めざとく京子たちをみつけて飛んできた。

交流会を兼ねた夜のディナーは、やはりダンス、ダンス、ダンス。ほの暗いライトがともる中で、ＨＰＳの本人や家族、医師、研究者、ボランティアらが入り交じって激しく楽しげに踊っている。

羽織袴に着替えて登場した更幸は、たちまち人気者になった。フロアの真ん中に押し出されて踊り、だれかれとなく一緒に写真を撮った。

照美はそれらの様子を、ただぼんやりと見ていた。同じ病を抱える大勢の当事者に囲まれていながら、なぜかうれしいという感情が少しもわかなかった。

この人たちの何人かは、やがて姉と同じように肺線維症で苦しむのかもしれない。

そう思うと胸が痛くなった。楽しげに踊っている人たちの背後に待つものが透けて見え、カメラのシャッターを押す気になれなかった。

今回の渡米には、派遣社員をしているいとこに無理を言って付き添ってもらうことにした。同じ病気の人たちと会ったとき自分がどのような精神状態になるのか、自信が持てなかった。誰か、気の置けない人に傍にいてほしかった。

ぼーっと視線を泳がせているとき、亡き姉に驚くほどよく似た女性が目に留まった。姉が好きだったピンク色の服を着ていた。車いすに乗って、肺の機能が落ちているのか、酸素ボンベを携帯している。言葉をかけようと車いすの傍らにひざまずいたが涙があふれて言葉にならなかった。

照美は、姉が生前、医学専門誌に寄稿した原稿を英訳して持参していた。もし姉が生きていたら、きっとこの会議に参加したかったのではないか。そう思ったからだ。言葉をかける代わりに姉が書いた英文原稿を、車いすの女性に心を込めて手渡した。

照美はHPSの当事者であるだけでなく、家族を亡くした遺族でもある。二つの立場を背負う照美の苦しみは、大勢の患者を目にしたことでいよいよ深くなった。

石井更幸の受け止め方は少しちがった。障害や疾患をものともせずに人生を謳歌している当事者の姿に心打たれずにはいられなかった。彼らはあたりまえのように結婚し、子どもをもうけて親になっている。

それというのも本人と家族が病気についての正しい知識を身に付けているからにほかならない。日本を顧みれば、悲しいほどアルビノやHPSについての情報がない。インターネットで調べていると、重篤な死亡例や解剖例を考察した学術論文にひょっこりぶつかることがある。情報量が少ないうえに、偏っている。若い親たちがそれに振り回されて不安に陥っているのが日本の実情だ。

国際会議の二日目には、アルビノおよび低色素症の人たちの支援と市民への啓蒙活動に取り組んでいる団体「NOAH」（The National Organization for Albinism and Hypopigmentation）が受け持つ分科会が催され、更幸はこれに参加した。

「NOAH」はウェブサイトによるとニューハンプシャー州イーストハンプステッドに拠点を置くNPOで、一九八二年に設立された。アルビノの診断基準や遺伝、視力検査などについての最新情報を提供し、季刊誌「アルビニズム・インサイト」を発行している。

二〇〇六年に映画「ダ・ヴィンチ・コード」が公開されたとき、アルビノを想定した悪役シラスの描き方について、「NOAH」代表のマイク・マクゴワンが古い偏見の最新版だと批判して注目を集めた。

「ＮＯＡＨ」最大のイベントは、アルビノ同士の交流を深めるために二年に一度、米国内の都市を巡回して開く全国会議だ。海外からも多数の参加者があり、教育や就職から化粧に至るまで、あらゆるテーマについて語り合う。

アルビノの子どもを持つ家族向けのキャンプを定期的に開催し、二〇〇八年からは毎年一人ずつアルビノの大学生に奨学金を出すなど、活動の幅を広げている。

更幸が参加したのは遺伝性疾患であるアルビノを、子どもにも理解しやすいようにゲーム形式で伝えようと「ＮＯＡＨ」が工夫を重ねた試みである。

用意された道具はコイン一枚と、緑色と赤の棒がそれぞれ四本ずつだ。

参加者の中から父親役と母親役、子ども役が無作為に選ばれた。三人は、参加者たちの視線の中を、ちょっぴり緊張した面持ちで前へと進む。

緑色の棒はアルビノでない遺伝子を表し、赤い色の棒はアルビノの遺伝子を表している。

父親役と母親役がそれぞれコインを投げて、表が出れば緑の棒を、裏が出れば赤の棒を子ども役に渡す。ルールはこれだけだ。

一回目のゲームが始まった。父親と母親が順にコインを投げる。

母親の投げたコインは表で緑の棒、父親の投げたコインは裏だったので赤い棒が子どもに渡された。

さあ、この場合、生まれてくる子どもはアルビノか、そうでないのか、どちらだろう。

遺伝子を片方だけしか受け継がなかったので生まれてくる子どもはアルビノではない。

進行役の男性がにこやかに説明する。彼は遺伝に詳しい医師なのだ。

新たに父親、母親、子ども役を選び直して、ゲームは二回目へ。母親の投げたコインが裏と出て、父親の投げたコインも裏と出た。子どもの手に渡ったのは二本とも赤い棒だ。両方の親からそろってアルビノの遺伝子を受け継いだとき、生まれてくる子どもはアルビノである。

また人を代えて三回目のゲームへと移る。コインの裏表が告げられるたびに会場から小さなどよめきや、ささやきが起きる。ゲームが和気あいあいと進んでいく。

主催者がゲームを通じて伝えたいことはただ一つ、アルビノに生まれるかどうかはコインの裏表と同じ、ただ偶然のなせる業だということだ。

人間は、さまざまな遺伝子を受け継いで生きている。メラニン色素をつくる酵素をうまく働かせることができない遺伝子は、昔から受け継ぐありふれたものとして知られている。この遺伝子を持つ保因者は五十人から七十人に一人と推定されている。

父親も母親も保因者だという偶然が重なったとき、アルビノの子どもが誕生することがある。その確率は一万人から二万人に一人だと言われている。

ゲームを繰り返しながら人々は遺伝の仕組みを学び、やがて気づくことになる。誰が悪いわけでもないのだと。

英語を話せない更幸にもゲームの意図は手に取るように伝わってきた。自分を責めてばかりいた母親にも見せたかったと、遠い故郷で待つ、たみを思いやった。

三日間の国際会議に参加して、更幸は体の奥から勇気がじわじわとわき上がってくるのを感じていた。

アルビノは世界中に自分だけだと思い込み、孤独感にさいなまれていたのがうそのようだ。どの国にもアルビノやＨＰＳの人々がいて、命をいとおしみ、豊かに生きるための闘いをつづけている。国境を越えてつながろうとする仲間たちがいる。

更幸は心強さをかみしめると同時に、自分たち日本の当事者の非力を認めないわけにはいかなかった。

なかでも会議の舞台となった米国には三つの点で三十年の遅れをとっている。

一つ目はアルビノやＨＰＳについての正しい知識の普及、二つ目が当事者団体の活動や運営の在り方、そして三つ目が医療関係者との連携である。

いつかは米国のように。

心に期するものの、その目標は気が遠くなるほど遥かな先にあった。

相次ぐアルビノ殺人

自分が何者であるのかもわからず、今日一日をいじめられずに過ごすことに心をくだいた少年時代。同じような仲間の存在を知り、各地の仲間たちとつながりながら差別や偏見と闘っていこうと行動し始めた青年期。

更幸はいくつかの出会いを経て、その度に視野と生きる世界を広げてきた。

数年前から海外のアルビノについても強い関心を持つようになった。

更幸も参加しているアルビノの当事者と支援者らが意見を交わすインターネットの交流サイトが、一時、騒然となる出来事があった。アフリカ・タンザニアでアルビノが襲われ、殺される事件が相次いでいることを米国のＣＮＮなど、いくつかの海外メディアが報じたのだ。そのことへの反応が、交流サイトにもどっと寄せられた。

タンザニアは中央アフリカ東部に位置し、北東部にはアフリカ最高峰のキリマンジャロを、北部にビクトリア湖を擁する大自然に恵まれた共和制国家である。

国民の大半が黒人であるタンザニアで、白い肌を持つアルビノが特別視されて、差別にさらされたり迫害を受けたりしがちなことは想像に難くない。

殺害を恐れてブルンジとの国境付近まで逃れてきた二百人あまりのアルビノを、国際赤十字社の職員が保護したとCNNは伝えていた。

日本のメディアが関心を示さなかった一連の事件を、海外メディアは手厚く報道した。

端緒となったのは二〇〇八年七月に放映された英国放送協会（BBC）のタンザニア支局長であった黒人女性、ヴィッキー・ヌテテマの潜入レポートだ。

二〇〇〇年代に入って、主としてタンザニアの北部で何の罪もないアルビノの人たちが襲われる事件が相次いでいた。

国内で、いまだ大きな影響力をふるっている呪術医が、アルビノの皮膚や手足、髪など、体の一部を混ぜ込んだ薬剤を作り、助言を求めて訪れる患者に「富と幸運の薬」として法外な値段で売っていたのだ。

そのため、アルビノを襲って体の一部を切り取り、薬の「原料」として呪術医に高値で売ろうとする者が後を絶たなかった。

呪術医らによる違法な薬づくりの実態を暴こうと、ヴィッキーは悩みを抱えた患者を装い、十人の呪術医に次々と接触した。

そのうちの二人からアルビノの内臓の一部が入った「富と幸運の薬」を二千ドルで買うよう持ちかけられた。その模様を隠し撮りすることに成功し、白黒の粗い画像ながら迫真のレポートとして電波に乗せたのである。

反響は大きかった。

テレビとラジオ放送の米・三大ネットワークの一つであるＡＢＣもつづいてタンザニアに入り、「アルビノ狩り」を告発する取材に挑んだ。

その番組の一部をウェブ上で見ることができた。

両腕のない、マリアムと名乗る若い女性が画面に顔を出して証言したところによると、ある夜、いきなり複数の男たちに襲われ、腕を切り落とされてしまったという。当時、妊娠していたが、この事件のせいで子どもを流産してしまった。

マリアムを襲った数人の男性のうち、一人が近所に住む顔見知りであったために、犯人たちはほどなく逮捕された。

涙ながらにマリアムが語る。

「この国ではアルビノは死なず、幽霊のようにただ消えると信じられているのです」

ＡＢＣの番組にヴィッキーも登場し、潜入取材の一部始終を語っている。

ヴィッキーの調べによると、アルビノ殺人はアフリカでもアフリカ以外の国でも以前からあった。アルビノの赤ん坊が誕生すると、不吉だとして生まれた直後に家族の手で密かに間引きされることがあったという。

けれども二〇〇〇年代に入って多発しているアルビノ殺人は、古くからの迷信や因習にまつわるものとは異なっている。民間療法を施す祈禱師や呪術医らによってアルビノの身体に新たな価値を与えられた結果、広まったものだ。

当初、呪術医は訪れる患者に「アルビノの臓器を持ってくるよう」指示していたという。そのせいでアルビノの人を埋葬した墓が度々荒らされた。

それがいつのまにか生きたアルビノを捉えて体の一部を切り取る暴力行為へとエスカレートしていった。アルビノをレイプするとエイズが治る、というような根拠のないうわさも加わって、アルビノの人たちは命の危険にさらされている。

不吉なことの象徴か、あるいは幸運をもたらす特別な存在か。

解釈がどうであれ、根底にあるのはアルビノの人たちの生きる権利を無視し、異質なものを排除しようとする精神だ。

人口約四千七百万人のタンザニアには、現在も一万五千人にのぼる呪術医がいて、人々の日常生活に深く入りこんでいる。

ＡＢＣは、続編として放送した番組で、呪術医にも取材のマイクを向けている。

いったい誰がアルビノの身体の一部を薬に使うなどということを思いついたのか。

取材者はそれを聞き出そうとするが、応じた呪術医は「自分たち呪術医の仲間ではなく、別の祈禱師が言い出したことだ」と言い逃れ、出所は突き止められないままだ。

体の一部が破格の高値で取引されるので、なかには親がアルビノのわが子を差し出すケースもあるようだ。

ＡＢＣの続編番組が疑惑の渦中にある父親のことを伝えている。七人の子どものうち三人がアルビノで、その一人を殺されたという悲劇の父親に、一転、子どもを襲わせた張本人ではないかという疑いが浮上したのだ。

アルビノを標的とした傷害や殺人は、近隣のガーナやベニンにも及んでいる。

アルビノ殺人の潜入レポートは、ジャーナリスト、ヴィッキー・ヌテテマの人生をも大きく変えることになった。

彼女の番組を見たカナダ在住の実業家、ピーター・アッシュが、二〇〇八年秋にタンザニアのアルビノの命と権利を守るためにNGO「アンダー・ザ・セイム・サン」（Under The Same Sun）を設立して自ら理事長に就いた。彼もまた、アルビノである。

障害や貧困を理由に親から育児を放棄され、学校へ行けないアルビノの子どもたちに奨学金を出して教育支援をすることと、アルビノに対する偏見をなくすための啓蒙活動をすることがNGO設立の主な目的である。

それを知ったヴィッキーは、BBCを辞めてNGOの事務局長に転身した。カナダ・バンクーバーの事務所には、現在五人の職員と二人のボランティアが、タンザニア支部には十二人の職員と二人のインターンが働いている。うち十人がタンザニア国内のアルビノの人たちだ。

いまはアルビノの人権を守る活動の矢面に立つヴィッキーが、英国の新聞ガーディアンのインタビューを受け、二〇〇八年夏の潜入レポート以来、どのような変化があったかについて語っているのが興味深い（二〇一一年十二月四日付電子版）。

タンザニアでは、明らかになっているものだけで七十八件のアルビノ襲撃事件があり、六十二人が殺された。この十か月以内にもマスクをした三人の男が家に押し入り十五歳の少女に襲いかかった例や、四歳の男の子を誘拐して腕と髪を切った例など、理不尽極まりない事件が起きている。「アルビノ狩り」の罪で大勢の男たちが逮捕された。しかし、起訴され裁判になったのはたった六件だけだ。八人が死刑を言い渡されている。

政府は海外メディアの報道や国内世論の批判を受けて、呪術医と祈禱師の資格を停止し、営業を禁止した。ところが十八か月のちに、資格停止は突然、解除された。

政府はその理由をタンザニア人の六〇％が呪術医を信じ、彼らの助言をほしがっているからだと説明したが、ヴィッキーの見方はちがう。目前に迫った国会議員選挙に力を貸さないぞと、呪術医が政治家たちを脅したのだろうと憤る。少なからぬ政治家たちも呪術医頼みなのだ。

「アンダー・ザ・セイム・サン」の取り組みは、少しずつ、だが着実に効果をあげている。ホームページによると、これまでに保育園から大学まで、三百十八の教育機関を舞台にアルビノを正しく知ってもらう活動を展開してきた。

社会に向けてはドキュメンタリー映画を制作して上映したり、ポスターやパンフレットを配ったりしてアルビノへの偏見をなくす啓発に力を入れている。

紫外線に弱いなど、自らの特性を知らないアルビノ本人や親に対しては、アルビノとはどのような疾患なのかを解説したリーフレットを作り、アフリカの強い日差しのもとでの育児の注意点を伝えるガイド本などを配布している。

他の公的機関を巻き込んでの共同作業も増えている。政府と協力して子どもたちの視力と皮膚がんの検査を進め、ユニセフと力を合わせて奨学金を支給し、赤十字の力も借りて育児放棄された子どもが親のもとへ帰れるよう、両親を再教育する営みをつづけている。

タンザニアの内部からもアルビノに対する差別や偏見を跳ね返そうという動きが芽生えている。もっとも大きな成果はアルビノの国会議員が誕生したことだ。

タンザニアの国会は正式名称を国民議会といい、三百五十七議席の一院制をとっている。うち七割ほどの議席は一般の選挙で選ぶが、残りは議会によって選ばれる女性枠やインド洋・ザンジバル諸島の議会代表らに充てられる。

その女性枠の一人に二〇〇八年、アルビノの元客室乗務員、アルシマ・カワイギールが指名された。アルビノの人たちが置かれている状況の改善を期待されてのことである。

さらに画期的なのは、二〇一〇年十一月初めに行われた国民議会選挙で五十歳のアルビノの男性、サルーム・カルファニ・バーワニが当選したことである。

対立候補は、「彼はアルビノだから、頭がまともに働かない。何の役にも立たない」と侮蔑的な演説をして回ったが、バーワニが二千票以上の差をつけて与党の現職を下した。彼は選挙を勝ち抜いた初のアルビノの国会議員となったのである。

国際報道に特化した米国のネットメディア、グローバルポストのインタビューに答えてバーワニが語る。

「私たちは小さいころからズル（スワヒリ語で幽霊の意味）とはやされ、いじめられてきた。まともな仕事に就けず、狩りの対象にまでされている。しかし私たちは普通の人たちと変わらない。何でもできるし、社会にも貢献できる」（二〇一〇年十一月九日付電子版）

民間のユニークな努力もある。

一人の実業家の尽力で、二〇〇八年、若者たちに希望を与えようと、最大の都市、ダルエスサラームにアルビノのサッカーチーム「アルビノ・ユナイテッド」が設立された。

チームの様子がフランスの通信社、ＡＦＰ通信によって配信されている。

活動資金が乏しいせいで、ホームグラウンドは走ればほこりが舞い上がる。ゴールはといえば木の枝と紐とを組み合わせた手作りだ。選手の多くはサッカーシューズを買うことができず、いつか欧州のクラブでプロとしてプレイすることを夢見ながら裸足で駆け回っているという。

練習には設備だけでなく時間のハンディもついて回る。インド洋沿岸部にあるダルエスサラームの太陽はことのほか強烈だ。紫外線に弱い彼らは日が沈み、涼しい風が吹き始める午後五時ごろにならないと練習を始めることができないからだ。

「アルビノ・ユナイテッド」の選手の一人、二十八歳になるフィキリ・スルタンはこう言っている。「僕らは社会から軽蔑されているからクラブに入ることにした。見下していた人たちは、僕らが他のチームと対戦するところをテレビで見たら考えが変わるだろう」

「アルビノ・ユナイテッド」についてはケニア在住のフリーランスの写真家、千葉康由が二〇一一年七月の月刊誌「正論」（産経新聞社）で六枚の写真とともにその後の活動を紹介している。

アルビノの若者を集めて結成されたチームは、現在では誰でも受け入れる混成チームになっている。交通費が出せなかったり、皮膚の病気になったりして休みがちな選手が多く、アルビノだけではチームが成り立たなくなったのだ。

けれども混成チームになったことで、アルビノの若者にはかえって自信が生まれていると千葉は報告している。アルビノだけを集めた特別なチームではなく、ふつうの選手たちに混じって互角に戦っているという自負が勇気と自信をもたらしたのだろう。

「ノブをつぶそうかって話が出てね」

更幸には、遠い異国で起きているアルビノ殺人を、ひとごとで済ますことができない事情があった。

生まれたばかりの更幸をめぐって、ほかならぬ身内の者たちが一時《いっとき》にせよ「つぶす」相談をしたことがあったのだ。

思いもよらない事実を知らされたのは二十九歳のときだ。悲しみの淵に落とされた。

更幸のことを「みっともない」と言いつづけた祖父が亡くなったのは二〇〇二年。九十二歳で、家族に看取られての大往生であった。

四十九日の法事を営むために親戚一同が集まった席で、長老格の女性がたみの傍らに来て切り出した。

「たみさん、知ってるかい?」

あっけらかんとした口調であった。

「ノブが生まれたときね、実はね、ノブをつぶそうかって話が出てね」

更幸が生まれた直後、祖父と祖母、そして父親の義次が彼女のもとをこっそり訪れた。病院で白いわが子と対面した義次の驚きは大きかった。このまま赤ん坊を育てるべきか、それとも……と相談されたというのである。

「だけど、たみはどう考えてるだかい?」

打ち明けられた彼女がたみの気持ちを慮ったことで、一同は黙り込んだ。話はその場限りで終わり、実行に移されることは、むろんなかった。

親戚の女性は、もう時効だとでもいうように、三十年近く前の出来事を悪びれるふうもなくたみに語って聞かせた。

たみは怒りで体が震えた。全身の血が逆流するように顔がカッと燃えた。

憤りをなんとか胸に収めて法事を執り行ったが、一日をどのように過ごしたのか、まるで覚えていない。

怒りをぶつけるべき舅はもういない。その日から、姑、あきの顔を正視することができなくなった。顔を見れば怒りや悲しみがごっちゃになってこみ上げる。

「あんなにノブ、ノブって更幸を頼りにしているお義母《かあ》さんまでそんなことを考えていたなんて、悔しさを通り越して、もう言葉にならないです」

たみは苦しげに眉間にしわを寄せつつ言葉を継いだ。

四十九日の法事を済ませた夜、更幸は母親の様子がおかしいのに気がついた。帰宅してからの鬼気迫る態度は尋常でない。奥の部屋に閉じこもったまま出て来ない。更幸が「なにかあったの？」と聞いても返事もしなかった。

更幸は、自分とかかわりのあることだろうと、およその察しがついた。

ずいぶんと後になって、たみの口から真相を聞かされた。

「ショックでした。おばあさんとは毎日、顔を合わせます。そのたびにいやなことを思い出してしまうんです。冷静なふりをするけど、それがむずかしい。半年くらい、ずっと苦しかった」

更幸は、祖母のいいところを数え上げるよう努めた。

子どものころは手作りのおやつをいろいろ作ってくれたなあ。干し柿は硬い方が好きだと言うと、何日か余計に軒先につるしておいてくれた。二人の兄がろくに家にいなかったせいで、学校から帰ってくると祖母と過ごす時間が長かった。

「いまさら昔のことを蒸し返してもしかたない。なんだかんだ言っても、きちんと育ててもらったという事実は変わらない。そう思うと許せるようになりました」

祖父が臥せりがちになると、いやなことは忘れて、ねんごろに世話をした。それは更幸の本心から出たことだ。あきが、今いちばん頼りにしているのが自分であることも知っている。

たみも、とりなすように言葉を添えた。

「生まれてすぐの赤ん坊をつぶすことは、昔の農村ではけっこうあったらしいんです。明治生まれの私の父親も、末っ子で、つぶされそうになったクチです。男の子だからとっとけ、って言う人がいて助かったと聞きましたから」

恩讐や確執を乗り越えて、いつか互いに受け入れる。家族とは、まことに不思議なものである。

更幸が休日返上で講演に出かけたり、遠くに住むアルビノの仲間に会いに行ったりするのを、父親の義次は初め、にがにがしくながめていた。

出かける彼の背中に向かって「一銭の得にもならんことを」と吐き捨てたこともある。

そんな父親が、最近では外出する前に「金、あるのか?」と尋ね、「持ってけ」と数万円を渡してくれる。

アルビノの子を持つ親たちから相談を受ける機会が増えた更幸が、高額になった携帯電話の料金を払えず、通話を止められたことがあるのを知っているのだ。

新聞などに息子の写真がついた記事が載っているのも見た。時間と金を惜しまず献身的に活動する息子の姿に、「ようわからんけど、案外、立派なことをしているのかもしれないな」と密かに誇らしく思う気持ちが芽生えている。

母親のたみを先頭に、家族ぐるみで更幸を応援しようという空気に変わってきている。

子どものころに、あれほど恐ろしく感じた二番目の兄、仁隆《よしたか》との間柄は、ずいぶんと打ち解けたものになっている。仁隆は更幸の家の隣に家を建て、妻と二人の子どもとともに暮らしている。

兄弟に戻れたのは、仁隆の結婚がきっかけである。二十二歳になった仁隆は、ある日、同い年の恋人を自宅に連れてきた。そして更幸のことを「こっちが弟の更幸」と、ためらうことなく紹介した。

えっ、えっ、弟？

不意打ちに面食らって、更幸の挨拶は少しそっけないものになってしまった。仁隆から弟と呼ばれたのは、このときが初めてだったからである。

いまは仁隆の妻になっている陽子の記憶によれば、更幸については「見かけがちょっとちがうよ」と聞かされていた。

髪を黒く染めた更幸に会ったが、とくに気になることはなかった。

結納の折、双方の家族で食事をしたあと陽子の母親が少し心配をした。けれども当の本人が一向に気にするふうもないので、めでたく結婚がまとまった。

仁隆は陽子との結婚を決めるにあたって、更幸の障害のことは意識にも上らなかったと振り返る。

アルビノという言葉も、遺伝性の疾患であることも、なにも知らなかった。

「かみさんは自然に、ふつうの人と同じように接してくれました。そういう娘だったのでね。更幸のことが結婚の妨げになると考えたことは一度もありません」

就職したあと、一時、生家を離れていた仁隆は、結婚を機に再びふるさとに戻って、更幸の家と同じ敷地に一家を構えた。女の子と男の子に恵まれ、地域の子どもたちからも慕われる、よきおじさんである。

「生まれ育ったところにいると、なぜか落ち着くんです。自然や人間、親や地元のおじいちゃん、おばあちゃん、みんなから声をかけてもらい、支えてもらっているという安心感がありますね」

地区の消防団に入り、子ども会の世話をし、夏祭りの裏方としても活動している仁隆は、父親たちの世代から地域に伝わるものを受け継ぎ、子どもたちの世代に橋渡しをしようと汗をかく。

更幸もまた、生まれ育った集落周辺から動こうとしない。長男を含めて三兄弟は、ともにこの地で生きることを選んだのだ。

職場から帰ると実家に夕食を食べに行く更幸を見て、陽子は「うちで一緒に食べるようになればいいのにね」と仁隆に話しかける。二人の子どもたちも明るくて物知りな叔父、更幸になついている。

陽子がそう言ってくれることがうれしくて、仁隆は「そうだね」と返しながら、出番はまだ先だろうと内心では思う。いまは母親が夢中になって更幸を支えている。それは彼女の生きがいだ。誰かが入り込む余地はない。

けれども、やがて年を取る。バトンタッチのときが自然な形で訪れるにちがいない。

「ノブがうちの家族にどう入ってくるか。うちがどうやってウエルカムをするかですね」

仁隆はふっと口をつぐんで考え込んだ。

更幸の家の隣に自分の家を建てたとき、将来は自分たち夫婦が更幸の支えになるのだと腹を決めた。

「自分は不器用なんで、そんなこと自分からは言いません。言わなくても気づけよ、みたいな感じですかね」

そう言って照れた。

ある時期まで仁隆に敬語を使っていた更幸が、ようやく「ため口」をきけるようになった。そのことに仁隆は気づいているだろうか。二人の間には、まだ薄い幕が一枚かかっているような、微妙な距離感がある。

仁隆と更幸には、子どものころに喧嘩したり仲直りしたりしながら兄弟の関係を築いていく過程がすっぽりと抜け落ちている。これから時間をかけて、ほんものの兄弟になっていくのも悪くはない。

苦しさにたえれば又

更幸は、アラフォーと呼ばれる年代になった。いまのところ独身で、相変わらず実家で母親や祖母の作るごはんを食べる毎日だ。

仕事は勤続十五年を超え、給料もまずまずである。更幸が三十代半ばに差しかかるころから、母たみの日記には更幸の結婚を案じる思いが書き連ねられている。

更幸にも結婚願望はあり、恋も何度かしたが、実を結ばなかった。

最初に本格的な恋が訪れたのは三十歳、相手の女性とは更幸が主催する千葉のオフ会を通じて知り合った。

更幸はオフ会の参加者と付き合うことを自制してきた。主催者である自分がよほど気をつけてふるまわないと、交際相手を探すことが会の目的と思われかねないからだ。

群馬県高崎市のデパートに勤める彼女とはオフ会のあとメールのやりとりを重ねるうちに親密になった。更幸は月に一度の割で彼女に会うため高崎に出かけて行った。

付き合い始めて一年が過ぎるころ、二人は互いに結婚を意識するようになった。なのに突然、別れがやってきた。

更幸のところに遊びに来た彼女は、更幸の家が畑に囲まれた田舎にあることに驚き、たじろいだ。高崎へ戻ってしばらくしてから、「あそこに住むのは無理です」と、別れの言葉が小さな携帯電話の画面に運ばれてきた。

更幸の方が仕事を辞めて高崎に行くことも不可能だ。

繊細な更幸は、たちまち体調を崩し、すっかり元気をなくしてしまった。

ぼんやりしていたかと思うと急に怒り出し、まるで人が変わったような更幸を、職場の同僚たちは訝《いぶか》しんだ。

たみは、はらはらしながら見守るほかなかった。二〇〇六年一月二日。新年早々、たみは日記にこう書いた。

何があったんだろう
つらい気持ちをこらえて話してくれた
話を聞いて泣きたい気分
何も悪いことしていないのに
又、苦しい日が来てしまった
母には何もしてあげることができない
ここで生活することを考えて
部屋をきれいに掃除し
（彼女が）どんな仕事をしたらいいかと
色々考えて案をねっていたのに
みんな水のあわになる
私よりノブの方がもっと悲しい
日にち薬しかないのかなァ
又の出会いを待とうよノブ
苦しさにたえれば又
何か見えてくると思う
頑張ろう　がまんしないで
話してくれてありがとう
母は話を聞くしかできないが

又二人三脚で頑張っていくしかない
この悲しみをのりこえて
又ひとまわり大きくなって
くれることを
祈ります

たみが望んだ日にち薬が功を奏し、更幸は徐々に立ち直っていった。

二〇一〇年八月、新たな出会いが静かに訪れた。

全国を旅して歩いている更幸が、ただ一つ足を踏み入れたことのなかった長崎県へ出向くことになった。雲仙市に住む中田円香《まどか》の一歳半になる三女、七海《ななみ》が更幸と同じタイプのアルビノだとわかり、「ぜひ、経験を聞かせてほしい」と招かれたのだ。

イチゴ農家を営む七海の家を訪ねてみると、七海が通う保育園の保育士、木本英美《えみ》も同席していた。「アルビノの子どもを預かるのは初めてだから正確な情報がほしい」と熱心に質問をした。「七海ちゃんにお友だちを作ってあげたい」と、英美から長崎でアルビノ交流会を開く相談を受けたとき、更幸は当事者でも家族でもないのに、と心を動かされた。

二人はメールで頻繁に連絡を取り合いながら、ていねいに準備を進めていった。更幸は協力を惜しまなかった。

翌二〇一一年七月の日曜日、長崎市内に二十人ほどのアルビノの本人や家族が集まった。九州で初めての交流会は、終始、なごやかに進行した。

年が変わって二月、思いがけなく英美がはるばる千葉まで遊びにやってきた。更幸の自宅近くのホテルに二泊した彼女を横浜や鎌倉に案内し、忘れがたいひとときを過ごすことになった。

後で知ったところによると、英美は飛行機が大の苦手であった。驚いた更幸はすぐにメールで聞いた。

「なぜ、大嫌いな飛行機に乗ってまで千葉に来てくださったのですか？」

すぐに返信があった。

「あなたのことが気になっているからに決まっているじゃないですか！」

更幸は、同じ年頃の英美が既婚者だとばかり思い込んでいた。だからこそ、会うごとに深まる「ほかの人の幸せを考えられるすてきな人だな」という思いを振り払ってきた。

独身だとわかって、震える手ですぐにメールを打った。

「私でよければお付き合いしていただけないでしょうか？」

瞬時に返事が届いた。

「こちらこそ、よろしくお願いします」

それ以来、二、三か月に一度はデートを重ね、二〇一三年正月、更幸は交際相手として英美の両親に紹介された。

「彼のブログを読んでいると、人柄や考え方がよくわかります。好奇心が旺盛で、すぐに行動に移す実行力がある。なによりやさしいところに惹かれました」

英美は言う。

並んで歩いていると、すれ違う人たちがチラチラと見ているのがわかる。

「彼がアルビノかどうかなんて意識したことがないので、気にしません」

恥ずかしがり屋の二人は、デートをしてもまだ手も握れない。アラフォー同士にふさわしく、ゆっくりと互いの愛を育てていければいいと思うだけだ。

更幸の日々は輝いている。

働く職場があって暮らしを支え、休日には講演活動や各地の仲間を訪ねる旅を通して新たな出会いが待っている。

技術革新のおかげで趣味を取り戻せた喜びも大きい。

視力が落ちて、一度はあきらめたカメラが、デジタルカメラとなって再び更幸の手に戻ってきた。小さなファインダーから遠くの被写体を捉えることはできないが、デジカメなら手元の操作で画像を拡大して構図やピントを確かめることができる。

いまでは旅先で撮った写真の中から選りすぐりを集めて写真展を開くほどだ。

一方で、車が大好きなのに視力が足りず運転免許を取れなかった悔しさは、いつまでたっても薄れることがない。

小学校以来の親友、五十嵐努もまた車が大好きだ。二人は子どものころから会うと車の話で盛り上がり、菅原文太と愛川欽也のコンビが活躍する東映映画「トラック野郎」のビデオを飽きることなく繰り返し見た。

五十嵐は学校の机の中に運転免許を取るための試験問題集を潜ませて、授業中もこっそり勉強に励んだ。十八歳になると試験に一発で合格し、高校在学中に免許を取った。

卒業後は調理師として働き、給料から貯めたお金で中古のトヨタ「コロナマークⅡ」を買った。

五十嵐は更幸を助手席に、愛車で初めてのドライブに出た。うれしさに、ついつい同じせりふが何度も口をついて出る。

「車って、いいなあ」

「車って、いいよね」

しまいに更幸がキレた。

「なんなんだよ、さっきから。車っていい、いいって。俺が免許取れないのを知ってるくせに」

五十嵐が平然と言った。

「いいじゃん。運転なんかできなくても。俺がずうっとドライブに連れてってやる。ずっと、ずっと連れてってやる。約束するよ」

五十嵐はほどなく調理師を辞め、好きな車で身を立てるために大型免許を取った。いまでは高速バスの運転手である。

十八のときの約束通り、五十嵐はちょいちょい更幸を誘ってドライブをする。

更幸は横浜や川崎へ出かけるときは、時刻を調べて五十嵐がハンドルを握るバスに乗る。

木更津を出て海を二つに切り裂きながら東京湾アクアラインを疾走すると、強い風に煽られバスの車体が大きく揺れる。

五十嵐が座る運転席の真後ろに陣取る更幸は、まるで自分がバスの巨体を操っているようで、ひととき夢を見ることができるのだ。

【参考文献】
『白夜を旅する人々』 三浦哲郎（新潮文庫）
『みんなの寺　絵日記』 天野和公（サンガ）
『みんなの寺のつくり方』 天野和公（雷鳥社）
『言説の「アルビノ」』 矢吹康夫（京都精華大学人文学部人文学科卒業論文）
『My Face（マイ・フェイス）』 創刊準備号〜Vol. 6（マイフェイス・マイスタイル）

【関係団体ウェブサイト】
「白い旅人」 https://ameblo.jp/shirokuma77310/
「日本アルビニズムネットワーク」 https://www.albinism.jp/
「アルビノ・ドーナツの会」 https://www.doughnutsnokai.com
「ヘルマンスキー・パドラック症候群患者会」 http://hps.inochi.info/
「マイフェイス・マイスタイル」 https://mfms.jp/
「みんなの寺」 http://www.mintera.info/

＊本書は二〇一三年六月に小社より刊行された『アルビノを生きる』の新装版です。

川名　紀美（かわな　きみ）
一九四七年生まれ。ジャーナリスト。一九七〇年に朝日新聞社入社。大阪本社学芸部、社会部を経て一九九五年から論説委員。社会福祉全般、高齢者や子ども、女性の問題に関する分野の社説を担当。二〇〇九年五月、朝日新聞社退社。著書に『密室の母と子』（潮出版社）、『女も戦争を担った』（冬樹社）、『親になれない―ルポ・子ども虐待』（朝日新聞）、『井村雅代　不屈の魂』（河出文庫）などがある。

アルビノを生きる　新装版

二〇一三年六月二〇日　初版発行
二〇二三年五月二〇日　新装版初版印刷
二〇二三年五月三〇日　新装版初版発行

著　者　川名紀美
発行者　小野寺優
発行所　株式会社河出書房新社
〒一五一－〇〇五一　東京都渋谷区千駄ヶ谷二－三二－二
電話　〇三－三四〇四－一二〇一［営業］
〇三－三四〇四－八六一一［編集］
https://www.kawade.co.jp/

組版　KAWADE DTP WORKS
印刷　株式会社亨有堂印刷所
製本　小泉製本株式会社

Printed in Japan ISBN978-4-309-23135-8